옥효진 선생님의
슬기로운 초등생활

옥효진 선생님의
슬기로운 초등생활

옥효진, 김가은 지음

　누구나 초등학교 생활을 경험합니다. 저희 역시 학생으로서 6년이란 시간 동안 초등학교 시절을 보냈습니다. 이제는 어렴풋한 기억이지만 함께 지낸 친구들, 선생님, 부모님의 모습과 추억들이 기억납니다. 그리고 시간이 지나 초등 교사의 길을 선택한 뒤 10년이 넘는 시간을 교사로서 초등학교 생활을 경험하고 있습니다. 학교의 모습은 그대로인데 학교에서 보이는 것들과 느끼는 것들은 참 많이 다르구나 하는 것을 체감합니다. 6년이나 다녔는데도 교사로서의 초등학교는 낯설게 느껴지는 곳이었습니다. 아마 학교에 아이를 보내는 부모님들도 같지 않을까 생각합니다. 특히 첫째 아이인 경우 아이의 학교생활에 대한 기대와 걱정이 공존할 것이라 생각합니다. 초등학교 안에서 어떤 활동이 이루어지는지 아이는 어떻게 지내는지 궁금한 것이 당연합니다.

　부모님들이 고민하고 궁금해하는 것이 무엇인지는 학부모 상담을 진행할 때 잘 나타납니다. 많은 질문들을 하시지만 그중에서 특히 많이 듣는 질문 종류 두 가지가 있습니다. 첫 번째는 '우리 아이 학교생활은 어떤가요? 친구들과는 잘 지내나요?'와 같은, 아이의 학교생활에 관한 것입니다. 그래서 1부 주제를 '생활'로 잡았습니다. '생활' 편에서는 학교생활과 더불어 학교에서 이루어지는 다양한 활동들에 대한 안내를 담았습니다. 두 번째는 '우리 아이 수업 태도나 성적은 좀 어떤가요?'입니다. 놀이 중심, 활동 중심이었던 취학 전과 달리, 초등학교 저학년을 지나며 과목의 수가 많아지고 배우는 내용도 어려워지는 중학년부터는 부모님들의 공부에 대한 걱정이 늘어 가는 것이 느껴집니다. 입시제도와 교육과정이 수차례 바뀌었음에도 여전히 우리 아이의 공부에 대한 부모님들의 관심이 높습니다. 그래서 국어, 수학, 영어, 사회, 과학, 경제, ICT, 학습을 소주제로 엮어 2부 주제를 '교육'으로 잡았습니다.

앞의 질문 두 가지와 더불어 부모님들이 궁금해하실 만한 질문들을 추려 책을 구성했습니다. 이와 함께 옥 선생님과 김 선생님이 10년이 넘게 교사로서 학교생활을 하며 갖고 있는 노하우와 생각들을 답변으로 넣었습니다. 아이가 100명이라면 100가지의 다른 특성이 있기 때문에 정황상 같은 일로 보여도 아이에 따라 해결 방법이 달라지므로 저희의 답변이 무조건적인 정답은 아닐 것입니다. 그러니 저희의 경험을 참고해서 특성과 성향에 맞게끔 잘 활용해 주시기를 부탁드립니다.

아이를 잘 교육하는 것은 부모와 교사 모두의 역할이라 생각합니다. 잘 교육한다는 것은 아이가 한 사람의 사회 구성원으로 독립할 수 있도록 돕는 것이라 봅니다. 부모의 품에 안겨 지내던 아이가 몸을 가누고, 기어다니고, 첫걸음마를 떼며 부모의 품을 벗어나는 것과 하루하루 성장해 가는 모습을 보며 기특하고 뿌듯한 마음을 가졌던 것처럼, 부모의 보살핌에서 한 걸음 한 걸음 나아가는 초등학생 자녀의 성장을 응원하고 지지해 주시면 좋겠습니다. 아이가 올바른 방향으로 성장하기 위해서는 아이를 둘러싸고 있는 모든 구성원들의 역할이 중요합니다. 아이 스스로의 역할, 부모의 역할, 학교의 역할이 모두 유기적으로 이루어지길 바라봅니다. 모든 구성원이 한마음으로 바라는 것은 우리 아이들이 올바르게 성장하는 것일 테니까요. 우리 아이의 슬기로운 초등학교 생활을 위해 부모의 역할을 잘 할 수 있게 이 책의 내용이 도움이 되었으면 합니다. 더 나아가 이 책이 부모님들과 아이들이 함께할 6년의 초등학교 생활에 행복과 풍요로움을 더해 줄 수 있기를 기대합니다.

김가은, 옥효진

목차

들어가며 004

1부 ✦ 생활

학교생활

1 ✦ 예비 소집일은 무엇을 하는 날인가요? 017
#예비소집일 #입학 #준비물

2 ✦ 필수 예방접종은 무엇이 있을까요? 020
#예방접종 #입학전필수예방접종 #필수예방접종완료

3 ✦ 조기 입학, 괜찮을까요? 022
#조기입학 #조기입학절차 #조기입학장단점

4 ✦ 외국 학교 다니다 오면 초등학교 기간 인정되나요? 026
#입학연기 #취학유예 #해외유학

5 ✦ 학교엔 달마다 어떤 행사가 있나요? 030
#학교행사 #시기별행사 #학교마다달라요

6 ✦ 수업은 총 몇 시간 하고, 일과 시간에는 뭘 하나요? 037
#학교일상 #학교수업 #학교생활

7 ✦ 결석의 종류에 대해 알고 싶어요. 040
#결석 #결석종류 #결석증빙서류

8 ✦ 학교에서 어떤 체험학습을 시키나요? 044
#현장체험학습 #현장체험학습장소 #현장체험학습종류

9 ✦ 초등학교에는 어떤 동아리가 있나요? 048
#동아리활동 #동아리조직방법 #동아리활동장점

10 ✦ 상비약 챙겨야 할까요? 051
#상비약 #보건실 #개인상비약

11 ✦ 방과후학교는 어떤 것이 있나요? 054
#방과후학교 #방과후학교수업종류 #방과후학교신청

12 ✦ 학급 임원 선거에 나가고 싶대요. 057
#학급임원선거 #학급임원역할 #학급임원학부모의역할

13 ✦ 쌍둥이는 서로 같은 반이 좋아요, 다른 반이 좋아요? 060
#쌍둥이 #같은반장점 #같은반단점

14 ✦ 학교폭력에 대해 알려 주세요. 063
#학교폭력 #학교폭력실태 #예방이중요

성장

15 ✦ 친구가 없는 학교에 갔는데 괜찮을까요? 067
#친구관계 #학교친구 #단짝친구

16 ✦ 친구를 어떻게 사귀게 할 수 있을까요? 070
#교우관계 #우리아이성향파악 #거절의개념

17 ✦ 친구와 자주 다퉈요. 074
#경청하기 #자기표현 #문제해결기술

18 ✦ 아이의 경쟁심이 너무 강해요. 077
#경쟁심강한아이 #경쟁의장단점 #경쟁심강한아이의부모역할

19 ✦ 도와 달라는 말을 못 해요. 080
#도움요청 #협력 #거절에대한대처방법

20 ✦ 아이가 혼자 더 잘 지내는데, 괜찮을까요? 083
#내성적인아이 #혼자놀기 #성향존중

21 ✦ 성별에 따라 차이가 있을까요? 086
#남아여아차이 #외향과내향 #논리와감성

22 ✦ 아이가 이성 교제를 시작했어요. 089
#저학년이성교제 #고학년이성교제 #건강한이성교제

23 ✦ 아이가 2차 성징을 시작했어요. 092
#2차성징 #신체소중히하기 #감정조절하기

24 ✦ 아이의 사생활을 확인해도 괜찮을까요? 095
#사생활확인 #SNS확인 #신뢰관계형성

25 ✦ 아이가 학교에 안 가고 싶어 해요. 098
#등교거부　#등교거부이유　#등교거부원인해결

26 ✦ 학교에서 화장실에 못 가요. 101
#화장실사용　#화장실사용습관　#배변습관

27 ✦ 또래보다 늦돼서 걱정이에요. 105
#또래보다늦어요　#아이의성장속도　#아이의속도존중

28 ✦ 친구들과 학습편차가 심해요. 108
#학습편차　#집중력확인　#공부방법점검

29 ✦ 학교와 집에서 생활 태도가 너무 달라요. 111
#학교생활태도　#가정생활태도　#엄격함과편안함

30 ✦ 학교생활에 대해서 얘기를 안 해요. 114
#아이의학교생활　#올바른질문　#아이의성향존중

31 ✦ 아이가 말하는 학교생활, 다 믿어도 될까요? 117
#아이의말　#진실혹은거짓　#거짓말교육

32 ✦ 초등학생에게 스마트폰이 필요할까요? 120
#스마트폰　#스마트폰장점과단점　#스마트폰사용관리

33 ✦ 스마트폰 중독인 것 같아요. 124
#스마트폰중독　#스마트폰진단　#스마트폰중독예방

34 ✦ 아이들 유행을 따라 가기 벅차요. 128
#유행　#아이들과소통　#균형맞추기

학부모

35 ✦ 학부모 상담은 어떻게 받을 수 있나요? 133
#학부모상담　#학부모상담내용　#학부모상담신청

36 ✦ 다른 학부모와 꼭 소통해야 할까요? 140
#다른학부모와소통　#학부모모임장점　#학부모모임단점

선생님

37 ✦ 담임 선생님과 어떻게 지내야 할까요? **145**
#담임선생님 #담임선생님과의관계 #협력적파트너

38 ✦ 선생님께 선물을 드려도 되나요? **148**
#선물 #김영란법 #마음표현방법

진로

39 ✦ 어떤 체험학습을 하면 좋을까요? **151**
#가정체험학습 #교과연계체험학습 #체험학습장소

40 ✦ 진로 찾기에 도움되는 활동은 뭔가요? **154**
#진로탐색 #진로찾기단계 #진로찾기도움사이트

41 ✦ 아이의 꿈이 자주 바뀌어요. **158**
#아이의꿈 #장래희망 #진로

2부 ✦ 교육

국어

42 ✦ 초등학생 때 가장 중요한 과목은 무엇일까요? **165**
#중요한과목 #국어 #문해력

43 ✦ 한글, 집에서도 가르쳐야 할까요? **167**
#한글교육 #한글공부 #학교한글공부

44 ✦ 맞춤법을 어떻게 교육하면 좋을까요? **170**
#맞춤법교육 #한글공부 #맞춤법학습자료

45 ✦ 독서는 언제부터 시켜야 할까요? **173**
#독서시작 #독서습관 #도서관방문

46 ✦ 초등학생은 무슨 책을 읽으면 좋을까요? **176**
#책고르기 #다양한분야의책 #골고루읽기

47 ✦ 생각을 표현하기 어려워해요. **179**
#다독   #말하기연습   #쓰기연습

48 ✦ 아이의 문해력이 부족한 것 같아요. **182**
#문해력향상   #독서의중요성   #독후활동

수학

49 ✦ 손가락셈 놔둬도 될까요? **187**
#손가락셈   #발달단계   #구체적조작물활용

50 ✦ 수학 선행 학습을 꼭 시켜야 할까요? **190**
#선행학습   #내용체계   #복습의중요성

51 ✦ 계산 실수가 잦은 아이, 어떡하면 좋을까요? **194**
#계산실수   #풀이과정쓰기   #문제꼼꼼히읽기

52 ✦ 수학을 포기한 아이, 어떻게 해야 할까요? **199**
#수학포기   #수포자   #수학공부

영어

53 ✦ 알파벳, 꼭 빨리 익혀야 할까요? **205**
#알파벳   #영어공부   #파닉스

54 ✦ 영어 사교육을 해야 할까요? **208**
#영어사교육   #영어공부   #엄마표영어공부

55 ✦ 영어 동화책이 영어 공부에 도움이 될까요? **212**
#즐거운영어   #영어동화책   #영어동화책활용

사회

56 ✦ 사회 공부, 어떻게 하면 좋을까요? **217**
#사회공부   #사회공부방법   #용어익히기

57 ✦ 한국사를 어떻게 공부시켜야 할까요? **220**
#한국사공부   #한국사공부방법   #역사여행

과학

58 ✦ 과학 공부, 어떻게 하면 좋을까요? 223
#과학공부 #과학공부방법 #과학실험

59 ✦ 가정에서 할 만한 과학 공부는 뭐가 있나요? 226
#과학공부 #실험 #호기심과흥미

경제

60 ✦ 용돈을 주기적으로 줘야 할까요? 229
#용돈 #경제교육 #용돈액수

61 ✦ 아이에게 집안일시키고 돈 줘도 괜찮을까요? 232
#집안일 #돈의가치 #코브라효과

62 ✦ 아이가 받은 돈을 다 써 버려요. 236
#소비 #낭비 #지출

63 ✦ 돈을 달라고 떼를 써요. 239
#무계획소비 #추가용돈 #소득교육

64 ✦ 아이 통장은 언제 만들어 줄까요? 242
#저축 #통장 #이자

65 ✦ 아이에게 체크카드를 줘도 될까요? 245
#체크카드 #현금 #지갑

66 ✦ 세뱃돈을 아이한테 맡기는 게 좋을까요? 248
#명절 #세뱃돈 #저축

67 ✦ 아이에게 주식을 선물로 줘도 괜찮을까요? 251
#주식 #주식선물 #주식공부

학습

68 ✦ 부모가 어디까지 공부를 봐줘야 할까요? 255
#엄마표공부 #조력자 #자기주도학습

69 ✦ 숙제 지도는 어떻게 해야 할까요? 261
#숙제지도 #아이숙제부모숙제 #부모님격려

70 ✦ 아이가 시험 잘 쳤다고 뭘 사 달래요. 266
#보상요구 #물질적보상의함정 #물질적보상대안

71 ✦ 부모도 모르는 내용을 물으면 어떡해야 할까요? 269
#부모가모르는질문 #능동적배움의기회 #함께탐구

72 ✦ 방학 때 어떤 공부를 어떻게 시켜야 할까요? 272
#알찬방학 #방학때해야할공부 #보충학습

73 ✦ 한자, 공부시켜야 할까요? 275
#한자공부 #한자공부필요성 #한자공부방법

74 ✦ 통합교과는 어떻게 지도하면 좋을까요? 278
#통합교과 #주제중심교과 #체험중심교과

75 ✦ 예체능 교육을 시키는 것이 좋을까요? 284
#음악교육 #미술교육 #체육교육

ICT

76 ✦ ICT 공부는 언제 시작하는 게 좋을까요? 289
#ICT교육 #AI교육 #알파세대교육

77 ✦ 어떡해야 ICT 공부에 관심 가질까요? 292
#소프트웨어교육 #언플러그드교육 #SW교육

78 ✦ 비대면 수업이 어려운 환경이에요. 295
#비대면수업 #비대면수업고민 #비대면수업문제해결

79 ✦ 원격 수업을 어떻게 도와줄 수 있을까요? 298
#원격수업 #원격수업고민 #원격수업과제점검

80 ✦ AI 학습 프로그램을 활용한 공부가 도움이 될까요? 303
#AI학습프로그램 #AI학습프로그램장점 #AI학습프로그램단점

플러스

1 ✦ 심한 음식 알레르기가 있어요. 053
2 ✦ 무슨 운동을 시키는 것이 좋을까요? 056
3 ✦ 아이가 너무 자주 울어요. 076
4 ✦ 아이에게 성조숙증이 있는 것 같아요. 088
5 ✦ 아이가 초경을 했어요. 다른 집은 초경 파티도 하고 선물도 주던데 꼭 해 줘야 할까요? 094
6 ✦ 위생 관념을 어떻게 해야 잘 기를 수 있을까요? 104
7 ✦ 아이가 혼자서 잠을 못 자요. 107
8 ✦ 잔소리를 너무 많이 하게 돼요. 113
9 ✦ 학생 정서 행동 특성 검사에 솔직하게 대답해야 하나요? 116
10 ✦ 급식에 나오는 음식이 맵다고 해요. 119
11 ✦ 학교에 고가의 물건을 들고 가도 될까요? 123
12 ✦ 밤늦게까지 잠을 안 자요. 131
13 ✦ 아이가 물건(돈)을 훔쳤어요. 131
14 ✦ 탕후루, 마라탕처럼 자극적인 음식을 너무 찾아요. 131
15 ✦ 학교 행사에 참여하지 않으면 아이에게 불이익이 있을까요? 139
16 ✦ 상담 센터를 가는 것이 꺼려져요. 143
17 ✦ 높임말을 가르쳐야 할까요? 172
18 ✦ 일기 쓰기, 꼭 시켜야 할까요? 185
19 ✦ 현장체험 때 용돈을 얼마나 챙겨 주는 게 좋을까요? 241
20 ✦ 문제집을 풀게 했더니 답지를 베꼈어요. 265
21 ✦ 아이가 샤프나 볼펜만 쓰고 싶어 해요. 271

1부
생활

학교생활

예비 소집일은
무엇을 하는 날인가요?

#예비소집일 #입학 #준비물

 궁금해요

아이가 이제 초등학교 입학을 해요. 취학통지서를 받아 보니 배정받은 초등학교의 예비 소집일이 나와 있더라고요. 예비 소집일은 무엇을 하는 날인가요? 꼭 참석해야 할까요?

 알려드려요

예비 소집일의 가장 큰 목적은 아이의 안전을 확인하는 것입니다. 예비 소집에 참석하지 않은 아동의 소재를 파악하고 예비 소집일에 참석한 아이를 대상으로 아동학대 의심 사례가 있는지 확인하여 아동학대를 막고 아동의 안전을 확인하기 위함입니다. 이외에도 학교에 따라 간단한 학교 소개 등이 있을 수 있습니다.

예비 소집일 시기

지역에 따라 차이가 있겠지만 12월 중 취학통지서가 배부된 뒤 확인하면 정확한 예비 소집일을 확인할 수 있습니다. 예비 소집은 12월 말에서 1월 중에 이루어집니다.

예비 소집일 준비물

배부받은 취학통지서와 함께 각종 서류도 받게 됩니다. 이외에 학교에서 추가적으로 서류를 보내기도 합니다. 안내되는 서류에 예비 소집일 날짜와 준비물이 모두 적혀 있습니다. 대략적인 서류를 안내하자면 취학통지서, 입학생 학교생활기록부 기초자료, 예방접종 현황 조사표, 개인정보 수집·이용·제공 동의서, 학부모 확인서, 돌봄교실 신청서 등이 있습니다. 지역이나 학교에 따라 서류가 달라질 수 있기 때문에 위의 내용은 참고만 하고 자세한 준비물은 반드시 취학통지서와 함께 배부된 안내문을 확인하는 것이 좋습니다.

예비 소집일에 참석하지 못한다면

예비 소집일에 참석하지 못한다면 반드시 취학통지서와 함께 안내된 학교의 전화번호로 전화하여 불참 사실을 알려야 합니다. 그럼 학교에서 불참 이후 어떻게 할 것인지 안내해 줄 것입니다. 중요한 것은 불참할 때는 반드시 학교에 알려야 한다는 것입니다.

예비 소집에 참석하지 않은 아동에 대해서는 학교장이 학교 방문 요청(유선전화 등)을 통해 면담을 실시하고, 이에 응답하지 않으면 가정 방문 및 관할 경찰서에 아동 소재 파악 수사를 의뢰하게 됩니다. 출국 등의 사유로 참석하지 않으면 학교에서 주민등록전산정보자료 및 출입국 사실 확인을 거칩니다. 따라서 어떤 이유로든 참석을 하지 않게 되면 반드시 학교에 알려야 합니다.

예비 소집일에 가서 서류만 내고 오면 되나요? 시간은 얼마나 걸리나요?

예비 소집일에는 특정 시간에 많은 인원이 몰리기 때문에 학교 규모에 따라 1부, 2부 등으로 나눠 진행합니다. 대기 시간을 제외한다면 보통 5~20분 정도 소요됩니다. 준비한 서류가 제대로 갖추어졌는지 확인하고 선생님이 아동과 면담을 합니다. 아이에게 간단한 질문을 하는데, 주로 같이 온 사람이 진짜 부모님이 맞는지 등 아이의 안전 확인을 위해 여러 사항을 확인합니다. 선생님의 질문에 답을 하지 못해도 당황하거나 크게 걱정할 필요는 없습니다. 긴장하여 자신이 알고 있지만, 대답을 못하는 경우도 있기 때문에 '우리 아이가 긴장했구나.'라고 생각하고 잘 다독여 주시면 됩니다. 학교에 따라서는 예비 소집일에 간단하게 학교의 교육과정이나 교육 목표 등에 대해 설명하기도 하기 때문에 시간은 더 길어질 수도 있습니다. 예비 소집일에 이런 설명이 없더라도 3월 중 학부모 총회를 열어 학교에 대해 설명하므로 학부모 총회 날짜를 확인하여 참석하면 됩니다.

예비 소집일에는 아이 못지않게 학부모님도 설레는 마음으로 현장을 찾습니다. 학부모님들이 정문을 걸어 들어가는 아이의 모습을 사진으로 남기거나, 학교 이곳저곳을 둘러보는 등 새로운 출발에 대한 기대로 가득 찬 모습을 보이면 선생님들도 마음이 흐뭇해집니다. 시간을 내는 게 여러 이유로 힘들 수도 있지만, 아이의 새로운 출발을 응원하는 마음으로 예비 소집에 참석하면 아이에게도 큰 힘이 될 것입니다.

2

필수 예방접종은 무엇이 있을까요?

`#예방접종` `#입학전필수예방접종` `#필수예방접종완료`

 궁금해요

아이가 곧 초등학교에 입학할 예정이에요. 아이가 아프거나 컨디션이 좋지 않아서 예방접종을 미루다 보니 아직 필수 예방접종을 완료하지 못했어요. 필수 예방접종은 무엇이 있고, 꼭 다 맞아야만 입학할 수 있는지 알려 주세요.

 알려드려요

아이의 입학이 가까워져 취학통지서를 받으면, 예방접종 안내문을 함께 보게 됩니다. 학교에서 많이 받는 질문 중 하나가 바로 필수 예방접종입니다. 필수 예방접종의 종류에는 무엇이 있고, 입학은 접종이 끝나야 가능할까요?

필수 예방접종 종류

만 4~6세에 맞아야 하는 네 가지 예방접종을 초등학교 입학 전에 완료하면 됩니다. 예방접종 4종에는 ①DTaP(디프테리아, 파상풍, 백일해) 5차 ②폴리오(소아마비) 4차 ③MMR(홍역, 유행성이하선염, 풍진) 2차 ④일본뇌염(불활성화 백신 4차 또는 약독화 생백신 2차)이 있습니다.

예방접종을 다 맞지 않으면 입학을 못 하나요?

아닙니다. 필수 예방접종 여부와 입학은 상관이 없습니다. 입학 시 예방접종 기록을 요청하는 것은 입학한 뒤 학교에서 접종 기록을 취합하여 보고해야 하기 때문에 확인하는 것입니다. 그리고 접종이 완료되지 않은 학생에게 안내하여 예방접종을 격려하기 위함입니다. 그러므로 필수 예방접종을 입학 전에 다 완료하지 못했다 하여 무리할 필요가 없습니다.

입학은 하더라도 혹시 학교 다니면서 불이익이 있진 않을까요?

그렇지 않습니다. 입학 전 필수 예방접종을 다 완료하지 않았다고 해서 입학이 불가하지 않은 것처럼 학교에 다니는 동안에도 필수 예방접종을 다 완료하지 않은 것을 이유로 불이익을 받지 않습니다.

학교는 많은 인원이 모여 단체 생활을 하는 곳이기 때문에 전염병 및 각종 질병에 대해 더욱 조심해야 합니다. 그렇기 때문에 필수 예방접종 및 독감 예방접종을 권장하는 편입니다. 특별한 사유가 없다면 접종을 하는 것이 아이의 질병 예방에 큰 도움이 됩니다.

3

조기 입학,
괜찮을까요?

#조기입학　　#조기입학절차　　#조기입학장단점

 궁금해요

우리 아이는 1월생이에요. 발육이 좋아서 또래보다 덩치도 크고, 유치원에서 보면 학습적으로도 부족함 없이 잘 따라갑니다. 한글도 어느 정도 읽고 쓸 줄 알고요. 우리 아이보다 빨리 입학할 전년도 12월생과 비교해도 큰 차이가 없는 것 같아서 조기입학을 고민 중이에요. 조기입학 해도 괜찮을까요?

 알려드려요

예전에는 3월생부터 그 이듬해의 2월생까지 학교에 입학했습니다. 하지만 반대 의견도 많고 입학을 미루는 경우가 많았습니다. 현재는 1~12월생까지 입학하는 것으로 하되, 다음 해의 1~2월생은 학부모의 판단에 따라 조기입학을 신청할 수 있습니다. 조기입학에 대해서 자세하게 안내해 드리겠습니다.

조기입학 절차

조기입학을 원하면, 아이가 만 5세가 된 날이 속하는 해의 10월 1일부터 12월 31일 사이에, 부모님이 신분증을 가지고 행정복지센터에 방문하면 됩니다. 신청 절차는 매우 간단한 편입니다.

조기입학의 장점과 단점

장점

아이의 인생에서 1년이라는 시간을 벌 수 있다는 것이 가장 좋은 점이 아닐까 싶습니다. 사실 이 부분이 조기입학을 고민하는, 많은 학부모님이 가장 큰 매력으로 느끼는 부분이라고 생각합니다.

단점

아이가 적응을 못하더라도 되돌리기 힘들다는 것 역시, 많은 학부모가 하는 고민 중 하나입니다. 1학년을 다니다가 적응이 안 되어 한 해 쉬고 그다음 해에 다시 1학년으로 들어갔을 때 우리 아이와 공부하던 아이들은 이미 2학년이 되어 있고 학교에서 매번 마주칠 테니 불편할 수 있습니다.

조기입학한 선생님들의 개인적인 의견

마침 필자 두 명 모두 1월생, 2월생으로 조기입학생에 해당합니다. 둘 다 빠른년생으로 학교를 마치고 성인이 되었지만, 조기입학에 대한 의견은 조금 다릅니다. 개인적인 경험에 의한 사례로 읽어 주시면 좋겠습니다.

김선생님 조기입학한 것을 저도 부모님도 후회한 사례입니다. 저는 1월생이어서 제가 태어난 해의 친구들보다 한 해 일찍 학교를 들어갔어요. 저는 학습이 뒤처지는 편은 아니었지만 덩치가 상당히 작은 편이었어요. 제가 어릴 때는 키 순서대로 서거나 앉는데, 매번 맨 앞에 서는 게 싫었어요. 그리고 제가 한 해 일찍 입학한 것을 알게 된 친구들이 장난삼아 계속 언니라고 부르라고 했는데 처음엔 장난으로 넘겼지만 초중고 내내 이런 소리를 듣다 보니 너무 스트레스를 받더라고요. 굳이 조기입학을 하지 않아도 될 것 같다고 생각한 제일 큰 이유는 큰 장점을 모르겠다는 거예요. 남들보다 1년을 더 벌었다고는 하지만, 인생은 너무나 길고 어떤 일들이 벌어질지 모르고, 1년 늦어지는 게 인생에 있어 어마어마하게 큰일은 아니라는 생각이 많이 들어요. 다른 친구들보다 3~4년 늦어져도 남들만큼, 혹은 남들보다 더 잘 살아가는 친구들도 많아요. 이제야 자신의 적성을 찾아, 다니던 직장을 그만두고 다시 대학에 입학한 친구들도 있어요. 저희 어머니도 1년 일찍 보낸 걸 후회하면서 저학년 때 또래에 비해 어린 티가 많이 났고 또래보다 손이 더 많이 갔다고 하셨어요. 성장 과정에 알맞은 절차를 거쳐 또래와 입학하는 것이 좋다고 봐요. 이것은 선생님이라는 직업을 가진 뒤 더욱 확고해졌어요.

옥선생님 저는 조기입학을 후회하지는 않아요. 김 선생님처럼 나이에 대한 스트레스도 딱히 없었어요. 물론 제가 나이를 제대로 안 밝히거나 음력생일을 말하긴 했어요. 그리고 저는 덩치도 당시 같은 반 친구들과 비교해서 작은 편이 아니었기 때문에, 그에 대한 스트레스도 없었어요. 물론 저학년 시절 어쩔 수 없이 손을 많이 타긴 했지만 조기입학을 하지 않았어도 손이 많이 갔을 것 같아요. 제가 개구쟁이였으니까요…. 김 선생님 말씀에도 동의하지만, 남들보다 1년 일찍 시작하는 것이 어릴 땐 아이도, 부모님도 힘들 수 있어요. 하지만 그 힘듦을 올바르게 넘어설 수 있다면 조기입학도 나쁘지는 않다고 봐요. 그런데 선생님이 되고 나서 보니 솔직히 선생님의 입장에서는 어렸을 때는 성격과 가치관이 형성되는 시기인데 이때부터 모험을 할 필요는 없다는 생각이 들어요. 안정적으로 또래와 함께 자신의 발달 시기에 알맞게 입학하는 것이 좋다는 생각도 드네요.

조기입학 결정할 때 고려해야 할 점

저희들의 사례와 장단점을 볼 때 조기입학을 결정하기 전에 몇 가지 고려할 사항들이 있습니다.

아이가 일찍 입학하여 학교 학습을 받아들일 준비가 잘 되어 있는지, 또래의 친구들과 충분히 유의미한 사회적 상호 작용을 할 수 있는지, 40분 동안 자기 자리를 지키며 수업에 임할 수 있는지 등의 발달 상황을 고려해야 합니다. 그리고 이를 부모님이 객관적으로 파악해야 합니다. 사실 아이를 제일 잘 알고 있는 사람은 부모입니다. 그러나 그만큼 부모의 주관이 개입될 가능성도 큽니다. 아이에 대한 부모의 주관을 배제하고 객관적으로 또래와 비교하여 아이의 상태를 확인할 필요가 있습니다.

제일 중요한 것은 부모님의 마음가짐입니다. 조기입학이 결정되고 입학을 한 뒤, 아이가 뒤처지진 않을까, 못하진 않을까 걱정하며 아이를 재촉하면 안 됩니다. 부모님이 전전긍긍하며 아이를 다그치거나, '이것도 못 하면 어떡하니?'라는 이야기를 하면 아이는 자신감이 떨어질 수밖에 없습니다. 만약 조기입학을 결정했다면, 아이를 믿고 아이가 힘들 때 묵묵히 지지하고 격려할 마음의 준비를 해 두시는 것이 좋습니다.

조기입학의 장단점, 사례, 고려해야 할 점을 읽어도 조기입학을 고민하는 학부모님께서는 아직도 고민이 많으실 겁니다. 사실 교사 입장에서도 딱 잘라서 '좋다', '좋지 않다'라는 말을 드리긴 어렵습니다. 이 부분은 순전히 개인에 따라 너무 다른 결과와 의견을 가지기 때문에 부모님이 우리 아이의 발달 특성을 객관적으로 보고, 성향상 아이를 다그치거나 과하게 걱정하지 않을지 등을 고려하여 선택하시길 바랍니다.

외국 학교 다니다 오면 초등학교 기간 인정되나요?

#입학연기 #취학유예 #해외유학

 궁금해요

직장에서 파견 근무로 인해 해외에서 1년 정도 살게 되었어요. 아이를 파견지에 데려갈 계획인데, 외국 학교에 다니다가 다시 한국에 오면 외국에서 학교 다닌 기간이 인정될까요? 지금 2학년인데 4학년 때 돌아올 계획입니다. 돌아오면 다시 2학년으로 학교에 다녀야 할까요? 아니면 4학년에 들어갈 수 있을까요?

 알려드려요

학교를 다니다가 부모님의 해외 근무 등 가정 사정으로 인해, 학교를 국내에서 다니지 못하거나 몸이 아파 학교를 장기간 쉬어야 할 상황이 생기기도 합니다. 또는 입학 시기를 미루거나 당기기도 합니다. 상황별로 어떻게 되는지 안내해 드리겠습니다.

학교 입학을 미루고 싶을 때

만 7세가 되는 날이 속하는 해에 입학하도록 하지만 건강상의 이유나 부모님의 해외 근무로 인해 입학을 늦추어야 하는 경우가 있습니다. 이럴 때는 입학하기 전

해의 10~12월 사이에 읍·면·동장에게 입학연기를 신청해야 합니다. 입학해야 하는 아이의 입학연기 및 면제를 신청하지 않고 부모님이 취학 의무를 위반했다고 판단되는 경우엔 초·중등교육법에 의해 과태료가 부과됩니다. 신청기관을 확인하고 기간 내에 신청하기를 권장합니다.

입학 시기에 따른 구분

구분	조기입학	입학연기	취학유예	유예
의미	정해진 연령보다 학교를 1년 일찍 입학하는 것.	만 7세가 되는 날이 속하는 해의 다음 해에 입학할 수 있도록 취학의무를 1년간 늦춤.	「초·중등교육법 시행령」 제28조의 규정에 따라 해당 학년도에 취학하여 교육받을 의무를 다음 학년도까지 보류함.	「초·중등교육법」제14조에 의거 취학 및 교육 의무를 면함.
신청 기간	만 5세가 된 날이 속하는 해의 10.1~12.31	만 6세가 된 날이 속하는 해의 10.1~12.31	만 7세가 된 날이 속하는 해의 1.1~해당 학교의 입학기일 전	입학 이후
신청기관	읍·면·동의 장	읍·면·동의 장	학교장	학교장

(출처. 2023학년도 초등 학적 업무 매뉴얼, 부산광역시교육청.)

조기입학

1년 일찍 입학하기를 원한다면 조기입학을 신청할 수 있습니다. 10월부터 12월 사이 부모님 신분증을 들고 행정복지센터로 가면 신청이 가능합니다. 방법은 간단하지만, 조기입학은 충분히 고민하고 아이의 현재 상황을 파악한 뒤 신청해야 합니다. 1년 일찍 학업을 시작한다는 장점이 있지만, 학교에 다니는 중간에 후회가 되더라도 한 학년 아래로 내려가기 쉽지 않은 등, 조기입학에는 장단점이 확실히 있습니다.

조기입학을 결정하기 전, 우리 아이의 신체적, 정서적 성장 정도가 다른 아이들과 비슷한지 등 아이의 신체적, 정서적, 성격적 성장 정도와 특성을 객관적으로 파악한 뒤 신중하게 결정하길 권합니다.

(* 조기입학에 대한 자세한 내용은 22쪽을 참고해 주세요.)

학교를 다니다가 해외로 갈 때

　부모님의 해외 파견 근무 혹은 전 가족 해외 이민으로 인해 해외로 나가는 경우와 단순 유학 등의 이유로 해외에 갈 경우의 명칭과 절차가 다소 다릅니다. 부모님의 해외 파견 근무나 전 가족 해외 이민으로 인해 초등학교를 한국에서 더이상 다니지 못할 경우에 면제라고 부르고, 단순 해외 유학, 건강상의 이유 등으로 교육의 의무를 보류할 경우에 유예라고 부릅니다.

　보통 요청하는 서류는 면제라면 면제신청서, 신청사유에 대한 근거 서류(해외 파견일 경우에 해외파견 관련 공문과 출입국사실증명서, 질병일 경우에 의사 진단서 등), 행정정보 공동이용 동의서, 주민등록등본 등입니다. 유예라면 사유에 따라 결석계, 출입국 사실 증명서(또는 행정정보공동이용 사전 동의서), 학부모 확인서 등으로 달라집니다.

　학교에 해외로 가게 되는 사유를 말씀드리면 필요한 서류에 대해 설명을 듣고, 각종 양식을 안내받으실 수 있습니다. 작성해서 제출하면 됩니다. 되도록 결정이 되면 빠른 시일 내에 학교에 알리는 것이 좋습니다.

해외에 있다가 다시 한국 학교로 돌아올 때

　국내에서 학교에 다니다가 해외로 나간 학생이 다시 국내 학교로 돌아올 때 재취학이라고 합니다. 재취학의 기본 처리 절차는 다음과 같습니다.

제출 서류로는 재취학 신청서, 아포스티유* 확인을 받은 재학증명서(아포스티유 협약국이 아닌 경우, 영사관 공증), 성적증명서, 국내 이전 학교생활기록부(해당 학생만), 출입국 사실 증명서, 주민등록등본, 예방접종 증명서 등이 있습니다.

학년 인정은 아이가 다니고자 하는 학교의 평가위원회에서 외국학교의 재학 기간과 교육과정 이수 내용을 근거로 학년을 결정합니다. 가급적 우리나라 학제에 맞추어 계산하지만, 이는 다니고자 하는 학교의 평가위원회 결정에 달렸으므로 원하는 학년으로 확실히 편입할 수 있다고 확답을 할 수는 없습니다.

읽어 보니 용어도 생각보다 쉽지 않고 절차가 까다로워 보이지 않나요? 하지만 언제든지 행정복지센터나 학교에 문의하면 필요한 서류와 절차에 대해 상세히 안내받을 수 있습니다. 특히 면제나 유예는 학교에서 서류상 문제로 인해 더 많은 절차를 거치기 때문에, 반드시 사전에 충분한 기간을 두고 학교에 알리는 것이 좋습니다.

---

* Apostille. 아포스티유 협약을 체결한 국가에 제출하는 공문서에 대하여 외교부장관 또는 법무부장관이 그 진위 여부를 확인하여 발급하는 인증서. (2021 외교부 보도자료)

학교엔 달마다 어떤 행사가 있나요?

#학교행사　　#시기별행사　　#학교마다달라요

 궁금해요

학교에서 행사가 많이 있는 것 같아요. 어떤 행사들이 있고, 어떤 준비를 해야 할까요?

 알려드려요

학교에서는 학부모 총회, 학부모 상담, 현장 체험학습, 운동회, 학부모 공개수업, 학예회 등 다양한 행사가 진행되고 있습니다. 각 행사는 학교에 따라 진행하기도, 진행하지 않기도 하고, 시기도 다릅니다. 일반적으로 많이 하는 행사 위주로 안내해 드리겠습니다.

`CHECK!` **학교 행사 안내**

입학식, 시업식 (3월 2일~3일)

　주로 삼일절 다음 날에 학교별로 입학식과 시업식을 합니다. 1학년 학생들은 부모님과 함께 학교에 와서 입학식에 참석합니다. 입학식을 마친 뒤 부모님은 집으로 돌아가거나 학교에 따라 간단한 설명회에 참석하는 경우도 있습니다. 1학년 학생들은 1년 동안 생활할 교실에 가서 담임 선생님과 인사를 나눈 뒤, 보통 급식을 먹지 않고 하교합니다. 2~6학년들은 새로운 반에서 담임 선생님을 만나 인사를 하고 서로를 알아 가는 시간을 가집니다. 대부분 급식을 먹고 하교합니다.

학생 상담주간 (3월 2주)

담임 선생님이 학생에 대해 파악하기 위해 학생 상담주간을 가집니다. 학교에 따라 1~2주 정도, 필요에 따라 수시로 상담을 진행합니다. 학교에 따라서는 상담을 수시로 하기 때문에 따로 학생 상담주간을 두지 않는 학교도 있습니다.

학급 봉사위원(또는 학급 임원) 선거 (3월 3주)

학급의 봉사위원(학급 임원)을 뽑습니다. 학교마다 반장, 부반장 혹은 봉사위원으로 명칭은 다를 수 있으며 투표를 통해 2~3명을 선출합니다. 학급 봉사위원(학급 임원) 선거는 보통 3학년부터 6학년까지 실시합니다.

맞춤형 학업성취도 자율평가 (3월~4월)

3, 5, 6학년을 대상으로 전 학년에서 배운 내용을 확인하는 시험입니다. 3학년은 문해력과 수리력을 평가하고. 5~6학년은 국어, 영어, 수학, 사회, 과학 등 총 5과목을 시험 칩니다. 보충이 필요할 경우, 보충수업에 대한 안내가 있을 수 있습니다.

학부모 상담 (3월 말~4월 초 및 9월 말~10월 초)

　대부분 학교들이 1학기 초에 1번, 2학기 초에 1번, 총 2번의 학부모 상담을 실시합니다. 학부모님께 상담 안내가 나간 뒤 신청을 받아 실시합니다. 코로나19 이전에는 주로 대면 상담이었지만, 코로나19 이후 전화 상담 비중이 많이 늘었습니다. 학교에 따라 1학기만 하고 2학기는 수시상담을 위해 기간은 잡지 않거나 1, 2학기 모두 상담 주간을 마련하지 않고 수시로 필요할 때 신청을 받아 운영하는 곳도 있습니다.
(* 학부모 상담에 대한 자세한 내용은 133쪽을 참고해 주세요.)

학부모 총회 (3월 말)

　전교생 학부모를 대상으로 하는 학부모 총회입니다. 보통 처음에 강당에서 모여 1년 동안의 학교 교육과정 설명을 듣고, 그 후 각 반으로 가서 담임 선생님과 반별로 학부모 총회를 가집니다. 또는 반별 총회 이후 전체 총회를 진행하는 경우도 있습니다.

　반별 학부모 총회에서는 담임 선생님의 소개와 1년 동안 담임 선생님이 학급을 어떻게 꾸려 갈지를 안내합니다. 학부모 총회에 참석하면 1년 동안 학교와 학급이 어떻게 운영되는지 알 수 있어서 참석하면 좋습니다. 하지만 학부모 총회는 보통 평일에 열리는데 직장생활로 인해 참석하기가 쉽지 않을 수 있습니다. 이럴 경우, 학교 홈페이지에 안내되는 학부모 총회 자료를 참고하여 살펴보시면 됩니다. 학교에 따라서 학부모 공개수업과 같은 날 진행하기도 합니다. 이렇게 함께 진행할 때는 일반적으로 **학부모 총회-학부모 공개수업-반별 학부모 총회** 또는 **학부모 공개수업-반별 학부모 총회-학부모 총회** 순서로 진행됩니다.

학부모 공개수업 (4~5월 중 또는 10~11월)

학부모 공개수업은 보통 연 1~2회 진행됩니다. 학생들이 수업받는 모습을 학부모에게 공개하는 날입니다. 직장을 다니는 분들은 참석이 부담스럽겠지만, 이날은 학생들이 우리 엄마, 아빠가 오는지 안 오는지 목이 빠지도록 기다리고 기대하는 날이기도 합니다. 저학년일수록 부모님이 오시기를 많이 기대하는 편이며, 사춘기에 접어든 5~6학년생들은 오히려 부모님이 오시는 것을 반기지 않기도 합니다. 자녀의 학년, 성향을 고려하여 참석할지 말지 정하는 것이 좋습니다. 부모님이 오시길 기다리는 아이라면 더욱더 참석하는 것이 좋지만, 참석하지 못하더라도 따뜻한 말로 자녀를 격려하시면 좋겠습니다.

이때 참석할지 말지는 순전히 자녀를 위해 결정할 사안입니다. '공개수업 때 가지 않으면 담임 선생님이 아이에게 무관심한 부모로 보지 않을까?'라는 고민은 전혀 하지 않아도 됩니다.

학부모님이 수업에 참관할 때는 교실 뒤편에 서 있는데 교사 입장에서는 수업 진행에 집중하느라 몇 명이 왔는지, 참석한 부모님과 학생의 얼굴을 매칭하여 누구의 부모님이 왔는지 확인하기 힘듭니다. 그러니 자녀와 함께 이야기하여 참석 여부를 정하면 됩니다.

현장 체험학습 (4~6월 및 9~11월)

대부분의 학교들은 1학기에 1번, 2학기에 1번, 총 2번의 현장 체험학습을 다녀옵니다. 그러나 현장 체험학습은 순전히 학교의 결정에 달렸고 해당 학년에서 정하기 나름이기에 횟수는 달라질 수 있습니다. 현장 체험학습을 1년에 한 번 다녀오는 학교도 있고, 1년에 수차례 다녀오는 경우도 있습니다.

(* 현장 체험학습에 대한 자세한 내용은 44쪽을 참고해 주세요.)

6학년 수학여행 (3~12월)

코로나19 전에는 수학여행이 보통 2박 3일과 같이 숙박 형식으로 많이 진행되었습니다. 하지만 코로나19 이후 비박형 수학여행이 생겼습니다. 비박형 수학여행이란 숙박을 하지 않고 총 2~3일에 걸쳐 하루씩 당일치기 현장 체험학습을 다녀오는 것입니다. 수학여행 역시 학교에서 결정하기에 따라서 진행 여부와 가는 시기가 달라집니다.

운동회 (5월 및 10월)

예전에는 10월에 가을 운동회를 주로 했지만, 요즘은 어린이날 전날에 운동회 날짜를 옮기거나 10월 운동회와 별개로 어린이날 전날에 소체육회를 진행하기도 하며, 아예 운동회를 하지 않기도 합니다. 운동회를 학예회와 격년제로 번갈아 하는 학교들이 많습니다. 짝수 해는 운동회, 홀수 해는 학예회를 진행하는 식입니다.

생존수영 (정해진 기간 없음)

생존수영은 현재 전 학년을 대상으로 진행하고 있습니다. (지역에 따라 차이가 있습니다.) 학년에 따라 이론 수업만 진행하기도 하고 실제 수영장에 가서 실기 수업을 하기도 합니다. 생존수영 수업이 가능한 수영장들이 정해지면 학교에서 수업할 장소를 골라 날짜를 예약합니다. 얼마나 많은 학교가 언제 예약하느냐에 따라 일정이 변동되기 때문에 특정한 날짜를 지정할 수 없습니다. 생존수영은 주로 오전이나 오후 중에 수업을 받고 학교로 돌아와 급식을 먹고 오후 수업을 하거나 바로 하교합니다. 기본적으로 물과 친해지기, 물에 빠졌을 때 뜰 수 있는 다양한 방법, 기본 생존 영법, CPR 등을 배웁니다.

전교임원선거 (12월/2월/3월)

전교임원선거도 학교마다 시기가 조금 차이가 있습니다. 12월이나 2월 종업식 전에 선출할 때는 현재 4, 5학년을 대상으로 선거를 실시하여 전교회장, 부회장, 임원 등을 뽑습니다. 3월에 실시한다면 4~6학년 또는 5, 6학년을 대상으로 선거를 실시합니다.

여름 방학 (7월 말~ 8월 말 또는 9월 초)

7월 말 즈음 되면 대부분의 학교들이 여름 방학을 시작합니다. 여름 방학식 날 학생들에게 1학기 생활 통지표가 제공됩니다. 학교마다 방학 시기와 생활 통지표 제공의 유무는 다를 수 있습니다. 여름 방학 때는 부족한 공부를 보충하고, 학기 중에 하지 못한 다양한 체험활동을 해 보는 것이 좋습니다.

겨울 방학 (12월 말~1월 말 또는 2월 초/1월 중~2월 말)

겨울 방학 시기에 따라 봄 방학이 있는 학교도 있고 없는 학교도 있습니다. 12월 말 즈음 겨울 방학을 하면 1월 말~2월 초에 개학하여 2~3주간 수업을 하고 2월 중순에 종업식, 졸업식을 한 뒤 2주 정도 학년 말 방학을 하는 학교가 있습니다. 이와는 다르게 1월 초부터 중순까지 수업을 마친 뒤 종업식, 졸업식을 하고 겨울 방학을 시작하여 3월 초 새 학년으로 개학을 하는 학교가 있습니다.

(* 방학 때 할 만한 공부에 대한 자세한 내용은 272쪽을 참고해 주세요.)

종업식, 졸업식 (1월 중, 2월 초~중)

　보통 종업식과 졸업식은 같은 날 진행됩니다. 종업식은 학년을 마무리 짓는 날입니다. 1년 동안 학생의 생활을 담은 생활통지표도 이날 배부되고 보통 새 학년 반 배정도 이날 공지됩니다. 선생님과 학생이 서로에게 감사의 인사를 전하고 한 학년을 마무리 짓습니다.

　글을 읽으며 아셨겠지만, 학교마다 행사의 시기를 달리할 수 있고, 없애거나 만들 수도 있습니다. 그렇기 때문에 학교에서 3월에 가정에 배부되는 학교 행사 안내문을 확인하면 1년의 행사를 한눈에 파악할 수 있습니다. 학교 행사 안내문이 없더라도 학교 홈페이지를 보면 확인할 수 있고, 모든 행사가 진행되기 전 가정통신문으로 세세하게 안내가 됩니다. 해당 시기마다 배부되는 가정통신문을 주의 깊게 읽어 보면 학교 행사 파악에 큰 도움이 될 것입니다.

수업은 총 몇 시간 하고, 일과 시간에는 뭘 하나요?

#학교일상 #학교수업 #학교생활

 궁금해요

첫 아이가 곧 학교에 입학합니다. 초등학교는 일찍 마친다고 해서 미리 학원을 알아볼까 하는데 첫 아이인지라 초등학교가 몇 시에 마치는지 모르겠어요. 수업을 몇 시간 동안 하고 몇 시에 마치나요? 그리고 학교 일과 시간에는 무엇을 하나요?

 알려드려요

학년별 수업 시수

학교 마치는 시간은 학년별로 다릅니다. 기본적인 학년별 수업 시수는 아래의 표와 같습니다. 하지만 학교 상황에 따라 달라질 수 있습니다.

	월	화	수	목	금	계
1~2학년	4	5	5	5	4	23
3~4학년	5	5	5	6	5	26
5~6학년	6	6	5	6	6	29

(단위 : 시간)

1학년은 3월에 학교 적응 활동으로 입학일부터 3월 1~3주까지는 4교시까지 수업을 진행합니다.

연간 수업 일수

기본적으로 초등학교는 연간 190일 수업을 합니다. 하지만 천재지변이나 혹시 모를 상황을 대비하여 여유 있게 191~192일로 수업 일수를 정하는 학교도 있습니다.

수업 시간, 쉬는 시간, 점심시간

전국 모든 초등학교는 수업 시간이 40분으로 동일합니다. 쉬는 시간과 점심시간은 학교마다 다르지만 대부분 쉬는 시간은 10분, 점심시간은 50~60분입니다. 하지만 전염병 상황이나 교육청, 학교장 재량으로 일부 조정될 수 있습니다. 제가 근무하는 학교의 일과 시간표를 정리하면 아래의 표와 같습니다.

일과	시작	마침	시간(분)
아침활동	08:40	09:00	20
1교시	09:00	09:40	40
2교시	09:50	10:30	40
3교시	10:40	11:20	40
4교시	11:30	12:10	40
점심시간	12:10	13:10	60
5교시	13:10	13:50	40
6교시	14:00	14:40	40

병원 진료나 가정 사정, 집안 행사로 인해 수업 시간보다 일찍 학교에서 나와야 할 때는 담임 선생님께 미리 연락드리면, 출결 안내를 하고 학생이 하교할 수 있도록 도와주실 겁니다. 사전에 연락하는 게 좋지만, 급한 일로 당일 연락을 할 때는 학교에서 사전에 안내된 소통창구를 활용하여 담임 선생님께 전달을 부탁하면 됩니다.

학교 일과 시간에는 무엇을 하나요?

전국 대부분의 학교가 8시 30분에서 40분 사이에 등교를 완료하도록 안내하고 수업은 9시부터 시작합니다. 그러면 등교를 한 8시 40분부터 9시까지는 무엇을 할까요? 보통 월요일(매월 1회 또는 2회 등)에는 훈화 방송이 있고 그 외에는 학교 재량으로 다양한 활동을 합니다. 한자 쓰기, 책 읽기, 아침체조, 수업 준비 등 다양한 활동을 10~20분 동안 진행합니다. 그리고 9시부터는 위의 시간표대로 과목별 수업을 합니다.

1, 2학년은 국어, 국어활동, 수학, 수학익힘 교과서와 통합교과 교과서로 수업을 진행합니다. 통합교과 1, 2학년 교과서 이름은 각각 다르지만 통합교과 속에 바른생활, 슬기로운 생활, 즐거운 생활의 내용이 섞여서 구성되어 있습니다. 1학년은 지역마다 다르지만 학교 적응을 위한 교과서가 추가로 제공되기도 합니다.

3, 4학년은 국어, 사회, 수학, 과학, 영어, 음악, 미술, 체육, 도덕 과목을 배우고, 5, 6학년은 여기에 실과 과목이 추가됩니다.

학년 초 학생들에게 올해의 학급별 기초 시간표가 안내됩니다. 하지만 과목별 운영시수, 학교 행사 운영 등으로 인해 시간표는 매주 달라지므로 교실에서 담임 선생님이 안내하는 시간표에 따라 학생들은 수업을 듣습니다. 기초시간표는 참고용으로만 봐주시면 됩니다.

결석의 종류에 대해 알고 싶어요.

#결석 #결석종류 #결석증빙서류

 궁금해요

지난번에 우리 아이가 아파서 하루 결석을 하니 선생님께서 질병 결석이라고 하시면서 결석계만 제출하라 하셨어요. 그런데 아이가 이번에는 감기가 심하게 걸려 4일 결석했더니 결석계랑 진단서를 제출하라고 하시더라고요. 왜 제출 서류가 달라질까요? 그리고 질병 결석 외에 다른 결석 종류가 있나요?

 알려드려요

결석의 종류에는 크게 4가지로, 질병 결석, 출석 인정 결석, 기타 결석, 미인정 결석이 있습니다. 각 결석의 구분과 결석 시 증빙 서류에 대해 안내해 드리겠습니다.

질병 결석

아이가 아파서 결석한 경우에 질병 결석으로 처리됩니다. 상습적이지 않은 2~3일 이내 결석은 질병을 증빙할 수 있는 자료만 제출하고 학교장의 승인을 받습니다. 증빙 자료로 학부모 의견서, 처방전, 담임교사 확인서 등이 있습니다. 보통 학교에서는 담임교사 확인서를 결석계에 포함해 결석계 1장만 받지만, 학교에 따라 다를 수 있으므로 이를 미리 확인하시기 바랍니다. 만약 3일을 넘어가면 의사의 진단서나 의견서를 결석계와 함께 제출해야 합니다. 여기서 의견서는 의사 소견서, 진료 확인서 등으로 병명, 진료 기간 등이 기록된 증빙 서류를 의미합니다.

출석 인정 결석

결석했어도 출석으로 인정하는 결석입니다. 출석으로 인정하는 결석이기 때문에 결석의 사유가 정해져 있습니다. 천재지변, 법정 감염병, 학교장의 허가를 받은 대회 참여, 교외 체험학습, 경조사로 인해 출석하지 못했을 때 등을 출석 인정 결석으로 처리됩니다. 경조사로 인한 결석은 일수가 정해져 있습니다.

구분	대상	일수
결혼	형제, 자매, 부, 모	1
입양	학생 본인	20
사망	부모, 조부모, 외조부모	5
	부모의 조부모(증조부모, 외증조부모) 부모의 외조부모(진외증조부모, 외외증조부모) 형제·자매 및 그의 배우자	3
	부모의 형제·자매 및 그의 배우자	1

(출처. 2023학년도 학교생활기록부 기재요령 초등학교, 교육부.)

경조사 결석은 재량휴업일과 공휴일 및 토요일은 포함되지 않으며, 연속된 결석 일수에 한해서만 출석으로 인정합니다. 임종을 지키기 위해 사망 전날 결석했을 때, 연속한 5일 이내라면 출석으로 인정됩니다.

기타 결석

부모·가족 봉양, 가사 도움, 간병 등 부득이한 개인 사정에 의한 결석임을 학교장이 인정하는 경우, 기타 합당한 사유에 의한 결석임을 학교장이 인정하는 경우 등에 해당합니다. 기타 결석은 해당 학교장의 재량이므로 학교에 문의하는 것이 좋습니다.

미인정 결석

질병 결석, 출석 인정 결석, 기타 결석에 포함되지 않는 경우 미인정 결석으로 처리됩니다.

 또 궁금해요

그럼 결석을 얼마든지 해도 괜찮을까요? 결석이 많아도 우리 아이가 커서 성인이 되었을 때 아무런 문제가 없을까요?

 알려드립니다

간혹 학생들이 결석해야 할 때, 학부모님이 결석해도 되는지 물어보거나 어떻게 해서든지 결석을 하지 않으려는 부모님이 계십니다. 학교에서 이제 개근상은 사라졌지만, 출석 인정 결석 외의 결석을 하지 않은 경우는 생활기록부에 개근이라고 입력합니다. 즉, 결석 중 질병 결석, 미인정 결석, 기타결석은 학교생활기록부에 기재되어 기록으로 남습니다. 그뿐만 아니라 반복적인 지각, 조퇴, 결과도 학교생활기록부에 기재하도록 되어 있습니다. 그리고 학교 수업 일수의 1/3 이상(190일 기준으로 64일)을 결석하면 해당 학년에서 다음 학년으로 진급할 수 없습니다.

아이가 커서 어떤 직업을 가질지, 어떤 상황에 놓이게 될지는 모르기 때문에 교사의 입장에서 결석을 마음껏 해도 된다고 안내하기는 어렵습니다. 직업에 따라 초등학교 출결 상황을 보는 경우도 있습니다. 그 직업도 앞으로 어떻게 바뀔지 모르기 때문에, 더 나아가 우리 아이의 미래가 어찌 될지 교사도 모르기 때문에, 이런 질문을 받았을 때 위와 같이 안내를 하고 판단은 부모님께서 직접 하시길 권합니다. 더불어 결석을 할 때 결석에 대한 기본적인 가이드라인은 정해져 있지만, 출석으로 인정할지 결석으로 처리할지, 그리고 어떤 종류의 결석으로 처리할지, 어떤 서류를 받을지, 몇 번 이상의 지각, 조퇴 결과를 생활기록부에 기재할지에 대한 세부적인 내용은 학교마다 차이가 있으니, **결석에 대해 정확히 확인하기 위해서는 학교에 문의하면 됩니다.**

만약 결석할 일이 생기면, 사전에 학교에 연락하여 아이의 출결 여부를 확실하게 전달하는 것이 좋습니다.

학교에서 어떤 체험학습을 시키나요?

#현장체험학습 #현장체험학습장소 #현장체험학습종류

 궁금해요

제가 어릴 때는 소풍이었는데, 요즘은 현장 체험학습이라고 부르더라고요. 주로 어떤 체험학습을 하나요?

 알려드려요

학교에서는 다양한 체험학습을 진행하고 있습니다. 특히 학교에서 하기 힘든 수업이나 프로그램을 위주로 신청하기 때문에 아이들은 체험학습이 있는 날은 더욱 즐거운 마음으로 등교합니다. 체험학습에 대해 안내해 드리겠습니다.

체험학습 누가 정하나요?

해당 학년 선생님들이 정하는 것을 기본으로 합니다. 하지만 그 전년도 선생님이 경험해 보고 좋았던 프로그램은 미리 신청합니다. 예를 들면, 작년 3학년 선생님들이 ○○체험학습을 신청하여 진행했는데 프로그램 내용이 좋고 유익하면, 올해 3학년을 맡을 선생님들을 위해 일찍부터 예약해 두기도 합니다.

체험학습에는 다양한 종류가 있고, 체험학습에 따라 예약 방법도 다양합니다. 체험학습 중에서도 프로그램 구성이 좋고 인기가 많은 체험학습은 인기가수 콘서트 못지않은 노력을 해야 예약할 수 있기도 합니다. 이때는 해당 학년 선생님들이 알람을 맞춰 놓고 컴퓨터로 예약을 하는데, 다른 학년 선생님께 도움을 요청해서 다 같이 예약을 위해 노력하는 경우도 있습니다.

신청만 하면 체험 가능한 프로그램도 있지만, 이 역시도 인기가 많으면 탈락할 수도 있기 때문에 신청하고 싶은 프로그램을 1~3순위까지 작성해서 내기도 합니다.

이렇게 프로그램을 신청하여 학교로 체험프로그램 강사가 오는 경우가 있고, 직접 가는 현장 체험학습도 있습니다. 직접 갈 때는 해당 학년 선생님들이 직접 코스를 짜고 현장 답사를 가서 학생들의 이동 경로, 프로그램, 안전을 확인하고 옵니다.

학교로 찾아오는 체험학습

대부분 예약제로 운영됩니다. 외부기관에 예약할 때도 있지만, 교육청에서 체험학습 프로그램을 만들고 강사를 선정한 뒤에 이 내용을 학교로 보내면, 학교에서는 선생님들이 이 프로그램과 내용을 확인하고 학생들에게 적합한 내용을 선정하여 신청합니다.

진로교육 프로그램으로 다양한 직업인을 만나는 활동, 전문가로부터 배우는 활동(유튜버에게 배우는 영상편집 방법, 연극인에게 배우는 타블로, 조향사에게 배우는 향수 제조 방법, 판소리 전문가에게 배우는 판소리 등) 같은 것이 있습니다.

학교 밖으로 나가는 체험학습

프로그램 내용에 따라 도시락을 싸 가기도 하고, 체험만 하고 학교로 돌아와서 점심을 먹기도 합니다. 생존수영이 학교 밖으로 나가는 체험학습이지만, 반나절만 수업을 하기 때문에 학교에서 급식을 먹고 오전이나 오후 중 수업을 듣습니다.

이외에도 학교에서 하기 힘든 프로그램을 신청하여 진행하기도 합니다. 예를 들면 도자기 공방 체험이나 영양 체험관 등이 여기에 속합니다. 도자기를 굽는 가마나 오븐과 같은 조리 기구가 갖춰진 학교가 거의 없습니다. 학교에 갖춰지지 않은 시설이나 도구를 활용할 수 있는 곳으로 체험학습을 신청하여 가기도 합니다.

아이들이 제일 좋아하는 체험학습은 역시 도시락을 싸서 반나절 이상 다녀오는 현장 체험학습이겠지요. 현장 체험학습은 주로 교과와 연계하여 교과서 속 배운 내용을 직접 확인하고 체험할 수 있는 코스로, 선생님들이 만듭니다.

이미 가족끼리 다녀온 곳에 또 가는데, 보내야 할까요?

네, 보내는 것이 좋습니다. 이미 여러 번 다녀온 곳이어도 학교에서 친구들과 함께 가는 것과 가족과 가는 것은 차이가 있습니다. 현장 체험학습은 체험학습 장소에서 견문을 넓히는 것이 목적이지만, 단체 생활을 하며 친구들과 어울리는 방법을 익히기 위해 진행하기도 합니다. 장소에 따라 모둠별로 다니며 직접 조사하고 토의하기도 하고, 체험활동을 하는 것은 가족과 함께하는 것과는 또 다른 경험입니다. 그리고 친구들과 함께 사진 찍고 어울려 웃고, 도시락을 먹고 뛰어노는 것도 아이들에게는 큰 행복이자 추억이기 때문에 이미 여러 번 다녀온 곳이라도 보내길 추천합니다.

아이가 다쳐서 참여가 힘들 것 같은데 이럴 땐 어떻게 해야 하나요?

아이가 다리를 다쳤거나 몸이 안 좋거나 등의 이유로 가지 못하는 상황이 생길 수도 있습니다. 이럴 때는 두 가지 방법이 있습니다.

첫 번째는 등교하여 수업을 듣는 것입니다. 현장 체험학습은 못 가지만 등교 가능한 학생을 위해 선생님들은 현장 체험학습을 계획할 때 이런 학생을 위한 수업도 함께 계획해 둡니다. 등교하면 사전에 계획된 수업을 듣습니다. 담임 선생님과 반 아이들 모두 현장 체험학습을 가고 없기 때문에 불참한 아이는 혼자 교무실이나 빈 교실에서 교감 선생님 혹은 다른 선생님이 지도해 주십니다. 다른 선생님들도 수업이 있기 때문에 여러 선생님이 교대로 아이를 볼 수밖에 없습니다. 점심시간에는 급식도 다른 선생님과 따로 먹어야 합니다. 다른 친구들은 현장 체험학습 가서 도시락 먹고 행복한 시간을 보낼 때 혼자 학교 빈 교실이나 교무실에서 학습하고 밥 먹는 것은 썩 유쾌한 경험은 아닐 것입니다. 따라서 이 방법은 크게 추천하지 않습니다.

두 번째는 결석, 교외 체험학습 등을 쓰고 집에서 학습하거나 쉬는 것입니다. 현장 체험학습에 가고 싶지만 어쩔 수 없이 불참해야 할 때 추천하는 방법입니다. 또 다른 방법으로는 함께 가서 다른 아이들이 하는 모습을 보고 있는 것입니다. 특히 생존수영 등에서 이런 상황이 생깁니다. 물을 무서워하거나 수영복 입는 것이 부끄럽다는 이유 등으로 참여를 원치 않는 학생이나 학부모님이 있습니다. 이럴 때 함께 수영장에 가서 물에 들어가지는 않고 심폐소생술과 같은 이론 교육은 다 같이 받고 친구들이 생존수영 수업을 참관하도록 합니다. 대부분의 아이들은 친구들이 수영장에서 즐겁게 수영하는 모습을 보면 그다음 날부터는 참여하겠다고 합니다. 반 친구들과 같이 수영장에 들어가서 배우고 쉬는 시간에 물장난을 치는 것은 몇 번 없을 소중한 기회이기에 가능하다면 함께하는 것을 추천합니다.

현장 체험학습은 어떻게 준비하면 될까요?

학교 밖으로 나가는 모든 체험학습은 프로그램 안내, 준비물, 참가 의사를 묻는 가정통신문이 배부됩니다. 그 가정통신문에 따라 준비해 주시면 됩니다. 현장 체험학습에 따라 사전학습, 사후학습이 이루어지는 경우가 있는데 대부분 학교에서 이루어집니다. 준비물을 잘 챙겨 주시고, 현장 체험학습 당일에 아이가 건강하게 참여할 수 있게 하시면 됩니다.

9

초등학교에는 어떤 동아리가 있나요?

#동아리활동　#동아리조직방법　#동아리활동장점

궁금해요

초등학교 2학년부터 학교에서 동아리 활동을 시작하더라고요. 이 동아리 활동은 어떤 동아리 활동이 있는지, 학년이 올라가며 바뀌는지 궁금합니다.

알려드려요

학교 동아리 활동은 학교마다 조직·운영하는 방법이 전부 다르기 때문에 어떤 동아리들이 있고 어떻게 동아리를 만든다고 명확하게 말하기는 어렵습니다. 그래서 대략적인 동아리 조직 방법과 동아리의 종류에 대해 안내해 드리겠습니다.

동아리 조직 방법

수평 조직

수평 조직은 두 가지 방법이 있습니다. 같은 학년 내에서 반을 섞어서 만들거나 각 반끼리 동아리 활동을 하는 방법입니다. 같은 학년 내에서 반을 섞어 만드는 방법에서는 학년 내 학급 수만큼 동아리가 만들어진 후, 학생들이 각자가 소속된 반과

무관하게 동아리에 들어가도록 운영합니다. 각 반끼리 동아리 활동을 하는 방법에서는 담임 선생님이 학급별로 동아리를 운영합니다.

수직 조직

수직 조직은 학년을 섞어서 조직하는 방법입니다. 4학년에 3개의 반, 5학년에 3개의 반, 6학년 3개 반이 있는 학교가 있다면, 총 9개의 동아리를 만들어서 학년에 상관없이 원하는 동아리를 선택하여 동아리 활동에 참여하는 방법입니다.

학생동아리

예전에는 대부분 동아리 활동을 만들 때 어떤 활동을 할지 교사가 선택했습니다. 그러나 요즘은 학생동아리로 운영되는 학교도 있습니다. 학기 초 아이들이 자신들이 운영하고 싶은 동아리를 만들고 동아리 계획서를 만든 뒤 동아리 부원을 직접 모집하여 운영하는 방식입니다. 학생동아리는 운영하는 학교에 따라 수평 조직으로 같은 학년끼리 만들어서 활동할 수도 있고, 수직 조직으로 학년을 섞어서 동아리 부원을 모집할 수도 있습니다.

이외에도 학교에 따라 다양한 방법을 사용할 수 있으며 동아리 조직 방법은 학교에 따라 다릅니다. 동아리 활동을 반을 섞거나 학년을 섞어서 조직하거나 학생동아리로 조직을 하면 대부분 수용 인원이 정해져 있기 때문에 필연적으로 학생들의 수요가 많은 동아리와 그렇지 않은 동아리가 생깁니다. 이럴 때 가위바위보나 뽑기를 통해서 정하기도 합니다.

동아리의 종류

동아리 중 가장 큰 비중을 차지하는 것은 예술 동아리와 운동 동아리입니다. 특히 초등학생이 좋아하는 피구부는 폭발적인 인기를 얻고 피구부에 들기 위한 경쟁이 치열합니다. 그 외에 축구부, 티볼*부가 인기가 많고 예술 동아리로는 춤 동아리나 만들기 동아리가 인기가 많습니다. 이외에도 과학 실험 동아리, 영어 노래 동아리 등 종류가 매우 다양합니다.

동아리 활동의 장점

가장 큰 장점은 학생들이 새로운 활동을 하면서 자신도 몰랐던 관심사나 재능을 발견할 수 있다는 것입니다. 동아리에 지원하다 보면 특정 동아리에 지원자가 몰려 원치 않는 곳에 배정되고 속상해하는 학생도 있습니다. 하지만 동아리 활동을 마칠 때 즈음에는 재미있는 활동을 하고 추억을 쌓으며 모두 속상한 마음을 잊습니다. 더 나아가 그 활동을 즐기고 좋아하게 되는 학생도 있습니다. 좋아하지 않는 활동이더라도 동아리를 통해 자신이 하지 않았을 활동을 시도하고, 그 속에서 다양한 배움을 얻을 수 있습니다. 또 동아리 활동을 통해 새로운 기술을 배우고 협력 활동에 참여하여 사회성 증진, 자신의 소질 발휘를 통한 자신감 성장 등 많은 긍정적 효과를 얻을 수 있습니다.

초등학교에서 동아리 활동은 초등학생이 새로운 활동을 배우며 친구를 사귀고 성장할 수 있는 재미있고 보람된 학습활동입니다. 학기 초 아이가 원하는 동아리에 배정되지 않아 속상해하더라도 새로운 경험을 할 수 있게 되었다고 긍정적으로 받아들일 수 있게 잘 보듬어 주시고 멋지게 동아리 활동을 해 나가는 모습을 응원해 주시면 좋겠습니다.

---

* teeball. 야구를 변형한 구기 경기로, 투수 없이 T자 모양 막대 위의 공을 타자가 치고 달리는 경기이다.

상비약 챙겨야 할까요?

#상비약   #보건실   #개인상비약

 궁금해요

아이가 곧 초등학교에 입학하는데 아이가 조금 예민한 편입니다. 그래서 소화가 안 되거나 배가 아프다고 하는 일이 많아요. 이때를 대비해서 소화제나 기타 상비약을 챙겨 주려 하는데 약을 어느 정도 챙겨 주는 것이 좋을까요? 그 외 챙겨야 하는 상비약이 있을까요?

 알려드려요

학교에는 보건실이 있고 보건 선생님이 있습니다. 그렇기 때문에 기본적인 약과 치료용품은 구비되어 있습니다. 학교에 챙겨 오면 좋은 약과 챙기지 않아도 되는 약을 안내해 드리겠습니다.

보건실과 보건 선생님

학교에는 학생들이 건강하게 생활할 수 있도록 도움을 주는 보건실이 있습니다. 보건실에서 아이들의 건강을 살피고 건강한 생활과 관련하여 각종 예방 교육을 하는 분이 보건 선생님입니다. 그리고 보건실에는 아이들이 다쳤을 때, 아플 때를 대비한 구급 용품도 다 구비되어 있습니다. 그래서 아이들이 아프거나 다쳤을 때 기본적인 처치를 잘 해 줄 수 있습니다.

보건실에 있는 의약품

치료용품으로는 거즈, 붕대, 소독약, 연고, 족집게 등이 있고, 약은 진통제, 소화제 등의 일반적인 상비약, 그 외에는 생리대 등이 있습니다. 보건 선생님이 전문적인 지식을 갖고 있지만 보건실의 여건으로 인해 아이의 상태를 진단하거나 치료하기 어려운 경우가 있습니다. 따라서 보건 선생님이 아이를 살피고 난 뒤에 병원 진료가 필요하다고 판단되면 바로 학부모님께 연락드려 학교 조퇴 후, 혹은 방과 후 병원 진료를 권고합니다.

개인약을 챙겨야 하는 경우

처방약을 먹어야 하는 경우입니다. 대개 감기 등의 질환으로 병원에서 처방받은 약을 점심 급식 후 먹도록 부모님이 챙겨 주거나 특정 약에 알레르기가 있어 일반적인 진통제 복용이 힘들 때, 반드시 학기 초에 담임 선생님과 보건 선생님께 이 사실을 알리고, 아이에게도 반드시 대처 방법을 잘 교육해야 합니다. 그리고 아이가 복용 가능한 성분의 약을 구비해서 다니면 됩니다.

또 다른 경우로는 소아 당뇨 치료를 위한 인슐린 주사와 같이 자가 주사 요법이 필요한 일도 있습니다. 이때도 주사기와 약은 반드시 개인이 가지고 다녀야 합니다. 이런 일반적이지 않은 약이나 처방받아야만 사용 가능한 약은 보건실에서 갖추고 있지 않기 때문입니다. 자가 주사는 주사를 자기 몸에 직접 놓기 때문에 가정에서 아이에게 자가 주사 방법을 잘 가르쳐 주셔야 합니다.

이외에도 아이가 만화 캐릭터를 좋아해서 캐릭터 밴드를 가방에 넣어 다니는 것은 개인의 자유입니다. 기본적인 약은 학교에 있으므로 큰 걱정은 하지 않으셔도 됩니다. 음식 알레르기가 있는 아이들은 급식에서 음식을 가려서 먹을 수 있도록 지속적인 지도가 필요하고, 개인적으로 복용하는 항히스타민제가 있다면 가지고 다니는 것이 좋습니다. 음식 등에 대한 알레르기가 민감한 경우도 담임 선생님, 보건 선생님, 영양사 선생님께 알리는 것이 좋습니다. 학기 초에 아이 건강과 관련된 조사를 실시하므로 이때 자세하게 응답하면 학교에서 아이의 건강을 관리하는 데에 큰 도움이 됩니다.

⊕ 플러스 1 ⊕

심한 음식 알레르기가 있어요.

학기 초에 학생 건강실태조사 설문지나 학생 기초조사표 통해 아이에 대한 정보를 수집합니다. 이때 아이의 상태에 대해 자세히 알려 주시고 아이에게도 자신이 심한 알레르기를 가지고 있는 음식을 먹지 않도록 구분하는 방법을 가르쳐 주시는 것이 좋습니다. 학교 급식 식단표에 각 메뉴 옆에 숫자가 적혀 있습니다. 알레르기를 유발하는 식품 번호이므로 자신이 알레르기를 가진 식품 번호를 확인하여 해당 번호의 식품은 배식을 받지 않고 혹시나 섭취했을 땐 담임 선생님께 즉시 알리도록 교육하는 것이 좋습니다. 또한, 개인 상비약도 함께 챙기는 것이 좋습니다.

방과후학교는 어떤 것이 있나요?

#방과후학교　　#방과후학교수업종류　　#방과후학교신청

궁금해요

학교 방과후학교에 대해 궁금해요. 누가 수업을 진행하며 방과후학교는 어떤 수업들이 있을까요? 신청하면 누구나 들을 수 있나요? 그리고 신청을 꼭 해야 하는 걸까요? 어떤 수업을 들으면 좋을까요?

알려드려요

첫 아이가 초등학교 입학을 하게 되면 많은 것들이 궁금해집니다. 많은 사항이 학교 재량으로 운영되기에 학교마다 다른 부분이 있습니다. 방과후학교에 대해 궁금해하실 점들을 설명해 드리겠습니다.

방과후학교 신청 및 강의료

대부분의 학교는 분기별로 방과후학교 신청을 받습니다. 보통 3, 6, 9, 12월과 여름방학, 겨울방학까지 1년에 총 6번의 방과후학교 신청을 받습니다. 신청할 때 주로 방과후학교 신청 프로그램을 통해 학부모가 직접 신청하도록 운영하고 있습니다.

시간에 맞추어 원하는 강좌를 신청할 수 있는데, 보통 강좌당 10~20명 내외로 학생을 받습니다. 학교에 따라 신청을 선착순으로 받는 곳, 추첨을 통해 뽑는 곳이 있습니다. 뽑히지 못한 학생은 대기 번호를 받고 해당 강좌를 그만두는 학생이 있을 때 대기 번호에 따라 그 수업을 들을 수 있습니다.

수업료는 강좌에 따라 다르며 교재비, 재료비는 별도인 곳이 많습니다. 강의를 듣다가 수강을 취소하면 수강한 기간에 따라 환불 규정이 달라집니다.

방과후학교 종류

방과후학교는 학교에서 운영하는 강좌와 지역에서 운영하는 강좌로 나뉩니다. 지역에서 운영하는 방과후학교는 '○○구 통합방과후학교'와 같은 이름이 붙고, 지역에 따라 신청 방법, 강좌 내용, 강좌 일시가 다르기 때문에 학교에서 배부하는 가정통신문을 참고하면 됩니다.

학교에서 운영하는 방과후학교도 학교마다 매우 다르기 때문에 구체적으로 어떤 강좌가 있는지 안내하기 어렵습니다. 보통 학교마다 있는 방과 후 수업을 소개하자면, 영어, 수학, 과학 실험 등 학습과 관련된 수업과 요리, 체육(음악줄넘기, 배드민턴, 축구 등), 예능(방송댄스, 피아노, 플루트 등) 등 예체능 위주의 수업이 있습니다.

어떤 수업을 듣는 것이 좋을까요?

방과후학교의 가장 큰 장점은 저렴한 가격입니다. 저렴한 가격으로 다양한 교실을 경험해 볼 수 있기 때문에 이것저것 많이 신청하는 학부모님도 있고, 학교를 마치고 학원에 가기 전에 시간을 채우기 위해 방과후학교를 원하는 강좌와 관계없이 시간만 맞으면 수강하는 부모님도 있습니다. 각자 상황에 따라 방과후학교 활용방식이 다르기 때문에, 현재 자녀의 방과 후 시간을 고려한 뒤 정하시면 됩니다. 학습과 관련된 수업을 듣게 하고 싶은데 아이가 거부한다면, 학습 수업을 하나를 들을 때, 아이가 좋아할 만한 요리나 방송댄스 수업을 듣는 방식으로 아이와 의논하는 것도 좋습니다.

본 책에서 방과후학교에 대한 설명은 대략적으로 안내할 수밖에 없습니다. 각 학교의 사정에 따라 바로 이웃한 학교여도 강좌 내용, 강좌 운영 방식이 천차만별이기 때문입니다. 입학 전 미리 방과후학교에 대해 확인하고 싶으면 해당 학교 홈페이지 공지 사항 혹은 가정통신문이 게시되는 페이지에 접속한 후, '방과후'로 검색하면 방과후학교에 대해 상세하게 안내되어 있는 **방과후학교 가정통신문**을 확인할 수 있습니다. 이 가정통신문을 통해 해당 학교의 정보를 습득하는 것이 가장 빠르고 정확한 방법입니다.

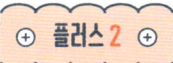

무슨 운동을 시키는 것이 좋을까요?

아이와 상의하여 정하는 것이 제일 좋습니다. 많은 저학년생들이 태권도나 줄넘기 학원을 다니고 고학년 즈음이 되면 좋아하는 운동을 선택해서 배우기도 합니다. 하지만 여러 아이들이 태권도를 배운다고 해서 우리 아이도 반드시 태권도를 다녀야 할 필요는 없습니다. 아이들마다 성향과 취향이 다르기 때문에 스스로 하고 싶은 운동을 할 수 있게 해 주는 것이 좋습니다.

학급 임원 선거에 나가고 싶대요.

#학급임원선거 #학급임원역할 #학급임원학부모의역할

궁금해요

아이가 학급 임원 선거에 나가고 싶어 하는데, 하라고 하는 게 좋을지 고민돼요. 사실 직장맘으로서 학급에 행사가 있거나 할 때 협조하기도 어려울 것 같고 부담감이 느껴져요. '학급 임원 엄마니까 뭐라도 해야 하지 않나?' 하는 생각도 들고 괜히 다른 학부모들 눈치도 보여요. 그리고 아이가 임원 선거에 나가서 혹시라도 떨어지면, 괜히 안 받아도 될 상처까지 받을까 봐 걱정이 많이 되네요.

알려드려요

각 학교에서는 3월 학기 초가 되면 학급 임원 선거를 합니다. 학교에 따라 1학기에 1번, 2학기에 1번으로, 일 년 동안 총 2번의 선거를 진행하거나, 3월에 1번 선거하여 1년 동안 학급 임원 역할을 하는 경우가 있습니다. 물론 학교에 따라 학급 임원을 뽑지 않는 학교도 있습니다. 일반적으로 학교에서 3학년부터 학급 임원을 선출하고 5, 6학년을 대상으로 전교 임원을 선출합니다.

학급 임원 선거에 나가서 학급 임원이 되면 좋을 것 같기는 한데, 학부모로서 부담이 되기도 합니다. 학교의 학급 임원은 정확히 무슨 역할을 하고 어떤 장점이 있는 걸까요?

학급 임원의 역할

　학교와 학급의 문화에 따라 역할이 다를 수 있지만, 일반적으로 학급 임원은 학급 친구들을 대표하고 교사와 협력하여 긍정적이고 생산적인 교실 환경을 조성하기 위해 노력합니다. 학급회의나 학급행사의 핵심이 되어 진행하며 이끌어 가는 역할을 하고, 학급 친구들에게 긍정적인 모범을 보이는 학생입니다. 책임감과 성실감을 가지고 다른 사람들을 존중하고 학급의 대표자로서 학급을 위해 봉사하고 친구들 간의 의견을 조율합니다.

학급 임원 역할 수행 시 장점

　학급 임원에 당선되어 역할을 수행할 경우 큰 장점들이 있습니다. 학급회의를 이끌고 친구들 간의 의견을 조율하는 과정에서 리더십을 키울 수 있습니다. 그리고 이런 조율 과정과 학급행사 협업 활동을 통해 의사소통 능력(협력적 소통) 향상과 공동체 역량을 기를 수 있습니다. 이런 활동 속에서 당연히 책임감과 학급 친구들의 모범이 되기 위해 스스로 노력하며 자기관리 역량도 커집니다. 이것은 2015 개정 교육과정뿐만 아니라 2022 개정 교육과정에서도 계속 강조하고 있는 미래핵심역량입니다. (2015 개정 교육과정의 의사소통 역량은 2022 개정 교육과정에서 협력적 소통으로 변경되었습니다.)

학급 임원 역할 수행 시 단점은 정말 하나도 없나요?

　단점이라기보다는 제한점들이 있을 수 있습니다. 학급 임원 역할을 수행하다 보면 방과 후에도 활동을 하는 경우가 간혹 있습니다. 특히 전교회의는 매월 또는 분기별 1회 정도 있는데 방과 후에 이루어집니다. 방과 후가 아니더라도 쉬는 시간을 활용해야 하는 점도 있어 전체적으로 자신의 시간을 할애할 수밖에 없습니다.

그리고 학급회의를 이끌거나 친구들 간의 의견을 조율해서 갈등을 해결해야 하는데, 이 과정에서 어려움을 겪으며 대인 관계 기술이 많이 요구됩니다. 대인 관계 거기에 더해 학급의 대표로 친구들에게 모범을 보여야 한다는 압박감을 느낄 수도 있습니다. 하지만 이런 것은 학급 임원으로 수행을 하지 않더라도 학교생활을 하며 느끼거나 경험할 수 있기에 학급 임원으로서의 장점을 넘어서는 단점은 아닙니다.

학급 임원 학부모의 역할은 무엇인가요?

예전에는 학급 임원 학부모가 학교 행사에 참여하거나 어머니회 등에 참여해야 하는 등의 부담이 있었던 것으로 압니다만 요즘은 전혀 그렇지 않습니다. 아이의 학급 임원 선거와 학부모님의 학교를 위한 역할은 별개입니다. 작은 것이라도 학교 일을 거들어야 할지에 대한 고민은 하지 않아도 되고, 학교에서도 그런 부담을 학부모에게 드리지 않습니다.

아이가 학급 임원 선거에 출마하고 그 역할을 수행함으로써 리더십, 의사소통능력, 공동체 역량 등을 키울 수 있는 것은 아이의 성장에 있어 긍정적인 일입니다. 만에 하나 선거에 출마하여 떨어지더라도 괜찮습니다. 실패는 모든 학습 과정과 성장 과정에서 자연스러운 부분이며, 시도하여 성공하지 못해도 괜찮다는 것을 인정하는 것은 중요합니다. 우리는 인생을 살아가며 늘 성공만 할 수는 없습니다. 실패는 종종 중요한 교훈을 제공하기도 하고 우리의 성장에 도움이 됩니다. 그래서 아이가 학급 인원 선거에 나가고 싶다고 하면 많이 격려하고 응원해 주시기 바랍니다.

쌍둥이는 서로 같은 반이 좋아요, 다른 반이 좋아요?

#쌍둥이 #같은반장점 #같은반단점

궁금해요

우리 아이들은 쌍둥이입니다. 남자아이 2명인데, 쌍둥이는 같은 반인 것이 좋을까요? 다른 반인 것이 좋을까요?

알려드려요

쌍둥이가 같은 반일 때와 다른 반일 때의 장단점에 대해 이야기하고자 합니다. 대략적인 장단점이며 아이의 특성에 따라 다를 수 있으므로 학부모님이 아이들의 특성을 고려하여 참고하시기 바랍니다.

CHECK! 같은 반이라면

장점

학교와 관련해서 자녀 관리가 편하다.
　학부모님은 한 분의 담임 선생님과 소통하기 때문에, 준비물이나 학습 진도, 수행평가 등의 일정이 같기 때문에 한 번에 아이들을 챙길 수 있습니다. 학부모 상담주간에도 담임 선생님 한 분만 만나서 두 아이에 대해 이야기를 할 수 있기 때문에 학생 상담 할 때도 편리합니다.

아이들의 학교 적응에 도움이 된다.

아이들은 학교에 입학했을 때 또는 전학을 갔을 때뿐만 아니라 새 학기, 새로운 반에서의 낯선 환경에 적응하는 데 어려움을 느낄 수 있습니다. 하지만 같은 반에 쌍둥이 형제가 있다면 학교에 적응할 때 의지할 수 있고, 새로운 학교생활 적응에 대한 스트레스나 부담감을 덜 수 있습니다.

단점

경쟁의식으로 스트레스가 생긴다.

쌍둥이 중에서도 특히 성별이 같으면 둘은 친한 친구이자 라이벌이기도 합니다. 아무리 쌍둥이여도 서로 다른 강점이 있습니다. 그런데 '남의 떡이 커 보인다.'라는 말이 있듯이 아이들 입장에서는 내가 잘하는 것보다는 상대방이 잘하는 것이 눈에 더 들어오고, 이는 스트레스 요인이 될 수 있습니다.

집에서의 다툼이 연장될 수 있다.

가정에서 형제 간 갈등이 있을 때는 학교에서도 그 갈등이 계속될 수 있습니다. 이 경우에는 학교에서라도 형제를 분리해 두는 것이 좋습니다.

> **CHECK!** 다른 반이라면

장점

비교로 인한 스트레스를 줄일 수 있다.

같은 반일 경우의 단점에서도 이야기했듯이 쌍둥이는 친한 친구이자 라이벌이기 때문에, 둘이 다른 반이 되어 떨어져 있으면 서로에 대한 비교도 덜 하게 됩니다. 자연스레 쌍둥이 형제와 비교하며 받는 스트레스도 줄어들게 됩니다.

독립적인 생활이 가능하다.

쌍둥이에겐 '쌍둥이'라는 꼬리표 아닌 꼬리표가 따라붙게 됩니다. 한 사람의 독립된 주체가 아니라 늘 쌍둥이라는 틀 속에서 생활하게 됩니다. 아무리 쌍둥이라 할지라도 한 사람의 자주적이고 독립적인 생활을 할 수 있는 공간과 시간을 주는 것이 좋습니다. 방과 후 일정이나 집에서의 생활을 함께하기 때문에 학교에서 이 시간과 공간을 확보해 줄 수 있습니다.

단점

부모의 자녀 관리 부담이 늘어난다.

학부모님은 동시에 두 분의 담임 선생님과 소통해야 합니다. 두 분의 담임 선생님이 같은 학년을 맡고 있지만, 선생님의 성향과 교육관에 따라 반의 운영 방식이 다릅니다. 따라서 사소한 학교 준비물, 학습 진도, 수행평가 일정뿐만 아니라 학급 특색 활동에 따른 준비물, 활동 등도 달라지기 때문에 쌍둥이들이 같은 반을 할 때보다 챙겨야 할 것이 조금 더 늘어납니다. 같은 학년이지만 학급별 현장 체험 날짜가 다른 경우도 발생할 수 있습니다. 한 학급이었다면 한 번에 해결할 수 있는 것들을 두 배로 신경 써야 합니다.

학교폭력에 대해 알려 주세요.

#학교폭력   #학교폭력실태   #예방이중요

 궁금해요

학교폭력에 대해 알고 싶어요. 매번 학교폭력과 관련된 뉴스는 빠지지 않고 나오더라고요. '연예인 아무개가 과거에 학폭을 저질렀다.', '정치인 아들이 학폭을 저질렀다.' 등등의 뉴스가 계속 나오는 것을 보면 학교폭력이 그만큼 자주 일어나는지 걱정돼서 미리 알아 두고 싶어요.

 알려드려요

아이가 학교에 입학하게 되면 학부모님은 기대 반 걱정 반으로 가득합니다. 걱정 중 가장 많은 부분을 차지하는 것이 학교폭력일 것이라 생각합니다. 뉴스에서 매번 듣는 학교폭력. 그만큼 학교에서 자주 발생하는 것일까요?

2022년 학교폭력 실태조사 결과

2022년 9월에 발표된 2022년 1차 학교폭력 실태조사 결과 교육부 보도자료를 보면 학교폭력이 얼마나 일어나는지, 어떤 유형이 가장 많은지 알 수 있습니다. 초

4부터 고3 학생을 대상으로 실시한 이 조사에서 학교폭력 피해를 당했다고 응답한 비율은 1.7%입니다. 학교급별로는 초등학교가 3.8%, 중학교가 0.9%, 고등학교가 0.3%인데, 이와 관련해 이화여자대학교 학교폭력예방연구소 소장은 "초등학생은 중·고등학생에 비해 학교폭력 감지 민감도가 높아 학교 수업 정상화에 따라 신체적, 언어적 상호 작용이 증가하면서 습관성 욕설, 비속어 사용 등에 대해 보다 민감하게 학교폭력으로 인식했을 가능성이 있다."라고 말했습니다.

초등학교에서 피해 유형으로는 언어폭력(42.8%)의 비중이 가장 높고, 그다음은 신체폭력(14.6%), 집단 따돌림(12.9%) 순입니다.

초등학교에서 학교폭력 피해 비율이 2021년에 2.5%였던 것에 비해 2022년도에 3.8%로 높게 나온 것에 대해 또 다른 전문가인 한림대학교 정신건강의학과 교수는 "코로나19 감염병 확산과 같은 국가 재난 상황에서 폭력 등의 문제가 줄어들다가 재난 이후 급격하게 증가하는 것은 일반적인 현상이다."라며, "사회적, 정서적 역량에 관련된 기본적인 소양에 대한 교육이나 또래 간에 갈등을 조절하는 경험들이 줄어들었고, 이에 따라 미래에 대한 불안감이나 초조함을 어떻게 다루어야 할지 몰라 폭력적인 방식으로 표출하는 것으로 보인다."라고 분석했습니다. 이어서 "학생들이 본인의 감정을 스스로 조절하는 능력이나 문제 상황에서 스트레스를 다루는 방식 등을 익힐 수 있도록 학생들의 심리·정서적 지원을 위한 전 사회적 관심이 필요하다."라고 강조했습니다.

(출처. [교육부 09-06(화) 석간보도자료] 2022년 1차 학교폭력 실태조사 결과 발표, 교육부.)

위 교육부의 보도자료를 본다면 학교폭력이 뉴스에서 나오는 것만큼 큰 비율로 일어나는 것이 아니라는 것을 확인할 수 있습니다. 물론 학교폭력에 대해 전혀 걱정을 말라는 뜻은 아닙니다. 3.8%의 비율이지만 학교폭력을 일어나고 있기 때문입니다.

여기서 우리는 초등학교에서 가장 많이 일어나는 학교폭력 유형이 언어폭력이라는 것과 또래 간의 갈등 조절 경험, 본인의 감정 조절, 스트레스를 다루는 방식을 학생들이 익혀야 한다는 점에 주목하고, 이를 익히기 위해 아이들을 도와주어야 한다는 것을 기억해야 합니다.

제일 중요한 것은 예방

학교폭력에 있어 제일 중요한 것은 예방입니다. 학교폭력은 한 번 일어나면 일어나기 전의 상태로 되돌리기 어렵습니다. 그래서 학교에서도 학교폭력 예방 교육을 꾸준히 실시하고 있습니다. 이는 당연히 가정에서도 함께 지도되어야 할 부분입니다. 기본적인 학교폭력 예방 교육과 더불어 교우 관계, 타인에 대한 존중, 갈등 해결 방법, 자신의 감정 조절 방법, 스트레스 해소 방법 등에 대해 아이와 이야기하고 의견을 나누며 아이가 익히는 시간이 가정에서 제공되어야 합니다. 또한, 평소 가정에서 아이와 대화를 자주 하며 이상 징후를 즉각적으로 감지하여야 합니다.

1388 청소년 사이버 상담센터 홈페이지를 방문하면 전문상담자와 함께 채팅 상담, 게시판 상담, 카톡 상담 등 상담 서비스뿐만 아니라, 웹 심리검사를 통해 심리검사 확인, 솔로봇상담에서 게임과 애니메이션으로 고민을 해결하는 상담, '이음-e' 온라인 부모교육 콘텐츠가 탑재되어 있으니 확인 후 참여해 볼 것을 권장합니다.

1388 청소년 사이버 상담센터
https://www.cyber1388.kr:447/

성장

친구가 없는 학교에 갔는데 괜찮을까요?

#친구관계   #학교친구   #단짝친구

 궁금해요

아이의 초등학교 입학에 맞춰 이사하게 되었어요. 유치원 다니던 곳과 멀다 보니 입학 예정인 초등학교에 아는 친구가 한 명도 없어요. 친구가 한 명도 없는 학교에 입학해도 괜찮을까요? 아이가 적응하기 힘들어하진 않을까 걱정이 많이 됩니다.

 알려드려요

아이의 친구 관계는 부모님의 고민 중 늘 TOP 3에 드는 것 같습니다. 어린이집, 유치원 다닐 때도 했던 걱정이지만 초등학교 입학할 때도, 학년이 올라가며 반이 바뀔 때도 어김없이 걱정됩니다. 실제 학부모 상담을 할 때도 대부분의 학부모님이 꼭 물어보는 질문이기도 합니다. 아이는 학교에서 친구들이랑 어떻게 지내고 있을까요?

걱정 마세요.

아이들에게 초등학교 입학이라는 것은 8년 인생에 있어 최대의 사건입니다. 낯선 곳에서 낯선 친구들, 낯선 선생님과 함께 새로운 환경에 적응해 나갑니다. 아이들에게 낯설 것이라는 사실을 알고 있기 때문에 초등학교에 입학하면 적응 활동을 합니다. 학교를 돌아다니며 학교 내부 어디에 무엇이 있는지 알아보기도 하고, 선생님과 친구들을 알아 가는 시간을 가집니다. 이렇게 새로운 환경에 함께 움직이며 녹아들기 때문에 아이들은 쉽게 가까워집니다. 서로 적응을 도와주고, 새로운 친구들을 만나 새로운 놀이를 하며 금방 친해지기 때문에 큰 걱정을 하지 않으셔도 됩니다. 아이 성향에 따라 시간차는 있겠지만 큰 무리 없이 잘 어울립니다.

입학하고 한 달이 지났어요. 아직 단짝 친구가 없는 것 같은데 어떡하죠?

단짝 친구에 대한 질문도 학부모님과 아이의 친구 관계 상담을 할 때 반드시 나오는 질문 중 하나입니다. 우리 아이가 학교생활을 하며 서로 기댈 수 있고 믿을 만한 단짝 친구가 있으면 좋을 것이라는 마음에 많이 묻습니다. 하지만 아이 각자의 성향은 저마다 다르고, 이는 부모님과도 다를 수 있습니다. 아이가 소수의 단짝 친구보다는 다수의 친구들과 어울리는 것을 선호하는 성향일 수도 있습니다. 우선 우리 아이의 친구 관계 성향을 파악하는 것이 중요합니다. 아이의 이야기만 들어서 잘 모를 때에는 담임 선생님과 상담을 할 때 아이의 친구 관계 성향이나 담임 선생님이 보는 우리 아이의 친구 관계를 물어보면 됩니다. 아이가 다수의 친구들과 두루 어울리는 성향이라면 단짝 친구가 없어도 크게 걱정하지 않아도 됩니다.

소수의 친구들과 깊게 어울리는 성향인데 단짝 친구가 없다면 아직 마음이 맞는 친구를 찾지 못한 것일 수도 있습니다. 이럴 땐 조금 기다려 주는 것이 좋습니다. 아이를 위하는 마음에 하는 걱정이지만, 계속 '단짝 친구는 없니?', '단짝 친구를 만들어 보렴.' 하고 재촉하다 보면 오히려 아이는 친구 관계에 큰 걱정 없이 지내다가도 '내가 단짝 친구를 꼭 만들어야 할까? 단짝 친구가 없는 것이 나의 문제점이구나.'라는 생각을 할 수 있습니다. 성향에 맞지 않게 혹은 마음이 서로 맞지 않아도 억지로 단짝 친구를 만들려다 보면, 아이에게는 친구 관계가 큰 스트레스가 될 수 있습니다.

유치원 때 많이 친했던 친구와 더이상 놀지 않아요.
싸운 건 아니라고 하는데, 그대로 둬도 될까요?

　싸운 것이 아니라 자연스럽게 멀어진 것이라면 괜찮습니다. 유치원 때 많이 친해서 같이 놀러도 다니고 어머니끼리도 친한데, 입학하고 다른 반이 되거나 같은 반이어도 다른 친구들과 어울리며 자연스럽게 멀어지는 경우가 있습니다. 어머니들은 여전히 친한 친구지만 아이들은 서로 멀어져서 다른 친구들과 어울리기는 것을 더 좋아하게 되기도 합니다. 이때는 어머니들은 친구로 남으시고 아이들의 선택을 존중해 주는 것이 좋습니다. 아이들은 자라면서 점차 자신의 개성과 취향이 확실해집니다. 친했지만 서로의 성향이 점차 발현되며 안 맞는 부분이 있어 서로 멀어지기도 하고, 나중에 다시 친해지기도 합니다. 어머니들은 친하니까 아이들을 데리고 함께 다니고 싶겠지만, 특히 서로 성향이 맞지 않는데 어머니들이 다시 친해지도록 계속 같이 다니게 하여 역효과가 나는 경우도 있습니다. 간혹 아이끼리 크게 싸워 어머니들의 사이가 어색해지는 경우도 있고, 아이들이 스트레스를 받는 경우도 있습니다. **아이의 친구 관계에 계속 인위적으로 '이렇게 해.', '저렇게 해.' 하며 개입하기보다는 친해지고, 멀어지고, 싸우고 화해하는 성장 과정을 지켜봐 주시길 바랍니다.** 물론 필요할 때는 조언과 격려를 아끼지 말 것을 당부합니다.

16

친구를 어떻게
사귀게 할 수 있을까요?

#교우관계 #우리아이성향파악 #거절의개념

 궁금해요

우리 아이가 친구가 많이 없는 것 같아요. 친구를 사귀게 해 주고 싶은데 제가 억지로 다른 아이랑 놀게 하는 건 아닌 것 같아요. 우리 아이에게 친구를 많이 만들어 주고 싶은데 어떻게 하면 아이가 친구를 잘 사귀도록 할 수 있을까요?

 알려드려요

자녀의 교우 관계는 대부분 부모님의 고민 중 하나입니다. 친구가 많으면 많은 대로 걱정이 되고 없으면 없는 대로 걱정이 됩니다. 친구가 없거나 적은 아이, 어떻게 교육해야 할까요?

우리 아이의 성향 파악하기

우선 아이의 교우 관계를 고민하기 전, 아이의 성향을 파악해야 할 필요가 있습니다. 우리 아이가 많은 친구 관계를 선호하는지, 소수의 단짝 친구 관계를 선호하는지 파악해야 합니다. 아이는 이미 자신과 아주 친밀한 관계에 있는 소수의 단짝 친구만으로 교우 관계를 만족해하고 있는데 부모님이 많은 친구와 사귀길 바란다면 아이는 자신의 교우 관계보다 오히려 부모님의 교우 관계 조언으로 인해 스트레스를 받을 수 있습니다. 아이의 성향을 먼저 파악하고 그에 맞추어 친구들과 잘 어울리고 있다면 큰 걱정을 하지 않으셔도 됩니다.

우리 아이는 여러 친구들이랑 놀고 싶어 하는데 친구가 없어요.

아이에게 친구가 없거나 친구를 사귀는 데 힘듦을 느끼고 있다면 부모로서 당연히 걱정스러운 상황입니다. 하지만 이 상황을 해결하기 위해 아이에게 부모의 조언을 강요하거나 계속 아이의 등을 떠밀며 '가서 친구들이랑 놀아.'라고만 하는 것은 고민 해결에 도움이 되지 않습니다. 우리 아이의 교우 관계 개선은 아이 스스로의 경험과 노력이 필요합니다. 부모님은 인내심을 가지고 아이를 정서적으로 지지해 주며 조언을 하고 기다려야 합니다.

친구를 사귀고 싶지만 사귀지 못하는 아이들의 공통점 중 하나는 다른 친구가 자신에게 다가오기만을 기다리고 있다는 것입니다. 다른 친구와 놀고 싶지만 그 친구에게 직접 가서 말을 건네지 않고 그 친구가 다가와 주기만을 기다리고 있습니다. 이런 경우에는 아이가 친구들에게 먼저 다가가서 말을 건네 보도록 독려해 주어야 합니다. 조금만 적극성을 가진다면 아이는 새로운 친구와 이야기하며 우정을 쌓아 갈 수 있을 것입니다. 아이에게 자신감을 북돋아 주고, 능동적으로 대화하며 참여할 수 있도록 도와주어야 합니다.

거절을 두려워하지 않도록 도와주세요.

친구들에게 먼저 다가가지 않는 소극적인 아이의 태도는 거절이 두렵기 때문일 수 있습니다. 우리는 살아가면서 많은 거절을 경험하게 됩니다. 거절을 단 한 번도 당하지 않고 인생을 살기는 어렵습니다. 그런데 거절당하는 것을 두려워하면, 자신의 생각이나 감정을 표현하기 어려워하고 타인과 대화하면서 불안감을 느끼게 됩니다. 그러다 보니 혼자서 해결하거나 다른 사람이 바라는 대로 무조건 동의만 하게 됩니다. 또 거절을 당하면 큰 좌절을 경험하기도 합니다.

이렇게 거절을 어려워하는 아이에게는 우선 거절의 개념을 먼저 이해하는 것이 중요합니다. 거절은 자신의 선택이며, 다른 사람들도 거절할 수 있다는 것을 인지시켜 주어야 합니다. 거절은 모든 사람이 경험할 수 있는 일입니다. 가족 간에 작은 것을 서로 거절하는 연습을 해 보는 것도 좋은 방법입니다.

아이의 실패에 대해서도 허용적인 것이 좋습니다. 실패해도 괜찮다는 것을 아이가 이해해야 합니다. 실패는 누구에게나 일어날 수 있고 당연한 일이라고 알려 주어야 합니다. 아이가 실패를 했다면, 그 상황에서 어떤 것을 배울 수 있는지 관찰하는 자세를 길러 주어 실패를 배움의 기회로 삼도록 도와주어야 합니다.

또한, 자기표현 능력을 키워야 합니다. 아이들이 자신의 감정을 표현하고 상황에 대처하는 능력을 기르면 자연스럽게 거절에 대한 불안감도 줄어듭니다. 자신의 감정, 생각을 표현하는 연습을 가정에서 많이 하고 이런 표현을 유도하며 대화하면 큰 도움이 됩니다.

거절과 실패로 좌절하는 아이에게 제일 필요한 것은 부모님의 정서적 지지입니다. '괜찮아.', '그럴 수도 있지.', '잘했어.'와 같은 격려의 말로 아이가 거절과 실패를 이겨 내고 더 나아가 실패나 거절의 원인을 탐색하고 더 성장할 수 있는 배움의 기회로 만들어 주세요.

친구라는 존재는 성장기 아이들의 생활에서 큰 부분을 차지하고 있습니다. 그래서 아이들이 학교생활에서 많이 고민하는 부분도 친구 관계입니다. 간혹 친구와 친해지기 위해 돈이나 선물 등 물질적인 것을 이용해 친구의 환심을 사려고 하거나, 무조건적으로 친구의 말만 따르는 경우도 있습니다. 친구는 동등한 사이이므로 아이가 친구와 공평한 입장에서 서로의 관계를 형성해 나갈 수 있도록, 독립된 자아를 형성하는 데에도 관심을 기울이는 것이 좋습니다. 아이 스스로, 통제할 수 없는 친구라는 외부요인이 아닌 자신을 이해하는 힘을 가지고 있어야 합니다. 친구 관계가 중요한 것만큼 각자의 탄탄한 내면도 중요하다는 것을 기억해 주시기 바랍니다.

가정에서 부모님이 도와줄 수 있는 교우 관계 개선 활동

제일 먼저 사회성 교육이 선행되어야 합니다. 적극성을 길러 먼저 말을 건네더라도 사회성이 부족하다면 그 이후 교우 관계가 단절되거나 계속되는 거절로 인해 의기소침해질 수 있기 때문입니다. 아이의 사회성이 발달할 수 있도록 게임이나 스포츠를 통해 타인과 소통하고 협력하는 법을 배우도록 유도하는 것이 좋습니다.

아이의 관심사를 교우 관계로 확대해 주는 것도 좋은 방법입니다. 우리 아이의 관심사를 파악한 뒤 그와 관련된 활동을 통해 관심사를 공유하는 친구들을 만나 교우 관계 만들어 갈 수 있습니다. 또는 집에 친구들을 초대하여 함께 지내는 모습을 관찰하고 아이가 개선해야 할 부분을 발견한다면, 이 점을 개선하는 데 가정에서 도움을 줄 수 있을 것입니다.

가정에서 역할 놀이나 상황극을 통한 대화 연습도 중요합니다. 대화 연습을 통해 아이의 대화 능력을 향상하고 타인과의 관계에 도움을 줄 수 있습니다. 아이에게 상대방의 이야기를 경청하고 대화에 참여하는 방법을 안내해 주세요.

학부모님과 상담해 보면 교우 관계에 대한 고민이 많습니다. 이에 관해서는 원인이 다양한 만큼 아이를 이해하고, 담임 선생님과의 상담을 통해 교우 관계 개선을 위한 의견을 듣는 것도 추천합니다. 이 외에도 필요하다면 아동 상담 등 전문가의 도움을 받는 것도 적극적으로 추천합니다.

친구와 자주 다퉈요.

#경청하기　#자기표현　#문제해결기술

 궁금해요

우리 아이가 친구랑 자주 다퉈서 고민이 많아요. 한 친구랑만 다투면 '이 친구와 사이가 안 좋은가 보다.' 생각할 텐데 매번 다른 친구들이랑 다퉈요. 학교에서만 다투는 것이 아니라 학원에서도 다투고, 친구와 다투는 이유도 다양합니다. 앞으로 이런 다툼이 큰일로 번지지는 않을지 걱정도 되고, 계속 다투는 모습을 보니 우리 아이에게 문제가 있는가 싶기도 합니다. 어떻게 교육하면 좋을까요?

 알려드려요

아이가 자주 다툰다면 아이에게 갈등 해결 기술을 알려 주어야 합니다. 사소한 다툼이라도 빈도수가 높아지면 또래와의 관계에 악영향을 줄 수 있습니다. 갈등 해결 기술을 배우고, 반복적인 실천을 통해 아이가 기술을 몸에 익히면 친구와 갈등 상황을 해소하는 데 큰 도움이 될 것입니다.

경청하기

친구의 말을 주의 깊게 듣고 친구의 입장에서 한번 생각해 볼 수 있도록 알려 주어야 합니다. 친구의 입장을 알면 서로를 이해하기 쉽고 다툼이 많이 줄어듭니다.

자기표현하기

자기 생각과 의견을 명확하고 침착히 표현하도록 가르쳐야 합니다. '나'라는 표현을 사용하고 친구에게 비난하지 않도록 알려 줘야 합니다. 아이들이 자기 의견을 효과적으로 친구에게 표현할 수 있을 때 다툴 여지가 많이 줄어듭니다.

긍정적인 표현 많이 사용하기

갈등이 많은 아이들 중 유난히 부정적인 표현을 많이 사용하는 아이가 있습니다. 이런 아이는 대체로 자신과 타인 모두에게 부정적인 표현을 많이 합니다. 이런 표현 역시 갈등의 씨앗이 될 수 있으며 자기 자신을 향한 부정적인 표현은 아이의 자존감을 깎아내립니다. 따라서 일상생활 속에서 긍정적인 표현이 입에 붙을 수 있게 언어 지도를 해 주세요.

문제 해결 기술 알려 주기 – 조금만 양보하기

문제 해결에서 가장 중요한 부분은 조금만 양보하기입니다. 문제가 생겼을 때 자신의 주장을 절대 굽히지 않으며 상대가 의견이나 생각을 바꾸기만 요구하는 것은 절대 끝을 낼 수 없는 갈등을 만듭니다. 서로 간에 생각이나 의견이 다를 때 아주 조금의 양보로 우리는 갈등을 협동으로 만들 수 있습니다. 우리 아이가 타협과 양보의 중요성을 이해하고 상대방과 함께 해결책을 찾을 수 있는 능력을 길러 주세요.

가정에서 연습하기

가장 중요한 것은 위의 연습들이 일회성으로 그치는 것이 아니라, 가정에서부터 지속적으로 이루어져야 합니다. 위에 대한 연습을 평소에 충분히 하고 가정에서 적용하는 연습도 함께 해야 합니다. 형제자매 간 다툼이나 부모님과 아이의 마찰과 같은 상황 속에서 차분히 위의 내용을 적용하여 갈등을 해결하는 연습을 꾸준히 한다면 아이는 불화를 매끄럽게 해결하는 의사소통 능력을 지니게 될 것입니다.

플러스 3

아이가 너무 자주 울어요.

자주 우는 아이는 대부분 울음으로 자신이 원하는 것을 얻거나 싫어하는 상황을 벗어날 수 있었던 경험을 여러 번 한 아이일 확률이 높습니다. 아이가 운다고 하여 바로 요구 사항을 들어주지 마시고 사전에 아이와 합의한 가정의 원칙들이 확실하게 지켜질 수 있도록 교육해 주셔야 합니다. 물론 아이의 울음에 대한 감정적 공감은 하되 지켜야 할 선들을 지킬 수 있도록 안내해 주시는 것이 좋습니다.

18

아이의 경쟁심이
너무 강해요.

#경쟁심강한아이   #경쟁의장단점   #경쟁심강한아이의부모역할

 궁금해요

아이의 경쟁심이 너무 강해서 친구들과 다툼이 잦아요. 뭐든 경쟁하려 하고 승부욕도 강해서 이기려 하다 보니 가끔 이상한 규칙을 우기기도 하고 다투기도 해요. 경쟁심이 강해서 뭐든 열심히 하려는 모습은 좋은데 친구들과 다툼이 잦아서 교우 관계가 걱정되네요. 경쟁심 많은 우리 아이, 어떻게 교육해야 할까요?

 알려드려요

경쟁에는 많은 장점이 있습니다. 하지만 과유불급이란 말이 있듯이 지나친 경쟁은 독이 되기도 합니다. 경쟁의 장점과 단점, 그리고 그 속에서 어떻게 균형을 유지해야 할까요?

경쟁심의 장점

경쟁은 아이의 동기 부여를 촉진합니다. 다른 아이들과 경쟁하면서 더 나은 성과를 내기 위해 노력하고 이를 통해 성취감과 자신감을 줄 수도 있습니다. 또한 능력 향상에 도움이 되기도 합니다. 경쟁을 통해 자기 강약점을 파악한 뒤, 약점은 보완

하고, 강점은 더욱 개선할 수 있습니다. 경우에 따라서는 협동심을 강화하기도 합니다. 팀별 경쟁 등의 활동에서 승리를 위해 팀원들과 협동하고 같은 목표를 위해 나아가는 과정에서 팀워크가 촉진됩니다.

이렇듯 경쟁은 성장을 촉진하는 역할을 합니다. 경쟁을 통해 새로운 아이디어나 방법을 발견하기도 하고 다른 친구들로부터 배우며 성장과 발전에 도움이 됩니다.

경쟁심의 단점

경쟁의 제일 큰 부정적 영향은 지나친 경쟁에서 아이가 많은 스트레스를 받을 수 있다는 것입니다. 자신이 질지도 모른다는 불안감, 잘해야 한다는 압박감이 큰 스트레스를 만들고 큰 정신적 에너지가 소진될 것입니다. 과도한 경쟁심으로 인해 자존감이 하락할 수 있습니다.

우리는 살면서 많은 경쟁을 합니다. 그 많은 경쟁 속에서 늘 이기고 원하는 결과를 가질 수는 없습니다. 이는 우리 아이들도 마찬가지입니다. 열심히 경쟁했으나 원하는 결과를 얻지 못할 수도 있습니다. 이런 일이 발생하면 아이의 자존감이 하락하고 자신에 대한 불안감이 커질 수 있습니다. 그리고 경쟁심이 지나치다 보면 다른 아이를 배려하기보다 자신의 이익을 우선시하는 모습을 보일 수도 있고, 팀워크나 협력을 저해할 수도 있습니다. 예를 들어, 피구 경기에서 이기기 위해 무조건 자신에게만 공을 패스하라고 하거나, 다른 친구가 공을 놓치면 이런 행동을 질타하여 팀워크나 협력을 저해합니다. 더 나아가 팀원 간에 분열을 유발하고 평소 친구 관계에서도 좋지 않은 영향을 미치겠지요. 이런 행동들이 쌓이면 친구들 사이에 아이의 평판과 신뢰도가 하락할 수 있습니다.

경쟁에는 긍정적인 효과도 있지만 지나친 경쟁은 부정적인 영향도 많이 줄 수 있음을 항상 염두에 두어야 합니다.

경쟁심이 강한 아이 부모의 역할

　아이의 경쟁심이 강하고, 이로 인해 계속 스트레스를 받거나 친구들 간의 다툼이 생긴다면, 아이 스스로 경쟁심을 조절할 수 있도록 도와주어야 합니다. 우선 아이를 대할 때 결과만 중요시하지는 않는지, 너무 엄격한 잣대를 가지고 계속 평가하지는 않는지 부모님의 태도를 한번 되돌아보는 것이 좋습니다. 많은 부모님이 우리 아이가 잘 성장했으면 하는 마음에 엄격한 잣대를 대거나 너무 높은 기대감을 가지고 그것을 아이에게 표출하는 경우가 있습니다. 이런 경우 부모님의 기대에 부응하기 위해, 아이는 엄격한 잣대에 자신을 맞춰 사랑과 인정을 받고자 하는 마음을 키우고, 이는 과도한 경쟁심과 승부욕도 함께 만들 수도 있습니다.

　경쟁심에 대해 접근할 때 결과보다는 과정에 초점을 맞추고 우리 아이가 성취할 수 있는 현실적인 목표를 설정하는 것이 좋습니다. 결과가 어떻게 나오더라도 아이가 최선을 다해 노력했다면 노력한 태도를 축하하고 많이 칭찬해 주는 것이 좋습니다. 또한, 승패와 결과를 받아들일 줄 아는 태도를 가지도록 도와주고, 다른 친구들과 자신을 비교하기보다는 그 결과를 통해 자신을 되돌아보고 성장할 기회로 삼을 수 있는 시각과 태도를 길러 주어야 합니다. 이와 함께 협동의 중요성도 알려 주어야 합니다.

　경쟁에서 지면 누구든지 기분이 좋지 않고 속상해 합니다. 물론 자녀만큼이나 이를 지켜보는 부모님의 마음도 속상할 겁니다. 이럴 때는 결과를 인정하고 받아들이는 자세를 길러 주는 것이 좋습니다. 이와 같은 경험을 한 아이들은 경쟁에서 져도 다시 일어나서 나아가는 방법을 체득하고 성장할 것입니다.

도와 달라는 말을
못 해요.

#도움요청 #협력 #거절에대한대처방법

 궁금해요

학교생활을 하다 보면 친구들의 도움이 필요할 때가 있잖아요? 그런데 우리 아이는 도움이 필요해도 절대 다른 친구들에게 도움을 요청하지 않아요. 왜 그럴까요? 아이가 스스로 해결하려고 노력하니까 그대로 두는 게 맞는지, 아니면 도움이 필요할 때는 도움을 요청하도록 알려 줘야 할지 모르겠어요.

 알려드려요

친구에게 도움을 요청하지 않거나 도와 달라는 말을 못 하는 아이에게는 이유가 있습니다. 그 이유를 알면 아이를 어떻게 지도해야 할지 길이 보입니다. 우선 아이가 도움을 요청하지 않는 것인지, 아니면 도움을 요청하지 못하는 것인지 먼저 알아보고, 이에 따라 지도해야 합니다.

도움을 요청하지 않아요.

다른 사람의 도움을 받는 것을 거부하고 스스로 해결하고자 하는 아이는 독립심과 자립심이 많이 발달한 아이라고 볼 수 있습니다. 긍정적일 수도 있지만, 협력하는 능력이 필요한 상황에서 긍정적인 영향을 주지 못할 수도 있습니다. 미래 사회 핵심역량으로 협동력은 늘 빠지지 않습니다. 미래 사회 속에서 다양한 협업이 이루어지고 요구되기 때문입니다. 따라서 독립심과 자립심도 좋지만, 도움을 요청하고 협업하는 능력을 기르는 것도 중요합니다.

친구들과 도움을 주고받는 것이 어떻게 협력과 성장에 도움이 되는지 설명해 주고 아이가 도움을 받거나 협력했을 때 칭찬과 격려를 해 주는 것이 좋습니다. 이를 통해 도움을 받는 것에 대한 긍정적인 경험을 할 수 있고, 모든 것을 반드시 자기 스스로 해결하지 않아도 괜찮다는 것을 배울 수 있습니다. 가정에서 협력 게임 등 협력을 강조하는 활동을 통해 아이가 협력의 가치를 체험해 볼 수 있게 하는 것이 중요합니다.

도움을 요청하지 못해요.

도움을 요청하지 못하는 아이의 가장 큰 이유는 거절에 대한 불안감 때문입니다. 아이가 도움을 요청하는 것에 대해 불안해하거나 망설인다면 이 불안감을 해소해 주는 것이 중요합니다. 아이에게 정서적으로 지지해 주고 스스로 자신감을 가질 수 있게 해 주는 것이 중요합니다. 가정에서 역할극을 활용하면 도움이 됩니다. 아이와 함께 친구 역할을 맡아 역할극을 하며 도움을 요청하고 수락하는 상황과 거절당하는 상황 속 어떻게 대처할지 미리 연습해 보는 것도 좋습니다. 이때 아이가 서툴다면 대화의 예시를 제시해 주는 것도 좋습니다. 그리고 친구가 거절했을 때는 당연히 친구가 자신의 상황에 따라서 거절할 수도 있다는 것을 이해시켜 주어야 합니다. 이로 인해 상처받지 않기 위한 거절 방법을 가르쳐 주고 친구에 대한 이해심을 알려 주어야 합니다. 그리고 다른 친구가 자신에게 도움을 요청했을 때 도움을 줄 수 있어야 하며 반대로 자신의 상황이 친구에게 도움을 주기 힘들 때는 아이 자신도 거절할 수 있다는 것을 알려 주어야 합니다.

거절을 당한 경험이 많이 없는 아이들이 종종 있습니다. 그래서 거절을 당했을 때 화를 내거나 울음을 보이는 등 격하게 반응하거나 큰 스트레스를 받습니다. 아이들이 성장해 가며 거절을 한 번도 경험하지 않고 성장할 수는 없습니다. 그렇기 때문에 거절을 당했을 때 어떻게 아이가 유연하게 대처할 수 있는지 어릴 때부터 배우고 정서적으로 건강해지는 것이 중요합니다. 아이가 학교에서 도움을 요청하였으나 거절당해 속상한 채 집에 왔다면 부모님도 당연히 속상할 것입니다. 하지만 이때 같이 속상해하는 것으로 끝내지 마시고, 거절에 대해 유연하고 너그럽게 대처하는 자세도 함께 알려 준다면 아이는 성장하면서 거절을 두려워하지 않고 도전할 수 있는 사람으로 성장할 것입니다.

마찬가지로 협업 능력도 아이가 사회생활을 할 때 갖추어야 할 기본적이면서도 중요한 능력입니다. 서로 도움을 주고받는 과정에서 협동심과 타인에 대한 배려가 생길 수 있으니 아이가 친구에 대한 도움을 주저하지 않도록 격려해 주시고, 반대로 도움을 받는 것은 부끄러운 일이 아니며 나의 능력이 부족해서 그런 것도 아님을 알려 주는 것이 좋습니다.

도움을 요청해 본 경험이 없어요.

혹시 가정에서 아이에게 필요한 모든 것을 부모님이 '알아서' 해 주고 있지는 않은지 살펴보시기 바랍니다. 부모님이 아이의 필요와 요구를 전적으로 받아 주고, 심지어는 아이가 요구하기도 전에 미리 모든 문제를 해결하고 예방해 주고 있다면 아이는 도움을 요청하는 경험을 쌓지 못합니다. 초등학생은 더이상 유아가 아닙니다. 부모님은 아이가 자신의 요구를 정확히 표현할 때까지 기다려 주고 아이가 요청했을 때 도움을 줄 수 있는 부분에 대해 도움을 주시기 바랍니다. 하지만 이때 아이가 도움을 요청했다고 해서 무조건 다 받아 주셔야 하는 것은 아닙니다. 무리한 것을 부탁하거나 스스로 할 수 있는 것을 도와 달라고 할 때는 거절하셔도 됩니다. 이 과정을 통해 거절 당했을 때 대처할 수 있는 방법을 익힐 수 있습니다.

아이가 혼자 더 잘 지내는데, 괜찮을까요?

`#내성적인아이`   `#혼자놀기`   `#성향존중`

궁금해요

우리 아이가 혼자 지내는 걸 더 좋아해서 걱정이 많아요. 선생님과 상담을 해 봐도 아이가 쉬는 시간에 운동장에 나가거나 뛰어놀기보다는 교실에 조용히 있는 것을 좋아한대요. 아이에게 억지로라도 다른 친구들과 어울리라고 이야기해야 할까요?

알려드려요

친구가 많아도 걱정, 적어도 걱정. 교우 관계는 늘 걱정이 됩니다. 혼자 지내는 것을 크게 염려하지 않는 부모님도 있지만, 크게 걱정하는 부모님도 있습니다. 아이가 하교한 뒤 누구랑 놀았냐고 물어보면 같이 논 친구가 없다고 대답하거나 혼자 놀았다고 대답하는 아이가 있습니다. 그러면 부모님의 걱정은 깊어집니다.

진짜 혼자 지내는 것일까?

부모님과 상담을 하다 보면 쉬는 시간에 여러 친구와 두루 이야기하고 놀았는데 집에서는 부모님께 딱히 같이 논 친구가 없다고 대답하는 학생이 있었습니다. 이 학생과 상담을 하여 보니 '논다'는 말에 대해 부모님이 생각한 뜻과 학생이 생각한 뜻이 달랐습니다. 부모님은 '학교에서 어떤 친구들과 어울렸냐'는 의도에서 쉬는 시간에 누구랑 놀았냐고 물어보았으나, 아이는 '밖에 나가서 어떤 활동을 하며 어울린다'는 것을 논다는 뜻으로 받아들였습니다. 쉬는 시간에 친구들과 담소를 나누거나 종이접기를 같이 했지만, 나가서 놀지는 않았기 때문에 친구들과 놀지 않았다고 답한 것입니다.

이외에도 친구가 없다고 하면 생기는 부모님이나 선생님과의 관심을 좋아하여 가정에서 친구가 없다고 대답하거나 친구들과 놀기보다는 계속 선생님 옆에 붙어 있기를 원하는 아이도 있습니다. 이런 아이들에게 학교에서 올바른 교우 관계 형성을 위해 선생님이 친구들과 어울릴 수 있도록 계속 안내하는 편입니다. 가정에서도 부모님의 관심을 원해서 친구가 없다고 하지는 않는지 정확하게 교우 관계를 살피는 것이 좋습니다.

이렇게 의사소통의 오류가 있을 수 있고 심적으로 편한 가정에서보다 학교에서 더 소극적인 모습을 보이는 등 다양한 이유로 아이의 실제 교우 관계는 부모님이 생각하는 것과 다를 수 있습니다. 그래서 저학년일수록 아이의 교우 관계를 추측하기보다 아이와의 대화와 면밀한 관찰을 통해 판단하는 것을 추천합니다.

어떤 종류의 혼자 지내는 것을 좋아하는가?

여러 아이들을 관찰해 보면 혼자 지내는 것에도 다양한 종류가 있습니다. 소수의 친구들과 어울리는 것을 혼자 지낸다고 정의하는 아이도 있고, 혼자 있고는 싶으나 다른 아이들의 관심은 지속적으로 원하는 아이도 있습니다. 또는 혼자 노는 것을 좋아하고 다른 아이들의 관심도 원하지 않는 아이들이 있습니다.

다른 아이의 관심은 원하지만 먼저 다가가는 것을 힘들어하는 아이에게는 접근 방법을 알려 주는 것이 좋습니다. 먼저 다가가지 않고 다른 이의 관심을 받는 것은 힘들기 때문입니다.

또한, 혼자 노는 것을 즐기고 다른 아이들의 관심을 원치 않더라도 친구들과 조금씩 어울려 볼 것을 권하는 것이 좋습니다.

학교는 사회에 나가기 전에 사회성을 기르고 연습을 하는 곳입니다. 성인이 되어 사회생활을 하며 타인으로부터 완전히 고립되는 것은 불가능합니다. 타인과 지속적인 교류를 필요로 하기 때문에 초등학교 때 아이의 성향 범위 내에서 조금씩 친구들과 어울리는 연습을 해 보길 권합니다.

혼자 노는 것을 좋아하더라도 자신이 좋아하는 것을 친구들과 나눌 때 많은 아이들은 재미있어하고 좋아합니다. 혼자 노는 것을 즐길 수 있게 시간을 주는 것도 좋지만, 시간이 될 때 친구들과의 놀이를 권하여 교류를 통해 타인을 대하는 방법을 배울 기회를 주시기 바랍니다.

성별에 따라
차이가 있을까요?

#남아여아차이　　#외향과내향　　#논리와감성

 궁금해요

첫째가 남자아이이고 둘째가 여자아이인데, 성별에 따라서 특별한 차이가 있는지, 그 차이에 따라 어떻게 교육하면 좋을지 알고 싶어요.

 알려드려요

아이의 성별에 따른 성격 등에 차이가 있는지에 대한 논의와 연구는 늘 진행되어 왔습니다. 일부 연구에서는 성별이 성격 형성 등에 영향을 줄 수 있다고 말하는 반면, 또 다른 연구에서는 모든 차이는 생물학적 차이보다 사회, 문화적 요인에 기인한다고 말합니다.

연구에서도 의견이 갈리기 때문에 제가 차이를 단정 지을 수는 없지만 긴 교사 생활을 하며 체감한 바를 말씀드리자면, 남자아이와 여자아이 사이에 약간의 성격 차이가 있을 수 있지만, 이 역시 사회적 기대와 문화적 요인의 영향에 따른 결과로 보입니다. 아이들을 성별에 따라 가정하거나 특정 짓기보다는 **아이들의 성향을 파악하고 이에 맞추어 교육하는 것이 더 중요합니다.**

여자아이, 남자아이 대신에 외향적인 아이, 내향적인 아이

성별에 따라 여자아이는 교실에서 종이접기를 좋아하고 남자아이는 밖에서 뛰어노는 것을 좋아한다고 단정 짓기보다는 우리 아이가 외향적인가 내향적인가를 판별하는 것이 좋습니다. 부모님과 상담을 하다 보면 아이(남자)가 쉬는 시간에 밖에 나가지 않고 교실 안에 앉아만 있다고 걱정하는 경우가 있습니다. 아이에게 억지로라도 운동장에 나가라고 요구하기도 합니다. 밖에 나가서 노는 것도 좋지만 그것이 아이의 성향과 맞지 않는다면 억지로 강요하지 않는 것이 바람직합니다.

친구들과의 관계에서도 차이를 보입니다. 내향적인 아이는 소수의 아이들과 깊은 관계를 선호하고, 외향적인 아이는 다수의 아이들과 넓은 관계를 대체로 선호합니다. 이렇듯 성향에 따라 놀이나 대인관계의 선호도가 달라지기 때문에 아이의 성향을 이해하는 것이 좋습니다.

모든 아이들과 잘 지내는 것이 부모님의 바람이지만, 사실 모든 아이들과 잘 지낸다는 것은 힘듭니다. 성인도 사회생활을 해 보면 사회에서 만난 모든 사람과 잘 지낸다는 것이 얼마나 힘든지를 알고 있습니다. 서로가 다른 개성과 취향, 성향을 지니고 있기 때문에 서로 맞는 아이들이 함께 어울리고 취향에 따라 어울리기에 대인관계에 대해 강요하기보다는 문제가 있는지 살피면서 아이의 성향을 존중하면 좋겠습니다.

남자아이, 여자아이 대신에 감성적인 아이, 논리적인 아이

앞서 이야기한 것과 마찬가지로 여자아이는 공감과 위로를 잘해 주고 감수성이 풍부하며, 남자아이는 논리적이고 분석적이라는 것도 사회적 기대와 문화적 요인에 따른 영향이 큽니다. 공감 능력이 탁월하고 감수성이 풍부한 남자아이도 많고, 논리적이고 분석적인 여자아이도 많습니다. '너는 여자아이면서 왜 이렇게 공감 능력이 부족하니?' 혹은 '남자아이가 그렇게 눈물이 많으면 어떡하니?' 등의 말처럼 사회

통념상 성에 대한 생각에 맞추기보다는 아이의 성향을 파악하고 그 성향을 존중하는 대화가 필요합니다.

아이와 대화하거나 설득이 필요할 때 아이의 성향과 눈높이에 맞춘 대화를 하면 아이와의 대화가 훨씬 쉽고 재미있을 겁니다. 물론 아이가 조금씩 자라면 다른 성향의 친구와 대화하는 방법도 배워야 합니다. 친구가 공감 대신 논리적인 이야기만 한다거나 친구가 계속 공감해 주길 요구할 때 어떻게 대하면 좋을지 부모님과 이야기하며 그 능력을 키워 가면 됩니다.

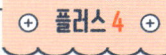

아이에게 성조숙증이 있는 것 같아요.

아이가 성조숙증이 의심된다면 바로 병원에 방문하는 것을 추천합니다. 병원의 정밀한 검사를 통해 아이의 상태를 확인하고 전문 의료진과 상담하여 아이에게 맞는 처방을 받는 것이 우선입니다.

22

아이가 이성 교제를 시작했어요.

#저학년이성교제   #고학년이성교제   #건강한이성교제

- 이성 교제는 남녀가 서로 사귀어 가까이 지낸다는 사전적 의미를 가지고 있지만 여기서는 좁은 의미로 남자아이와 여자아이가 특별한 관계로 지내는 의미로 다루었습니다.

 궁금해요

우리 아이가 이성 교제를 시작했어요. 기념일도 서로 챙긴다 하고 둘이 놀러도 다니고 하는데 이대로 둬도 괜찮은 걸까요? 공부하는 데 방해되지는 않을까 걱정되고 뭔가 교육을 해야 할 것 같은데 이성 교제에 대해 어떻게 가르쳐야 할지 모르겠어요.

 알려드려요

아이들이 고학년에 접어들면 이성 교제에 눈을 뜨기 시작합니다. 물론 저학년 아이들도 사귀기는 합니다만, 저학년과 고학년의 이성 교제는 차이가 있습니다. 아이가 어떤 정도의 이성 교제를 하고 있는가에 따라 부모님의 교육 내용이 달라집니다.

저학년의 이성 교제

저학년에서 이성 교제는 남자와 여자 사이의 이성 관계라기보다는 더 친한 친구의 개념입니다. 둘이서 사귄다고 친구들에게 자랑하는 정도이고, 놀이를 할 때 그 친구와 더 자주, 오래 논다거나 모르는 문제를 그 친구에게는 친절하게 가르쳐 주는 친한 친구에 더 가깝습니다. 따라서 저학년 아이가 위와 같은 친한 친구의 개념으로 '남자친구가 생겼어요.', '여자친구가 생겼어요.'라고 이야기한다면 상대방에 대한 존중, 배려 등 친한 친구 간에 지켜야 할 예절에 대해 짚어 주는 것이 좋습니다.

고학년의 이성 교제

고학년의 이성 교제는 우리가 흔히 생각하는 연애와 비슷합니다. 특별한 날에는 선물을 주고받기도 하고 데이트를 하기도 하고 손을 잡기도 합니다. 이렇게 아이가 이성 교제를 시작했다는 것은 아이가 성장하며 대인 관계를 배우고 있다는 의미입니다. 따라서 이성 교제를 마냥 금지하거나 막는 것보다 건강하고 안전한 이성 교제를 할 수 있도록 아이와의 충분한 대화를 하는 등 부모님의 현명한 교육이 필요합니다.

이성 교제 그냥 금지하면 안 될까요?

고학년이라고는 하지만 여전히 어린 우리 아이가 이성 교제를 하는 것이 걱정되고 금지하고 싶은 마음이 크실 겁니다. 하지만 이런 조치는 부작용을 초래할 수 있습니다. 부모님을 속이고 교제를 하지 않는 척하며 몰래 이성 친구를 만나게 될 수도 있습니다. 이러면 이성 교제로 인해 사고가 발생하더라도 부모님이 늦게 알게 되어 발생한 사고에 대해 대처가 늦어지게 됩니다. 따라서 무작정 금지하기보다 부모님이 자녀의 이성 교제를 인지하고 교육이 가능하도록 이성 교제에 대해 이야기 할 수 있는 가정 환경을 만드는 것이 좋습니다.

어떻게 건강한 이성 교제를 교육할 수 있을까요?

이성에 대한 올바른 이해를 가지고 적절한 대인 관계를 유지할 수 있도록 성교육과 대인 관계 교육을 해야 합니다. 성교육이라고 하면 남녀 신체의 변화나 신체 구조의 차이에 대한 교육으로만 생각하는 경우가 많은데, 이는 좁은 범위의 성교육이고, 넓은 범위의 성교육으로는 양성평등, 성 인지 감수성 등의 교육도 포함합니다. 나 자신이 소중하듯 상대방도 소중한 사람인 것을 알고 상대방을 어떻게 대해야 하는지 교육해야 합니다. 성평등과 성 인지 감수성, 성과 관련된 단어의 적절한 사용 방법과 올바른 행동도 알려 주어야 합니다. 대인 관계 교육에 있어서도 상대방에 대한 예의, 존중과 배려, 동등성을 강조하고 가르쳐 주어야 합니다. 이와 더불어 잘못된 성적인 접근과 괴롭힘에 대한 대처 방법도 함께 알려 주어야 합니다. 불편한 상황이 생길 때 어떻게 거절하고 어떻게 그 상황을 벗어나야 하는지 등에 대한 구체적인 교육이 이루어져야 합니다.

이러한 교육이 이루어지려면 부모님과 자식 간에 믿음과 유대 관계가 형성되어 있어야 합니다. 유대 관계가 형성되어 있지 않은 상태에서 위와 같은 내용을 교육한다면 아이는 그저 잔소리로만 받아들일 뿐입니다. 유대 관계의 형성과 더불어 열린 대화가 가능한 환경을 조성해야 합니다.

부모님이 자녀의 24시간을 감시하는 것은 현실적으로 불가능합니다. 그리고 아이가 성장할수록 독립할 힘을 길러 주어야 합니다. 부모님이 통제와 금지만 한다면 아이의 성장에 좋지 않은 영향을 미칠 수 있고 필요한 교육이 제때 이루어지지 않을 수도 있습니다. **이성 교제에 대해서는 부모님의 열린 마음과 현명한 교육이 필요합니다.**

아이가 2차 성징을 시작했어요.

#2차성징 #신체소중히하기 #감정조절하기

 궁금해요

우리 딸이 생리를 하기 시작했어요. 우선 생리대를 사용하는 방법은 알려 주었는데, 이 외에도 무엇을 알려 주어야 할까요? 그리고 연년생 동생이 있는데 동생은 아들이에요. 아들도 이제 2차 성징을 시작할 것 같은데 아이들에게 성교육을 어떻게 해야 할까요?

 알려드려요

아이들은 사춘기를 거치면서 신체에 많은 변화를 겪게 됩니다. 부모님께서는 자녀에게 이러한 변화에 대해 교육하고 필요한 도움을 주는 것이 중요합니다. 그렇다면 어떤 내용을 알려 주고 교육해야 할까요?

아이들이 겪게 될 신체적 변화

　아이들은 신체적으로 급격한 성장과 더불어 신체와 호르몬 변화 등을 경험하게 됩니다. 급격한 성장으로 인해 성장통이 올 수도 있고, 호르몬 변화로 인해 감정의 기복이 커질 수도 있습니다. 아이에게 자신의 몸에 어떤 변화가 일어나는지 자세하게 알려 주고, 이성의 신체 변화도 가르쳐 주는 것이 좋습니다. 이를 통해 상대 성(性)에 대한 이해심과 배려심을 한층 키울 수 있고, 상대의 신체 변화나 성과 관련된 친구와의 갈등 상황을 예방할 수 있습니다.

자신의 신체와 타인의 신체 소중히 하기

아이들은 어릴 때부터 자신의 신체를 소중히 여겨야 한다고 계속해서 배웁니다. 2차 성징을 시작한 뒤에는 개인위생을 더욱 청결히 유지해야 하며 이것 또한 자신의 신체를 소중히 여기는 태도임을 알려 주어야 합니다. 매일 샤워하기, 규칙적으로 양치질하기, 속옷 자주 갈아입기 등을 통해 개인위생의 중요성과 청결히 하는 방법을 알려 주어야 합니다. 2차 성징을 시작하며 몽정하거나 생리를 시작하는데 이때 어떻게 관리하는지 가르쳐 주어야 아이가 그 순간에 당황하지 않고 침착하게 행동할 수 있습니다. 몽정을 한 뒤에 속옷을 정리하는 방법, 이불을 버렸을 때 처치 방법을 부모님께서 미리 알려 주셔야 합니다.

여학생은 생리대를 관리하는 방법을 잘 알고 생리로 인한 돌발 상황에서 대처하는 방법도 함께 알아 두면 좋습니다. 학교에서 생리대를 제때 갈지 못하거나 올바른 방법으로 착용하지 못해 생리혈이 옷에 묻는 경우가 있습니다. 이때 당황하여 화장실에서 나오지 않고 우는 아이들이 있습니다. 이런 당혹스러운 상황에서 어떻게 해야 하는지 방법을 미리 알고 있다면 침착하게 대처할 수 있습니다. 또한, 생리를 시작한 여자아이는 여벌 옷, 속옷, 생리대를 내용물이 보이지 않는 가방에 챙겨 가서 사물함에 보관하는 것도 하나의 방법입니다.

서로 간의 신체 변화를 잘 알면 이런 과정에서 문제가 있어도 이해하고 넘어갈 수 있습니다. 성교육에 대한 부재가 자칫 성에 대한 오해로 이어지기 쉽고, 심하면 학교폭력 신고로까지 번지기도 합니다. 때문에 성교육은 이를 예방하기 위해서도 매우 중요합니다.

나의 감정과 기분에 대해 솔직해지고 스스로 조절하기

　급격한 호르몬의 변화로 자신의 감정을 스스로 조절하기 어려워지는 경우가 생기고 예민해지기도 합니다. 이때 아이들은 본인도 자기가 왜 이러는지 모르고 새로운 감정을 느끼기도 합니다. 그래서 정서적으로 혼란하고 힘든 시기일 수 있습니다. 자녀에게 자신의 감정에 대해 이야기할 시간을 충분히 마련해 주고 자신을 표현할 수 있도록 격려해 주시기 바랍니다.

　부모님의 정서적 지지는 아이들이 성장하면서 어려운 시기를 쉽게 이겨 낼 수 있게 도와주는 든든한 버팀목이 될 것입니다. **정서적 지지와 함께 올바른 성교육을 통해 자신을 소중히 아낄 줄 아는 사람으로 성장할 수 있도록 도와주시기 바랍니다.**

아이가 초경을 했어요. 다른 집은 초경 파티도 하고 선물도 주던데 꼭 해 줘야 할까요?

아이가 한층 성장하게 된 것은 당연히 축하할 일입니다. 이 축하의 방식은 각 가정과 아이의 성향마다 다르기 때문에 가족이 함께 의논하여 진행하는 것이 좋습니다. 초경을 축하하는 것과 함께 자기 신체의 소중함과 관리 방법까지 교육하는 것이 좋습니다.

아이의 사생활을 확인해도 괜찮을까요?

#사생활확인   #SNS확인   #신뢰관계형성

 궁금해요

아이가 성장하면서 SNS를 사용하거나 친구들과 단체 메시지 방을 만들어서 친구들과 대화를 해요. 잘 사용하고 있을 거라고 믿지만 요즘 뉴스를 보면 걱정되기도 하고, 제가 아이의 사생활에 대해 알고 있어야 하지 않을까 하는 생각도 들어요. 그런데 아이는 제가 사생활 확인하는 것을 너무 싫어하네요. 아이 몰래라도 사생활을 확인해야 할까요?

 알려드려요

부모님은 아이의 사생활이 궁금하기도 하고 걱정되는 마음이 들어 확인하길 원합니다. 아이는 성장함에 따라 사춘기를 겪으며 자기만의 공간과 시간을 갖길 원하고, 사생활을 존중받길 원합니다. 사생활을 확인하다가 아이와 부딪히기도 하죠. 부모님이 확인한 것을 알면 알수록 아이는 아이의 사생활을 더욱더 꼭 감추고 부모님은 더 열심히 아이의 사생활을 찾는 술래잡기가 계속 이어집니다. 아이의 사생활을 꼭 확인해야 할까요?

아이의 사생활 확인

아이의 사생활을 부모님이 주기적으로 확인해 주는 것이 좋습니다. 아이들은 아직 자라나는 시기이고 가끔 가치 판단이 서툴 때가 있습니다. 그렇기 때문에 여러 매체로부터 쉽게 영향을 받습니다. 요즘은 특히 다양한 정보를 쉽게 접근할 수 있는 시대입니다. 온라인 활동 중 어떤 일들이 벌어질지 모르고 아이들이 개인정보나 온라인 범죄에 노출되므로 SNS 사용은 어떤지, 또래와의 관계는 어떤지, 또래 문화가 어떻게 형성되어 있는지 등을 확인하고 혹시 도움이 필요한 부분이 있다면 부모님의 적절한 개입이 필요합니다. 이와 더불어 아이들이 마주할 수 있는 잠재적 위험을 알려 주고 이 위험에서 스스로를 보호하는 방법을 평소에 자주 안내해 주어야 합니다.

부모님은 확인, 아이는 감시

부모님은 아이의 사생활을 단지 확인한다고 생각하지만, 아이는 부모님이 자신을 감시하는 것으로 느끼는 경우가 많습니다. 이로 인해 부모님과 아이 사이에 갈등과 다툼이 일어납니다. 대개 아이가 감시라고 느끼는 순간은 부모님이 몰래 자신의 사생활을 확인한 것을 알았을 때, 특히 부모님께 비밀로 하고 싶은 것을 부모님이 확인해서 알게 되었을 때 감시라고 느낍니다. 그리고 부모님이 사생활을 아이의 허락 하에 확인했다 하더라고 아이의 사생활에 대해 부모님이 계속 잔소리를 한다면 감시와 간섭으로 느끼게 됩니다. 그러므로 불필요한 잔소리는 줄이고 아이가 감시받는다는 느낌이 없도록 아이의 동의를 구하고 아이와 이야기하여 정한 적정 범위 내에서 확인하는 것이 좋습니다.

올바른 확인이란

아이와 아이의 사생활을 대하는 태도에는 존중, 자율성, 신뢰가 있어야 합니다. 사생활을 확인하더라도 전부 낱낱이 확인하려는 태도는 옳지 않습니다. 이는 자율성 성장을 저해할 뿐 아니라 감시받는다는 느낌을 들게 할 것입니다. 더 나아가 부모와 자녀 간의 신뢰를 무너뜨리는 행동입니다. 이러면 정작 큰일이 발생하였을 때 무너진 신뢰로 인해 부모님께 도움을 청하지 않아 상황이 악화될 수도 있습니다.

자녀와 많은 대화를 통해 확인하는 것이 올바릅니다. 라포르(래포)*가 형성된 사이일수록 대화를 통해 자녀의 사생활을 잘 파악할 수 있습니다. 아이는 부모님이 자신을 믿고 지지한다는 믿음이 있어야 대화를 통해 자신의 사생활을 드러낼 수 있습니다. 이렇게 신뢰를 기반으로 지속적인 대화를 통해 아이의 생활을 수시로 확인하고 이상 징후가 있지는 않은지 계속 관찰하는 것이 좋습니다. 이상 징후가 보일 때는 아이의 사생활을 여러 방면으로 확인하는 것을 고려해야 합니다.

대화뿐만 아니라 자녀의 비언어적 표현도 평소 주의 깊게 관찰하는 것이 좋습니다. 아이의 표정이 갑자기 어두워지거나 옷이 계속 지저분해져 있거나, 용돈을 자주 요구하는 등의 이상 징후로 아이의 생활 변화를 알 수도 있습니다.

지속적인 신뢰 관계 형성과 교육

부모님이 아이의 사생활을 검사하고 싶어 하는 큰 이유는 범죄에 노출되거나 좋지 않은 일이 있지 않을까 하는 걱정이 크기 때문입니다. 문제가 생기기 전이나 초기에 부모님이 알게 되면 조금 더 수월하게 처리할 수 있습니다. 이런 상황을 빨리 파악하기 위해서는 평소 자녀와 라포르(래포)가 형성되어 있어야 합니다. 그리고 예방을 위한 교육도 함께 이루어져야겠습니다.

---

* rapport. 상호 간 신뢰하며 감정적으로 친근함을 느끼는 관계. 교육학용어사전.

아이가 학교에 안 가고 싶어 해요.

#등교거부   #등교거부이유   #등교거부원인해결

 궁금해요

아이가 요즘 들어 학교에 가기 싫어해요. 예전에는 알아서 아침에 일어나 학교에 가곤 했는데 요즘은 일어나려고 하지도 않고 학교에 가기 싫어해서 지각도 많이 하고 조퇴하고 집에 오는 날도 있어요. 어떻게 하면 좋을까요?

 알려드려요

아이가 학교에 가기 싫어하는 데에는 대체로 원인이 있습니다. 그 원인을 찾아서 해결해 주는 것이 좋습니다.

입학 초 부모님과 분리 불안

입학식 날 신입생들을 맞이하고 있으면 어머니와 떨어지기 싫어서 대성통곡을 하는 아이들이 1~2명 정도 있습니다. 대부분의 학생들이 유치원에 다니며 분리 불안을 겪고 극복합니다. 하지만 환경이 새로워지고 낯설어지면 분리 불안이 다시 생기거나 하며 등교를 거부하기도 합니다. 학교생활에 적응해 가며 대체로는 점점 나아지지만, 만약 나아지지 않고 더욱 심해지거나 변화가 없다면 가정에서 해결하기보다는 전문가와의 상담을 통해 해결하는 것을 적극적으로 권장합니다.

학교 행사로 인한 일시적 등교 거부

　학교 행사 때문에 행사 당일에 학교를 가고 싶지 않아 하는 아이도 있습니다. 학교에 시험, 가창 수행평가, 무용 수행평가가 있을 때 당일 등교를 거부하기도 합니다. 시험에 대해 긴장도가 높아서 시험 치는 날에 등교를 거부한다거나 배가 아프다는 등의 증상을 호소하면 긴장을 풀어 주셔야 합니다. 평상시 시험 점수로 아이를 꾸짖었다면, 꾸지람의 빈도와 강도를 줄이시고 시험 문제는 틀려도 괜찮다는 것을 알려 주시면 됩니다. 초등학교에서의 시험은 아이가 배운 것을 얼마나 알고 있는지 확인하고 부족한 부분이 있다면 보충하는 정도로 보고 있습니다. 그렇기 때문에 시험 점수에 크게 동요하지 않아도 됩니다. 시험에서 정답을 맞히는 것보다 틀린 것을 확실히 복습하여 부족한 점을 채우는 것이 중요하다는 사실을 알려 주고, 격려와 칭찬의 말로 아이의 긴장도를 낮춰 주시기 바랍니다.

　가창 수행평가나 무용 수행평가는 반 아이들이 모두 보는 앞에서 이뤄지기 때문에 부끄러워서 등교를 거부하는 아이도 있습니다. 이때도 역시 가장 좋은 것은 부모님의 응원과 따뜻한 격려의 말입니다. 아이가 평소 발표할 때도 부끄러움이 많거나 가창에 자신감이 없다면 가정에서 가족과 함께 연습하는 것이 좋습니다. 이때 가족의 격려와 칭찬이 함께 한다면 아이의 자신감이 많이 높아질 것입니다. 수행평가 당일 아침에도 격려와 응원으로 격려하면, 아이의 마음이 한결 편해질 것입니다.

교외 체험학습 이후 등교 거부

교외 체험학습 이후 학교 오는 것을 힘들어하는 아이들이 간혹 있습니다. 너무 즐거운 시간을 보낸 나머지 몸살이 났거나 여독이 풀리지 않은 경우입니다. 이럴 때는 1~2일 가정에서 휴식을 취하고 보내는 것도 하나의 방법입니다. 또는 즐겁게 놀다가 학교에 오려니 등교하기 싫어서 거부하기도 합니다. 성인인 우리도 긴 휴일을 보낸 뒤 출근하려면, 분명 휴일 동안 쉬었는데도 출근날 발걸음이 안 떨어지는 것과 똑같습니다. 하지만 막상 출근하면 조금 피곤하지만 금세 적응합니다. 아이들도 마찬가지입니다. 교외 체험학습으로 즐거운 시간을 가졌으니 다시 학교에 등교하여 열심히 학교생활을 하자고 아이를 다독이고 격려해 주시기 바랍니다.

이외에도 다양한 원인이 있을 수 있습니다. 항상 아이의 행동에는 원인이 있습니다. 학교를 가고 싶어 하지 않는다면 아이와 차분하게 대화를 하며 아이의 상태를 파악하고 원인을 찾아 해결하는 것이 중요합니다. 이를 통해서도 해결이 되지 않는다면 아동심리 상담 등을 통해 전문가의 도움을 구하는 것이 좋습니다. 다만, 정말 특수한 경우가 아니라면 등교 거부와 관련하여 아이의 마음과 상황은 공감하고 이해해 주시되, 학교라는 곳이 자기 마음대로 안 갈 수 있는 곳이라는 생각은 갖지 않도록 부모님이 단호한 모습을 보여야 한다는 것입니다.

학교에서 화장실에 못 가요.

#화장실사용   #화장실사용습관   #배변습관

 궁금해요

우리 아이가 학교에서 화장실 가는 걸 힘들어해요. 소변은 그래도 보는 것 같은데 대변은 절대 학교에서 안 봐요. 참다가 배 아프다고 조퇴하고 집에 온 적도 몇 번 있어요. 어떻게 해야 할까요?

 알려드려요

매번 화장실 문제로 고민을 하시는, 적지 않은 수의 학부모님을 만납니다. 화장실에서 대변을 안 보는 아이, 소변조차 보지 않는 아이, 뒤처리가 미숙한 아이 등 다양한 이유로 혼자 화장실을 이용하는 것에 아이들이 스트레스를 받는 경우가 있습니다. 원인에 따른 대처 방안을 안내해 드리겠습니다.

화장실 사용 연습

입학 전부터 화장실 사용 연습을 하는 것이 좋습니다. 화장실에 가서 노크하는 방법, 한 줄 서기 하는 방법, 볼일을 보고 뒤처리하는 방법, 볼일을 본 뒤에 손 씻는 것까지 지속적인 연습이 필요합니다.

　저학년 담임을 하다 보면 이런 화장실 사용이 미숙한 아이들로 인해 당황스러운 일이 생기곤 합니다. 스스로 뒤처리를 할 줄 몰라 담임 선생님께 자신이 대변을 보는 동안 화장실 문 앞에서 기다렸다가 닦아 달라고 하는 아이도 있습니다. 볼일을 본 뒤에 닦을 줄을 몰라 옷을 내린 채 교실로 와서 닦아 달라며 우는 학생도 있습니다. 닦는 법을 알려 줄 수는 있지만, 아동 성추행 등의 우려로 인해 교사가 직접 닦아 줄 수는 없습니다. 닦는 법을 몰라서 엉성하게 뒤처리를 하여 옷에 대변을 묻힌 학생도 있었습니다. 이 학생은 다른 친구들이 발견하고 놀리는 바람에 한동안 스트레스를 많이 받았습니다. 다른 친구들의 놀림이 되지 않았다 하더라도 처리하는 것에 대한 스트레스로 인해 화장실 사용을 거부하기도 합니다.

　학교는 40분 수업, 10분 쉬는 시간으로 이루어집니다. 수업을 마치는 종이 울리면 반드시 화장실을 다녀오도록 매 쉬는 시간 안내하지만, 친구들과 어울리는 것이 즐겁다 보니 쉬는 시간에 화장실을 안 가고 놀다가 수업 시간에 실수를 하는 학생도 있습니다.

　이렇게 스트레스 받는 일을 겪고 나면 극복하는 아이들도 있지만, 낯선 곳에서, 특히 뒤처리를 도와줄 부모님이 안 계실 때면 화장실 사용을 극도로 꺼리게 됩니다. 이런 일들이 트라우마처럼 남게 되는 것입니다. 그래서 이런 일이 발생하지 않도록 반드시 가정에서 쉬는 시간에는 화장실 가고 싶은 느낌이 없어도 화장실 다녀오기, 볼일을 본 뒤 똑바로 뒤처리하기 등의 화장실 사용법을 가르쳐 주시기 바랍니다.

규칙적인 배변 습관 들이기

　위와 같은 배변 사건의 트라우마로 화장실 이용에 어려움을 겪는 학생도 있지만 예민하거나 긴장을 많이 하는 성향 탓에 밖에서 대변 보는 것을 힘들어하는 학생도 있습니다. 이런 학생들은 학교 오기 전 대변을 집에서 보고 오면 큰 도움이 됩니다. 등교 전 매일 일정한 시간에 대변을 보는 습관을 들여서 아침에 대변을 보고 오면,

학교에서 대변을 급히 봐야 하는 상황을 최소화할 수 있습니다. 화장실 사용 연습이 더 필요한 학생들도 부모님의 지도하에 뒤처리하는 연습을 계속하고 학교에 오면 당황스러운 상황을 예방할 수 있습니다.

선생님과 신호 정하기

자신이 스스로 뒤처리를 할 수 있고, 아침마다 대변을 보고 오지만 화장실 신호는 우리 마음대로 조절되지 않습니다. 그래서 갑자기 배가 아파 화장실을 가고 싶지만 친구들이 화장실을 많이 이용하는 시간인 쉬는 시간에 화장실을 가는 것이 꺼려질 때는 선생님과 이야기하여 미리 신호를 정하는 것이 좋습니다. 수업 중 급하게 꼭 화장실을 가야 하는 경우가 있다면 새끼손가락을 편 채 손을 들면 보내 주겠다고 학생들과 약속을 하는 예도 있습니다. 그래서 급한 경우는 아이들이 이렇게 손을 들고 다녀오기도 합니다. 수줍음을 많이 타는 학생들은 이 신호마저 부끄러워하기도 합니다. 이런 아이들은 저에게 와서 화장실에 가고 싶다는 이야기를 하지 않고 배가 아프다고 말합니다. 보통 "화장실을 다녀와 볼래요? 아니면 보건실에 바로 가 볼래요?"라고 물으면 화장실을 다녀온다고 합니다. 그러므로 자녀가 부끄러움을 많이 탄다면 선생님께 화장실에 다녀오겠다고 귓속말로 이야기한 뒤 다녀올 수 있도록 안내해 주시면 됩니다.

또 알아야 할 것이 있을까요?

남자아이는 서서 소변을 보는데 바지와 속옷을 발목까지 다 내리고 엉덩이가 보이도록 소변을 보는 경우가 있습니다. 이걸 놀리는 학생도 있고, 장난치는 학생도 있는데 자칫 친구들 간의 다툼으로 번질 수도 있기 때문에 엉덩이가 보이지 않도록 바지와 속옷을 내릴 때 어느 정도까지 내리면 좋다는 기준을 알려 주시고 가정에서 연습시켜 주시면 좋겠습니다.

배변 습관 들이기가 부족하여 실수가 잦거나 혹은 저학년이라면, 아이가 실수했을 때 갈아입을 수 있는 옷과 속옷을 내용물이 보이지 않는 종이 가방이나 비닐봉지에 넣어서 학교 사물함에 보관해 두는 것이 좋습니다.

그래도 배가 아프면 집으로 와요.

충분히 이해합니다. 초등학생의 아이들은 똥, 방귀 같은 이야기들을 너무 재미있어하고 많이 놀립니다. 오죽하면 친구 놀리는 말에 "네 똥은 칼라똥!"이 있을까요? 그래서 학교에서 대변을 보았다는 것만으로도 한동안 놀림감이 됩니다. 성장하다 보면 아이들의 똥, 방귀 등 생리 현상에 대한 재미나 놀림도 줄어들기 때문에 점차 이런 긴장도 완화될 것입니다. 부모님과 외출할 때 외부 공공장소의 화장실을 사용함으로써 외부 화장실에 대한 거부감을 줄여 나가는 것이 필요합니다.

> ✚ **플러스 6** ✚
>
> ### 위생 관념을 어떻게 해야 잘 기를 수 있을까요?
>
> 위생 관념을 기를 수 있는 가장 좋은 방법은 반복 연습입니다. 부모님이 먼저 모범을 보여 주며 정리정돈 및 청결과 관련된 교육을 지속적으로 일관성 있게 해야 합니다. 교육과 함께 꾸준히 실천하면 습관이 되어 아이도 나중에는 자연스레 자신의 위생 및 주변 정리정돈을 잘 하게 될 것입니다.

또래보다 늦돼서
걱정이에요.

#또래보다늦어요   #아이의성장속도   #아이의속도존중

 궁금해요

우리 아이가 또래보다 유독 늦은 것 같아서 걱정이에요. 젓가락질도 잘 못해서 포크를 사용해야 하고 공부를 시켰는데 배우는 속도가 많이 늦어서 너무 걱정이에요. 어떻게 하면 빨리 따라잡을 수 있을까요?

 알려드려요

걱정하지 않으셔도 됩니다. 아이들에겐 각자 다른 개화 시기가 있습니다. 젓가락질이나 학습의 속도는 아이의 성장 과정 중 일부에 불과합니다. 아이의 성장에서 중요한 것은 속력이 아니라 방향입니다. 오히려 하나에만 집착하다 보면 다른 많은 것을 놓칠 수 있습니다. 아이가 부족한 점은 학습하며 성장시키고, 아이가 잘하는 점은 응원하며 아이가 올바르게 성장할 수 있도록 인내심을 가지고 지켜보아야 합니다.

저마다 다른 성장 속도

예전에 한 강의에서 아이들을 식물에 비유한 적이 있습니다. 식물들은 각자 다른 개화 시기를 가지고 있고 다른 꽃을 피웁니다. 아이들도 마찬가지입니다. 학년이나 나이가 같다고, 생일이 같다고 아이들의 성장 속도가 같지 않습니다. 자신만의 성장 속도가 있습니다. 이 성장 속도를 이해한다면 조바심이 덜해질 듯합니다.

포크 쓰는 아이를 물어보는 학부모, 교우 관계를 물어보는 학부모

제가 초등학교 저학년 담임을 맡았을 때 우리 반에서 아직 젓가락질을 못 하는 아이가 3명 있었습니다. 그중 2명이 점심을 먹을 때 포크를 사용했습니다. 한 아이는 포크 사용을 부끄러워하지 않았고, 한 아이는 포크 사용하는 것을 매우 부끄러워했습니다. 포크 쓰는 걸 부끄러워하는 아이의 부모님은, 학부모 상담 때마다 아이가 젓가락질을 못해서 포크 사용하는 것을 걱정하며 반에 포크 사용하는 아이가 몇 명이나 있는지 물어보셨습니다. 포크 사용하는 것을 부끄러워하지 않는 아이의 부모님은 상담 때 학습이나 교우 관계에 대해 물어보고, 포크 사용에 대해 전혀 걱정하지 않으셨습니다.

부모님이 마음에 품고 있는 걱정거리는 아이에게도 영향을 끼칩니다. 부모님이 걱정되어 계속 젓가락질을 시키고, 연습하고 걱정하는 사이 아이는 주눅이 듭니다. 사실 옆에 있는 다른 아이들이 다 젓가락을 쓴다는 사실을 인지하고 있는데 가정에서 부모님까지 젓가락질을 걱정하면 아이는 이것이 정말 큰 고민이 되어 버립니다.

물론 아예 가정에서 아무것도 가르치지 말라는 뜻은 아닙니다. 당연히 적절한 교육이 있어야 성장이 있겠지요. 하지만 교육을 해야 한다는 뜻이지, 크게 걱정하거나 조바심을 내어 재촉하라는 것은 아닙니다. 아이들은 부모님이 생각하는 것보다 훨씬 부모님에 대해 눈치가 빠릅니다. 그러니 걱정보다는 올바른 교육과 격려가 아이에게 힘이 되지 않을까요?

    저학년 때 아이들의 성장 속도가 많이 달라 차이가 크게 보이지만, 중학년을 거치면서 점차 비슷한 수준에 맞춰져 가며 학년이 올라갈수록 성장 속도의 차이가 줄어듭니다. 제가 이렇게 말씀드려도 걱정이 될 것을 압니다만, 걱정을 내려 두고자 노력하고 다른 아이와의 비교보다는 **아이의 성장 속도에 함께 발맞춰 가는 교육**을 해 주시길 바랍니다.

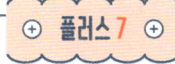

아이가 혼자서 잠을 못 자요.

왜 혼자서 잠을 자지 못했는지 원인을 먼저 파악해야 합니다. 친구와 무서운 영화를 봤거나 귀신 이야기를 듣고 귀신에 대해 무서운 것인지, 혼자 있는 것이 싫은 것인지 등의 원인을 파악하고 그에 맞게 대처해야 합니다. 대부분의 초등학생 아이들은 귀신이 무서워 혼자 자는 것이 싫거나 혼자 있는 것을 불안해합니다. 귀신을 무서워한다면 애착 인형과 같이 아이를 지켜 줄 수 있는 인형을 선물해 주는 것이 도움이 됩니다. 만약 혼자 있는 것을 싫어하거나 불안해한다면 아이에게 정서적 지지와 안정이 필요합니다. 이 경우 필요하다면 전문가의 상담을 받는 것을 추천합니다.

28

친구들과
학습편차가 심해요.

#학습편차   #집중력확인   #공부방법점검

궁금해요

유독 또래 아이들에 비해 학습편차가 심한 것 같아요. 학습지로 하다가 부족한 것 같아서 학원도 보내고 있어요. 매일 학교, 학원에서 공부한 거 검사도 하고 나름 아이를 챙기고 있다고 생각하는데 여전히 학습편차가 심해요. 어떻게 하면 좋을까요?

알려드려요

학습편차가 심한 데엔 다양한 원인이 있습니다. 원인이 무엇인지 파악한 뒤에 그 원인을 해결할 수 있도록 해결 방안을 마련해야 합니다.

집중력이 부족해요.

수업을 집중해서 듣는 것은 중요합니다. 수업을 듣고 스스로 이해하고 받아들여 자신의 것으로 만들어야 합니다. 하지만 수업을 집중해서 듣지 않아 학습 내용을 받아들이는 단계부터 놓치면 스스로 고민하고 문제를 푸는 것이 어려워집니다. 수업을 듣는 것은 특히 청각주의력과 관계가 있습니다. 청각주의력이 좋을수록 학업 성적이 좋다는 실험 결과도 있습니다. 청각주의력이 좋으면 수업의 내용을 놓치지 않고 잘 들을 수 있으며, 과제가 제시될 때도 주의 깊게 들어 과제의 조건과 요구 사항을 이해하고 수행할 수 있습니다. 듣고 숫자 받아쓰기, 불러 주는 숫자 계산기로 받아서 계산한 뒤 답 말하기 등의 청각주의력 향상 연습을 통해 능력을 개발해 주는 것이 좋습니다.

아이가 ADHD일 가능성도 있습니다. 주로 ADHD라고 하면 과잉 행동만을 생각하지만 무기력하게 가만히 있는 조용한 ADHD도 있습니다. 다른 아이들에 비해 현저히 집중력이 낮다고 의심이 된다면 전문가와의 상담 및 진단을 통해 아이의 상태를 확인해 보는 것도 좋은 방법입니다.

전 단계 학습이 제대로 되어 있지 않아요.

ㄱ, ㄴ, ㄷ을 알아야 가나다를 알 수 있고, 1, 2, 3 숫자를 알아야만 한 자릿수 덧셈을 할 수 있습니다. 이렇듯 배움에는 순서와 단계가 있습니다. 아이가 유독 교과 과정을 따라가지 못한다면 현재 학습하고 있는 내용의 수준이 어렵지는 않은지, 이전 단계의 학습이 제대로 이루어져 있는지 점검해야 합니다. 특히 수학은 전 단계를 확실히 익히지 못하면 다음 단계 학습을 하는 데 어려움을 겪습니다. 아이가 공부를 힘들어하는 부분이 있다면 그 부분의 전 단계 학습을 보충하길 바랍니다. 부모님 중엔 급한 마음에 전 단계를 복습하기보다는 지금 친구들과 같이 배우는 부분을 집중적으로 더 하면 이전 단계 학습도 자연히 되리라 생각하는 분들도 있습니다. 하지만 전 단계 학습이 되어 있지 않은 상태에서 무리하게 단계를 진행하면 아이는 공부에 대해 크게 스트레스를 받고 학습을 거부하는 상황까지 벌어질 수도 있습니다. 단계적 학습의 중요성을 잊지 마시기 바랍니다.

공부 방법 점검하기

　열심히 오랜 시간 책상에 앉아 있는데도 학업 성취도가 크게 향상되지 않는다면 오랜 시간 책상에 앉아서 어떻게 공부하고 있는지 공부 방법을 점검하는 것이 필요합니다. 공부 방법이 잘못되었거나 공부 효율이 떨어지면 아이는 지치고 학업과 멀어질 수 있기 때문에 공부 방법과 효율도 중요합니다.

　주변 정리가 되지 않아 집중에 어려움은 없는지, 쉬는 시간 없이 오래 앉아 있어 집중도가 낮아지지는 않는지, 집중을 방해하는 음악을 듣는지와 같이 외적 요인과 함께 심리적 문제, 다른 생각을 하는 것은 아닌지 등의 내적 요인까지 점검해야 합니다. 이와 더불어 과목별 공부 방법도 점검해야 합니다. 부족한 과목은 어떤 학습 방법으로 공부하고 있는지 살핀 뒤 과목에 따라 과목별 공부법 중 아이에게 맞는 방법을 선택해야 합니다.

　아이의 학습편차가 심할수록 부모님의 마음은 조급해지는 경향이 있습니다. 하지만 이에 대해 원인을 찾고 교정하는 과정은 매우 길고 시행착오도 있을 것입니다. 단기간에 급한 마음으로 끝내려 하면 오히려 더 많은 시행착오가 생길 수 있습니다. 서두르지 마시고 차분한 마음으로, 이 모든 과정이 마라톤이라 생각하고 차근차근 바꿔 가길 권유합니다.

학교와 집에서 생활 태도가 너무 달라요.

#학교생활태도   #가정생활태도   #엄격함과편안함

 궁금해요

담임 선생님과 상담을 해 보니 학교와 집에서 아이가 전혀 딴판이에요. 담임 선생님 말씀이 믿기지 않을 정도예요. 왜 그런 걸까요? 그리고 어떻게 지도하면 좋을까요?

 알려드려요

학부모 상담을 하다 보면 학교와 집에서의 생활 태도가 너무나 다른 학생이 매년 있습니다. 왜 학교와 집에서의 생활 태도가 다를까요? 기본적으로 사람들은 분출할 곳이 필요합니다. 학교에서는 너무나 잘하지만, 집에서는 아무것도 하지 않는 아이가 있는 반면에, 집에서는 잘하지만, 학교에서 하지 않으려는 아이가 있습니다. 이는 아이가 자신을 억누르거나, 억눌리다 보니 집이나 학교에서 이를 분출하는 것입니다.

학교에서는 풀어져 있지만, 가정에서는 잘하는 아이

　부모님이 아이를 너무 엄격하게 대하지는 않는지 고민해 볼 필요가 있습니다. 아이들이 자신의 잘못을 가장 들키고 싶지 않아 하는 존재는 부모님입니다. 수업 시간에 장난을 치거나 떠드는 학생에게 주의를 주면 '엄마한테 말하지 말아 주세요'라고 하며 자세를 고치고 잘하고자 노력합니다. 하지만 가정에서 너무 과도하게 아이의 행동을 통제한다면, 상대적으로 덜 엄격하다고 생각하는 학교에서 풀어질 수 있습니다. 모든 아이들은 숨 쉴 틈이 필요합니다. 엄격함과 편안함의 비율을 조정할 필요가 있습니다.

가정에서는 풀어져 있지만, 학교에서 잘하는 아이

　대부분 자신을 학교에서 엄격하게 통제하는 유형입니다. 하고 싶은 행동을 꾹꾹 참으며 학교 규칙을 지키며 생활하다 보니 집에 가면 쉬고 싶은 마음이 드는 것은 당연합니다. 우리도 사회생활을 하며 긴장하고 있다가 집에 가면 느슨해지는 것처럼 아이들도 그렇습니다. 그런데 유독 학교에서 자신을 엄격히 통제하거나 긴장하고 있는 아이는 다른 아이들에 비해 집에 가서 더 많이 느슨해지는 경우가 있습니다. 이럴 때는 아이에게 긴장을 완화하는 방법을 알려 주고 에너지를 쏟아 내거나 스트레스를 풀 기회를 마련해 주는 것이 좋습니다. 이럴 때 운동을 추천합니다. 하지만 아이마다 에너지를 쏟아 내거나 스트레스를 푸는 방법이 다양하기 때문에 이것저것 시도하며 그에 맞는 방법을 찾아가는 것이 제일 좋습니다.

　가정에서 너무 엄격하게 대하는 아이는 학교에서 풀어지는 것을 넘어서 사춘기가 오거나 조금 더 성장하면 부모님과의 관계가 삐걱거릴 수 있습니다. 엄격하게 훈육하는 것도 중요하지만 엄격한 훈육 뒤에는 항상 따뜻한 말과 위로, 격려로 아이의 마음을 풀어 주고 다독여 주어야 합니다. 그리고 너무 과한 엄격함과 일방적인 훈육은 아이가 성장할수록 그에 대해 반감을 갖게 합니다.

　가정에서 너무 풀어지는 아이는 그만큼 아이들의 사회생활인 학교생활에서 긴장하고 지킬 것을 지키며 사회적 약속을 남들보다 더 열심히 따르고 있습니다. 그렇기에 긴장을 풀고 느슨해질 곳이 필요합니다. 가정에서도 이런 점을 이해하고 아이가 느슨해질 때는 편히 있을 수 있게 도와주시기 바랍니다.

　아이를 키우는 데에 있어 엄격함과 격려의 균형이 필요합니다. 하지만 부모님 혼자 가늠하여 균형을 맞추기는 힘듭니다. 아이와 대화하고 아이를 이해하며 아이와 함께 균형을 맞추어 나가시기 바랍니다.

잔소리를 너무 많이 하게 돼요.

아이의 행동을 보고 있으면 지적하거나 바로 잡아야 할 것들이 우선적으로 보입니다. 그러다 보니 칭찬보다는 잔소리를 더 많이 하게 됩니다. 아이는 아직 성장해 나가며 배우는 시기이기 때문에 부모님의 지도와 교육이 필요합니다. 하지만 이때 감정이 담긴 잔소리는 피해 주셔야 합니다. 짜증, 분노가 섞인 말은 말의 메시지보다 감정만 전달될 뿐입니다. 단호함은 가지되 부정적인 감정은 뺀 상태로 아이에게 지도해 주시기 바랍니다.

학교생활에 대해서 얘기를 안 해요.

#아이의학교생활 #올바른질문 #아이의성향존중

궁금해요

아이의 학교생활이 항상 궁금해요. 그래서 아이에게 물어보면 대답을 안 하거나 '재미있었어.', '좋았어.'로 대답을 끝내요. 매번 담임 선생님께 물어보기도 죄송하고, 아이가 스스로 학교생활에 대해서 이야기해 주었으면 좋겠는데, 이럴 땐 어떻게 하면 좋을까요?

알려드려요

아이의 학교생활은 늘 궁금합니다. 학교에서 수업 시간에 집중은 잘하는지, 어려웠던 부분은 없는지, 친구들이랑은 잘 노는지, 다투진 않았는지 등 궁금한 점이 많습니다. 왜 어떤 아이는 미주알고주알 잘 얘기하고, 어떤 아이는 그렇지 않을까요?

아이의 성향

아이가 학교생활을 너무 많이 말해서 지치는 부모님도 있고, 말하지 않아 답답한 부모님도 있습니다. 아이의 성향을 존중해 주셔야 합니다. 아이의 성향상 학교생활에 대해 말하지 않는 아이들 대다수는 문제없이 잘 지내거나 원만한 관계를 유지하면 딱히 말을 하지 않습니다. 문제가 있어야 이야기하는 아이도 있고, 그렇지 않은 아이도 있습니다. 학교생활에 대해 말을 적게 한다면 말해 주길 기다리기보다는 아이의 비언어적 표현을 잘 관찰하셔야 합니다. 아이의 표정, 옷 상태, 가방 상태를 한 번씩 점검해 주시는 것이 좋습니다. 체육을 하거나 뛰어놀며 옷을 더럽히는 아이가 아닌데 옷이 계속해서 매일 더럽혀지거나 신발 자국이 찍혀 있다면, 이 또한 아이에게 진지하게 무슨 일이 있지는 않았는지 물어보고 상황을 파악해야 합니다. 성향상 말을 잘하지 않는 아이들이 있기 때문에 이런 아이일수록 부모님께서 아이의 비언어적 표현과 주변 상태를 수시로 관찰해 주시는 것이 좋습니다.

아이에게 올바른 방법으로 질문하기

아이가 학교생활에 대해 답하기 어렵게 질문하는 부모님이 많습니다. 예를 들어, 배우자에게 '오늘 회사 어땠어?'라고 물으면 자세하게 이야기할 수도 있겠지만, 저 질문에는 보통 '좋았어.', '그저 그랬어.'로 답하기 쉽습니다. 아이도 마찬가지입니다. '오늘 학교 어땠어?'라는 질문에 아이는 그냥 그 순간의 느낌으로 '좋았어.', '괜찮았어.'로 대답합니다.

아이에게서 얘기를 상세히 듣고 싶으면 질문을 구체적으로 하는 것이 좋습니다. '오늘 학교생활은 어땠어?'보다는 '오늘 쉬는 시간에 친구 누구랑 놀았어?'라고 물으면 □□이랑 ◇◇랑 놀았다는 대답을 할 것입니다. 그럼 다시 '□□이랑 ◇◇랑 무엇을 하고 놀았어?', '어떤 놀이가 제일 재미있었어?' 하고 구체적으로 물어보면 아이의 학교생활을 조금 더 잘 알 수 있습니다. 질문도 중요하지만 꼬치꼬치 따져 묻는다는 느낌이 들게 하기보다는 부모님이 자신에게 따뜻한 관심을 보인다는 느낌이 들도록 해 주시는 것이 좋습니다.

보통 담임 선생님들께서는 아이가 친구와 다투었을 때, 넘어지거나 부딪혀서 다쳤을 때에 부모님께 연락합니다. 이런 경우는 상황을 알 수 있지만, 담임 선생님이 미처 파악하지 못하는 경우, 특히 하교 후 일어난 일은 담임 선생님이 알기 어렵습니다. 또, 한 반에 20~30명의 아이가 있다 보니 아이들이 이야기하지 않고 넘어가서 교사도 상황을 인지하지 못할 수 있습니다. 그래서 부모님께서도 아이를 관심 있게 관찰해 주시는 것이 필요합니다.

　이야기를 잘 하지 않는 아이여도 부모님이 구체적으로 질문하면, 원하는 대답을 얻으실 수 있습니다. 하지만 고학년이 되거나 사춘기에 접어들면 부모님의 질문을 귀찮아하거나 짜증을 낼 수도 있습니다. 이럴 때는 질문의 수를 조금 줄이고 아이의 사생활을 존중해 주는 것이 필요합니다. 그리고 기본적으로 부모님과 아이의 유대 관계가 탄탄하고 서로에 대한 신뢰가 있어야 아이가 힘들 때 부모님께 털어놓고 도움을 청할 수 있습니다. 이런 관계를 어느 순간 만들어지는 것이 아니라 어린 시절부터 꾸준히 쌓여 갑니다. 어릴 때부터 아이에게 관심을 가지고 대화를 많이 하는 부모님이 되어 주세요.

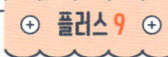

학생 정서 행동 특성 검사에 솔직하게 대답해야 하나요?

현재 초등학교에서는 1, 4학년 때 학생 정서 행동 특성 검사를 실시하고 있습니다. 주로 4~5월 사이 진행되며, 아이의 성격 및 특성을 파악하고 성장기 학생들이 경험하는 정서 행동 발달과 관련된 문제를 조기에 발견하여 학교생활 적응에 도움을 주기 위해 실시합니다. 검사 결과에 따라 병원, Wee센터, 청소년상담복지센터 등 전문 기관으로 연계해 주기도 하고 여러 교육을 지원해 줍니다. 따라서 우리 아이에게 정서 행동 발달상 문제가 있다면 조기에 발견하여 개선하는 것이 중요하므로 솔직하게 검사에 참여하는 것이 좋습니다.

아이가 말하는 학교생활, 다 믿어도 될까요?

#아이의말   #진실혹은거짓   #거짓말교육

 궁금해요

아이가 학교에 갔다 오면 항상 학교생활은 어땠는지 물어봐요. 그런데 아이의 이야기를 듣다 보면 가끔 거짓말일 것 같은 이야기들이 섞여 있어요. 아이의 말을 다 믿어도 될지, 그리고 만약 아이가 거짓말을 했다면 어떻게 교육하는 것이 좋을까요?

 알려드려요

거짓말은 아동기 발달의 정상적인 부분입니다. 하지만 교육을 통해 거짓말을 하면 안 된다는 것을 배워 가야 합니다. 아이의 말을 어디까지 믿으면 좋을지와 거짓말을 한 것을 알게 되었다면 어떻게 교육하면 좋을지 안내해 드리겠습니다.

아이가 하는 말, 어디까지 믿으면 될까?

저학년 아이들은 대게 자기중심적으로 생각합니다. 그래서 상황에 대한 객관적인 판단보다는 자기중심적인 판단을 하는 경우가 많습니다. 친구와 다투었을 때 인과관계에 따르기보다는 자신의 잘못은 축소하거나 말하지 않고 친구의 잘못을 크게 부풀려 말하는 것이 이에 해당합니다. 그렇기 때문에 친구와 다툼이 생겼을 때는 아이의 말만 듣기보다는 상대방의 이야기도 듣고 정확한 인과 관계를 파악 후 사건에 대해 학부모님이 판단하고 지도하는 것이 좋습니다.

오해가 생기기도 합니다.

저학년은 주의 집중시간이 매우 제한적이어서 학교에서 생긴 사건을 전달할 때 오해가 생기기도 합니다. 사건의 기승전결을 전부 설명하는 것이 아니라 자신이 집중하여 기억에 남아 있던 사건의 부분만 부모님께 전달하여 사건의 맥락을 파악하지 못한 부모님이 사건에 대해 오해를 하는 경우가 있습니다.

예를 들면, 국어 수업 자료의 한 부분으로 3분짜리 수업 관련 영상을 보여 주었는데 아이가 집으로 돌아가서 '국어 시간에 만화 봤어.'라고 이야기를 하기도 합니다. 발표 및 교과서를 활용한 수업을 했는데도 수업 시간에 본 그 영상이 아이에게 제일 재미있고 기억에 남아서 국어 시간에 만화만 봤다고 전달하여 학부모님이 학교에서 수업 시간에 만화만 보는 것은 아닌가 하는 오해를 하기도 합니다.

또 다른 오해의 종류로는 감정 표현입니다. 저학년 아이들은 아직 감정을 표현하고 조절하는 데 어려움이 있어 감정 표현이 서툽니다. '속상하다', '짜증나다', '당황스럽다', '불안하다' 등의 감정을 전부 '싫다'로 표현합니다. 그러다 보니 속상했던 일, 당황스러웠던 일도 학교에서 싫었던 일로 전달되다 보니 학부모님 입장에서는 학교에서 싫은 일들만 생기는 것은 아닌가 하는 우려를 하기도 합니다.

언어의 제한적 전달로 인해 오해가 생길 수 있기 때문에 아이가 전달하고자 하는 말의 의미를 대화를 통해 상황을 이해하고 정확히 파악하는 것이 좋습니다.

아이가 거짓말을 하는 것을 알게 되었을 때

아이가 거짓말을 했다는 사실을 알게 되었다면 부모님의 단호함을 보여 주어야 합니다. 아이에게 '너는 이런 거짓말을 했다.'라는 사실을 인지시키고, 거짓말하는 것이 잘못된 행동이라는 것을 분명하게 지도해야 합니다. 아이는 관심을 받고 싶어서, 혼날까 두려워서, 자신의 이익을 위해 거짓말을 할 수도 있습니다. 그럴 때 아이가 걱정했던 부분에 대한 마음은 이해해 주고 공감해 주되, 거짓말이라는 것은 잘못된 행동이고 다시는 반복하지 말아야 한다는 것을 단호하고 일관되게 이야기해야 합니다. 또, 부모가 바라는 아이의 모습을 이야기해 주어도 좋습니다. '혼날까 봐 그랬구나. 그럴 수 있어.'와 같은 표현은 하지 않는 것이 좋습니다. '혼날까 봐 무서웠던 마음은 이해해. 하지만 그래도 거짓말을 해서는 안 되는 거야. 잘못한 걸 인정하고 반성하는 너의 모습을 엄마는 원해.'와 같이 이야기해 주시기 바랍니다.

➕ 플러스 10 ➕

급식에 나오는 음식이 맵다고 해요.

학교 급식은 학교 급식법에 의해 우수한 농·수산품을 사용하도록 법으로 정해져 있습니다. 이렇게 좋은 재료를 사용하는데도 급식 맛에 대한 문제는 어느 초등학교를 가더라도 민원이 끊이지 않습니다. 가장 큰 이유는 급식을 먹는 범위가 1학년부터 6학년까지라는 것입니다. 조금이라도 매우면 1학년은 먹기 힘들어하고, 싱겁거나 안 매우면 고학년 학생 입에는 맛없게 느껴집니다. 그래서 1학년부터 6학년까지 전교생의 입맛을 맞추기가 쉽지 않습니다. 급식실의 분위기로 인해 급식을 싫어하는 아이들도 있습니다. 급식실은 아무래도 많은 학생들이 한꺼번에 식사를 하는 공간이다 보니 소란스럽기도 하고 조리실과 같이 붙어 있어 음식 냄새가 항상 나는 곳입니다. 그런데 여러 음식 냄새가 섞여 있고 소란스럽다 보니 민감한 학생들은 이런 급식실의 분위기에 따라 급식 먹는 것을 좋아하지 않기도 합니다. 급식실의 환경은 어쩔 수 없기 때문에 천천히 적응해 나가야 하며, 맛은 영양사 선생님도 전 학년의 입맛에 맞추기 위해 늘 노력하고 있으므로 오늘은 '저학년들이 좋아할 만한 메뉴나 맛이었구나.', '오늘은 고학년들이 좋아할 맛이었구나.'라고 이해해 주시면 좋겠습니다.

초등학생에게 스마트폰이 필요할까요?

#스마트폰   #스마트폰장점과단점   #스마트폰사용관리

 궁금해요

우리 아이가 친구들은 다 스마트폰을 가지고 있다면서, 스마트폰을 계속 사 달라고 조릅니다. 단호하게 안 된다고 했더니 울고불고 난리네요. 친구들이랑 연락만 하는 것이 아니라 학교 과제를 위해서도 필요하다고 하는데 사 줘야 할까요?

 알려드려요

스마트폰으로 인한 아이와 부모님의 갈등은 끝이 없습니다. 부모님이 아이에게 스마트폰을 사 주는 가장 큰 이유는 아이의 요구와 방과 후 아이와의 소통 문제입니다. 이런 이유로 사 주는 것이 좋을까요?

득보다 실이 많은 스마트폰

스마트폰의 장점은 길게 이야기하지 않아도 다 아실 겁니다. 편리한 소통, 빠른 정보 검색 기능이 가장 큰 장점이라고 할 수 있습니다. 하지만 아직 성장 중인 초등학생에게 스마트폰은 득보다 실이 많습니다. 제일 큰 문제는 스마트폰 중독입니다.

스마트폰의 중독은 게임 중독, SNS 중독으로 이어질 수 있습니다. 아이들은 어른보다 절제력이 부족합니다. 그래서 중독으로 이어지기 쉬우며, 벗어나는 것도 힘듭니다. 각종 사이버 범죄에 휘말릴 위험도 큽니다. 게임이나 채팅에서 만난 사람에게 사기를 당할 수도 있고, 개인정보가 유출될 수도 있으며, 자칫 아동 성범죄에 노출될 위험으로까지 이어질 수 있습니다.

학교 수업이나 학교 과제를 위해서 필요할까요?

초등학교에서는 필요 없습니다. 중고등학교는 학교에 따라 학급 밴드를 운영하며 수행평가 안내나 과제 안내를 학생들에게 하는 경우가 있습니다. 하지만 이 역시도 가정에서 태블릿PC나 스마트폰 공기계로 충분히 활용 가능합니다. 초등학교에서는 과제를 해결하기 위해 스마트폰이 필요한 경우가 없습니다. 인터넷 검색을 하거나 선생님이 안내하는 영상을 봐야 하는 경우가 있지만, 이 또한 스마트폰이 없어도 충분히 가정에서 인터넷만 사용할 수 있으면 해결 가능한 과제입니다. 그리고 집에 마땅한 기기가 없다면 학교에서 대여하여 활용할 수 있습니다. 그래서 초등학교에서 수업이나 학교 과제로 인해 스마트폰을 구매해야 하는 일은 거의 없습니다.

친구들과 연락하기 위해서 꼭 필요하다고 해요.

이럴 때는 **아이의 친구 관계를 점검해 보는 것이 좋습니다.** 사실 스마트폰을 사고 싶은 이유 중에는 단순히 다들 가지고 있어서 나도 가지고 싶다는 욕심도 있습니다. 그러나 친구들과의 소통을 핑계로 스마트폰을 요구하는 아이는 사실 친구 관계에 지나치게 의존도와 불안감이 높은 아이일 수 있습니다. 스마트폰이 없어도 친구들과 잘 지내는 아이들은 '스마트폰이 없어서 친구들과 어울리기 힘들다.'라고 잘 말하지 않습니다. 친구 관계가 안정적이고 의존도가 낮은 학생들은 오히려 스마트폰이 있어도 자신이 하는 일에 방해가 되면 연락을 끝맺고 자신이 할 일에 집중합니다. 친구와의 소통을 핑계로 스마트폰을 요구한다면 스마트폰을 산 뒤 친구들과의 연락에 집착하며 스마트폰 중독, SNS 중독에 빠질 위험이 더 높습니다. 아이의 친구 관계를 점검한 뒤 올바른 친구 관계 형성을 먼저 도와주는 것이 바람직합니다.

아이와의 연락이 걱정되어서 사 줘야 할 것 같아요.

아이가 학교에 있는 동안, 급한 연락은 학교에서 안내하는 소통 창구를 활용하면 됩니다. 하교 후 방과 후 수업이나 학원을 갈 때 연락이 필요하다면 키즈폰, 폴더폰으로도 충분합니다. 아이와의 연락을 위해 바로 스마트폰을 사기보다는 키즈폰, 폴더폰을 먼저 활용하길 추천합니다.

이미 스마트폰을 사 줬어요.

그럼 관리가 중요합니다. 자녀의 스마트폰 관리용 앱도 요즘은 많이 개발되어 있습니다. 하지만 제일 중요한 것은 자녀와 대화하여 규칙을 정하고, 그 규칙을 지키기 위해 노력하는 것입니다. 여기서 제일 중요한 점은 부모님도 함께하는 모습을 보이는 것입니다. 아이에게는 스마트폰을 쓰지 말라고 이야기하며, 정작 부모님은 스마트폰을 들여다보고 있다면, 아이도 약속을 지키고자 하는 마음이 작아집니다. 대화를 통해 사용 규칙을 정하고 게시한 후, 온 가족이 따르는 모습을 보여 주시길 바랍니다. 물론 아이와 어른의 스마트폰 사용 필요 정도에는 차이가 있으므로 회사나 가정의 일을 처리하기 위해 사용하는 것은 눈치를 볼 필요가 없습니다. 아이에게 설명을 해 주기만 하면 됩니다. 단, 단순히 쉼을 위한 목적으로 스마트폰을 사용해야 할 때는 자녀가 보지 않는 곳에서 사용하는 것이 좋습니다. 그리고 아이의 여가 시간은 다양한 활동 시간으로 채워 주면 좋습니다. 스마트폰보다 재미있는 활동이 있다면 당연히 아이는 스마트폰을 이용하지 않고 더 재미있는 활동을 선택할 것입니다. 가족이 어울려 재미있는 활동으로 시간을 보내면 아이의 관심이 스마트폰으로

부터 멀어질 것입니다.

　스마트폰은 너무나 유용하고 현대 사회에서 없어서는 안 될 필수품입니다. 요즘은 코딩교육, SW교육 열풍까지 일어 스마트폰을 빨리 사 주어야 하는 것이 아닌가 하는 고민도 많이 합니다. 하지만 아직 성장기인 아이들은 절제력이 부족합니다. 아이들보다 절제력이 높은 성인도 스마트폰에 한 번 몰두하면 스스로 내려놓기가 쉽지 않습니다. 스웨덴의 저명한 정신과 전문의이자 베스트셀러 작가인 안데르스 한센이 쓴 <인스타 브레인>이라는 책을 보면 스마트폰, SNS는 한 번의 터치로 우리의 뇌에 즉각적인 보상을 줌으로써 도파민이 분비되게 하고 이 자극을 더욱 원하게 된다고 합니다. 그뿐만 아니라 각종 실험을 통해 스마트폰을 사용하지 않고 옆에 두고 있는 것만으로도 집중력, 주의력이 분산된다고 책에서 이야기하고 있습니다. 아이들에게는 스마트폰을 될 수 있으면 천천히 접할 수 있도록 환경을 조성하길 바랍니다. 자녀의 스마트폰에 대해 고민이 많은 학부모님께는 스마트폰이 어떻게 우리의 뇌를 지배하는지 이야기해 주는 '인스타 브레인'이라는 책을 추천합니다.

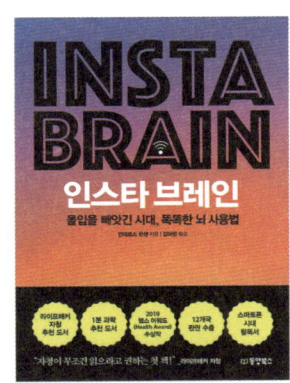

안데르스 한센 지음 | 김아영 옮김 | 동양북스 | 296쪽 | 15,000원

➕ 플러스 11 ➕

학교에 고가의 물건을 들고 가도 될까요?

간혹 학교에 인형이나 장난감, 태블릿PC 등을 들고 오는 경우가 있습니다. 자신이 가지고 있는 물건을 친구들에게 자랑하고 싶은 마음에서 들고 오는 것이겠지만 가방에 들어 있다는 것만으로도 수업 집중력이 낮아질 수 있습니다. 의식이 되기 때문이죠. 또, 분실의 우려도 있고 여러 친구들과 사용하다 고장이 나는 경우도 많으니 되도록 고가의 물건은 학교에 들고 오지 않도록 해 주시는 것이 좋습니다.

스마트폰 중독인 것 같아요.

#스마트폰중독　　#스마트폰진단　　#스마트폰중독예방

 궁금해요

　우리 아이가 스마트폰 중독인 것 같아요. 스마트폰 사용 시간도 예전보다 많이 길어졌고 스마트폰 사용으로 인해 부모인 저와 다툼이 늘어났어요. 스마트폰을 아예 뺏어도 보았는데 몰래 찾아서 하고 있는 걸 여러 번 들켰어요. 몰래 핸드폰을 사용하다가 위험한 사이트에 들어가거나 사이버 범죄로 인해 우리 아이가 피해 보는 일이 생길까 봐 걱정이에요. 어떻게 하면 좋을까요?

 알려드려요

　요즘 스마트폰을 없는 아이들을 찾아보기 힘듭니다. 그만큼 스마트폰은 우리 생활 깊숙이 자리 잡고 있고, 생활필수품으로 여겨집니다. 부모님께서도 우리 아이는 최대한 늦게 사줘야지 하다가도, '우리 반에서 나만 핸드폰이 없어.'라며 아이가 투정을 부리거나 맞벌이로 인해 아이와의 연락이 문제가 되어 많은 부모님이 스마트폰을 아이에게 사 주게 됩니다. 요즘은 초등학교 중학년만 되어도 70~90% 이상의 아이들이 스마트폰을 가지고 있습니다. 그만큼 스마트폰으로 인해 문제들도 많이 생깁니다. 그중에 가장 큰 문제가 스마트폰 중독입니다.

스마트폰 중독이란?

스마트폰을 과도하게 사용하여 일상생활에 지장을 주거나 부정적인 영향을 줄 때 스마트폰 중독이라고 봅니다. 스마트폰 중독은 집중력 저하, 사회적 관계 단절, 불안, 우울 등의 문제로 이어질 수 있습니다. 스마트폰은 사용하는 모든 사람이 중독되는 것은 아니며 심각도는 개개인이 다르기 때문에 개인의 중독 정도와 방향을 살피고 중독에서 벗어날 수 있도록 도움을 주어야 합니다.

스마트폰 중독 진단과 상담

매년 전국 초등학교 4학년을 대상으로 스마트폰 중독 검사를 학교에서 실시하고 있습니다. 하지만 초등학교 4학년이 되기 전에도 스마트폰 중독이 의심되는 아이가 있고, 초등학교 4학년이 지나고 나서 스마트폰에 빠져 중독이 의심되는 아이도 있습니다. 개인별로 아이의 스마트폰 중독 검사를 해 보고 싶을 때는 '청소년사이버상담센터'에 접속하면 됩니다. 학생을 대상으로 하는 대인 관계, 성격·정서, 진로·학업, 중독·과의존, 부모(양육 효능감 척도 등) 등의 다양한 심리검사에 참여할 수 있습니다.

해당 심리검사를 통해 아이의 스마트폰 중독 정도를 판별할 수 있고, 채팅 상담, 댓글 상담 등의 기능을 제공할 뿐만 아니라 오프라인 상담에 대한 정보까지 제공하고 있으므로 아이가 진단을 통해 스마트폰 중독으로 결과가 나오면 상담까지 함께 연계하여 활용할 수 있습니다.

스마트폰 중독 위험에 빠뜨리는 요인들

자존감이 낮거나 혹은 높은 불안감, 스트레스 등으로 어려움을 겪는 아이들은 스마트폰이 제공하는, 짧고 즉각적이며 자극적인 정보들을 보고 넘기며 불안과 스트레스를 회피하거나 위안을 찾는 경우가 있습니다. 또는 아이가 여가 시간에 즐길 만한 거리를 갖고 있지 않아 여가 시간을 스마트폰 사용만으로 소비하기도 합니다. 사회적 상호 작용에서 어려움을 겪는 아이들도 다른 사람과 쉽게 가벼운 관계를 구축하는 방법으로 스마트폰을 이용하기도 합니다. 부모님이 자주 스마트폰을 사용하는 모습을 보이거나 다른 활동보다 스마트폰을 우선시하는 모습을 지속적으로 보일 경우, 아이들도 이러한 부분을 배워서 스마트폰을 과하게 사용할 가능성이 높습니다. 이런 특성을 가진 모든 아이들이 스마트폰 중독으로 발전하는 것은 아니지만, 중독의 위험이 높으므로 위 요인들을 제거하기 위한 노력이 필요합니다.

스마트폰 중독 예방을 위한 습관

스마트폰 중독이라면 치료가 필요하지만, 그렇지 않다면 더 중요한 것은 스마트폰 중독을 예방하는 것입니다. 중독을 예방하기 위해서 가정에서 실천할 수 있는 몇 가지 습관을 안내해 드리겠습니다.

제한하기

스마트폰 사용에 대한 규칙을 아이와 의논하여 정하고 이를 반드시 지키도록 합니다. 이 규칙은 아이가 반드시 지켜야 하는 규칙입니다. 가장 좋은 것은 스마트폰을 처음 사용하게 될 때부터 정하는 것이고, 만든 규칙은 잘 보이는 곳에 게시해 두는 것이 좋습니다. 아이가 휴대폰 사용 규칙을 지키지 않았을 때 어떻게 할 것인지도 이때 함께 정해 두는 것이 좋습니다.

모범 보이기

부모님이 가정에서 핸드폰을 많이 사용한다면 아이들도 이를 보고 배우게 됩니다. 부모님도 함께 스마트폰을 제대로 사용하는 모습을 보이고, 가족이 모두 스마트폰을 사용하지 않는 시간을 가져 보는 습관을 통해 스마트폰 사용에 대한 우리 집의 문화를 만들어 갈 수 있습니다.

대안 활동 제시하기

스마트폰으로 여가 시간을 보내기보다 체육활동, 음악, 미술 등 스마트폰을 대체할 수 있는 재미있는 다른 활동을 제공해 주는 것이 좋습니다. 건전한 스마트폰 대안 활동을 제시하여 아이들에게 긍정적인 영향을 줄 수 있습니다.

우리 아이 스마트폰 보호 기능 앱

스마트폰을 사용하다 보면 다양한 경로로 유해 광고 및 유해 사이트 등에 노출될 수 있습니다. 이러한 유해 사이트를 차단하고 아이의 스마트폰 사용 시간도 조절할 수 있는 앱을 설치하는 것도 하나의 방법입니다.

대화하기

스마트폰 중독의 위험성, 책임감 있는 스마트폰 사용에 대해 아이와 대화를 많이 나누는 것이 좋습니다. 스마트폰 중독으로 인해 학업 성적 저하뿐만 아니라 수면 장애, 사회적 고립 등의 문제점을 자세히 알려 주어 스스로 중독으로부터 자신을 지킬 수 있게 해 주어야 합니다. 아이와 대화할 때는 반드시 스마트폰 중독에 대한 주제가 아니더라도 다양한 주제로 아이와 대화를 하는 것이 좋습니다. 아이와의 대화를 통해 아이의 고민도 알게 되고 같이 해결 방안은 모색하며 정서적 안정도 함께 도모할 수 있기 때문입니다.

스마트폰 보급이 증가한 만큼 많은 부모님이 스마트폰 중독을 우려하고 있습니다. 스마트폰은 어떻게 쓰기 시작하는지가 중요하므로 부모님께서 아이의 스마트폰 중독을 피하기 위한 방법들을 익힌 뒤에 아이에게 스마트폰을 사 주며 함께 조절해 나가는 과정이 중요합니다. 무엇보다 일이 벌어지고 난 뒤에 해결 방법을 찾기보다는 미리 규칙을 정해 두고 예방하는 것이 중요합니다.

34

아이들 유행을
따라 가기 벅차요.

#유행 #아이들과소통 #균형맞추기

 궁금해요

나이가 들수록 아이들의 유행을 따라가기 너무 벅차요. 어릴 때는 좋아하는 캐릭터와 관련된 물건을 모으는 정도였는데 점점 크면서 캐릭터뿐만 아니라 좋아하는 연예인도 생겼어요. 그런데 누가 누군지 구분도 안 되고, 자기가 좋아하는 아이돌이 부른 노래라고 들려주는데 전혀 모르는 노래예요. 아이들의 유행을 배우고 따라가는 것이 좋을까요?

 알려드려요

부모님께서 아이들의 유행을 따라가야 하는지 고민하는 가장 큰 이유는 자녀와의 소통입니다. 아이들의 유행을 따라가면 아이와의 소통이 조금 더 쉽거나 재미있지 않을까 하는 생각 때문에 유행을 따라가야 한다고 생각합니다. 아이가 좋아하는 유행과 흐름을 이해하는 것은 나쁘지 않습니다. 아이의 관심사를 주제로 더 많은 이야기를 나눌 수도 있습니다.

자녀와의 연결

아이들의 유행을 아는 것은 아이들의 관심사를 아는 것입니다. 유행이 아니더라도 관심사가 무엇인지 알고 그 경향을 이해하면 자녀와 보다 효과적으로 관계를 맺는 데 도움될 수 있습니다. 또한, 대화와 상호 작용이 훨씬 더 친근해지고 즐거워질 것입니다. 하지만 기본 흐름을 안다는 것이지 아이돌 멤버의 이름이나 노래 제목을 반드시 다 외워야 한다는 것은 아닙니다. 관심 있는 주제에 대해 함께 이야기할 기회와 시간을 만들고 긍정적이고 열린 마음으로 함께 생각과 경험을 공유하는 것이 중요합니다.

범죄 노출 예방

아이의 관심사, 유행에 대한 대화는 아이의 상황을 파악하고 잠재적인 문제를 사전에 예방할 수 있습니다. 요즘 특히 SNS나 좋아하는 아이돌의 굿즈*, 콘서트 티켓 등을 온라인에서 판매하며 다양한 범죄가 발생하고 있습니다. 아이들이 SNS(인스타**, 틱* 등)에서 연예인과 관련한 상품을 판매하여 사기, 협박, 개인정보 유출 등의 문제가 발생하기도 합니다. 또는 온라인 중고거래 앱에서는 자신을 만나면 아이가 원하는 상품을 저렴하게 혹은 공짜로 주겠다고 아이를 유혹하기도 합니다. 이런 상황에 처하지 않도록 아이들과 대화를 하며 굿즈 거래를 하는지, 물건을 사고 판 경험이 있는지 등 잠재적 위험을 미리 확인하는 것이 좋습니다.

---

* goods. 특정 브랜드나 연예인 등이 출시하는 기획 상품.

중요한 것은 균형

아이가 좋아하는 모든 유행과 관심사를 강박적으로 따르며 익히고 배울 필요는 없습니다. 하지만 일반적인 범주 내에서 인식하고 아이들과 대화를 나누면 상호작용을 강화하고 아이들의 경험과 그 유행들이 아이에게 미치는 영향에 대한 정보를 지속적으로 얻을 수 있습니다.

이처럼 아이의 유행을 이해하고 대화하는 것은 아이를 이해할 수 있는 좋은 방법 중의 하나지만, 부모와 자녀 사이에서 유행만을 주제로 대화가 이루어져서는 안 됩니다. 어느 정도 아이들의 유행을 이해하는 것은 좋지만 그것을 좇으며 살 수 없습니다. 아이들만의 문화가 아니더라도 충분히 다른 내용으로도 소통할 수 있는 관계가 형성되어야 합니다.

🔸 플러스 12~14 🔸

밤늦게까지 잠을 안 자요.

잠을 안 자는 이유를 먼저 알아야 합니다. 크게는 심리적 요인과 전자기기 사용으로 구분할 수 있습니다. 아이가 불안하거나 스트레스의 정도가 심할 때 잠들기 어려울 수 있으니 아이의 심리 상태를 확인하고 상담을 진행해 아이의 스트레스와 불안 정도를 낮추는 것이 필요합니다. 필요하다면 전문가와의 상담을 진행하는 것이 좋습니다. 다음은, 전자기기 사용입니다. 부모님 몰래 스마트폰을 사용하거나 게임을 하여 늦게 자는 경우가 많습니다. 특히 수면 직전의 전자기기 사용은 수면을 방해하므로 잠자리에서는 금지하는 것이 좋습니다.

아이가 물건(돈)을 훔쳤어요.

아이가 타인의 물건을 훔쳤다면 먼저 아이에게 이 행동이 잘못된 행동이라는 것을 가르쳐야 합니다. 아이에게 왜 이런 행동을 했는지 물어보고 잘못된 행동임을 명확하게 이해시켜야 합니다. 그리고 아이의 행동으로 인한 결과에 책임을 질 수 있도록 해야 합니다. 물건이나 돈을 배상하고 사과를 하며 재발 방지는 반드시 약속해야 합니다. 사과의 중요성을 강조하고 아이가 자발적으로 사과한 뒤 물건(돈)을 반환하도록 하는 것이 좋습니다. 그리고 타인의 물건을 갖고 싶거나 돈이 필요할 때 올바른 행동이 무엇이고 옳지 않은 행동이 무엇인지 가르쳐 준 뒤 재발하지 않는지 지속적으로 확인을 해야 합니다.

탕후루, 마라탕처럼 자극적인 음식을 너무 찾아요.

여러 SNS에 노출되는 유행을 아이들이 많이 따라 하곤 합니다. 그중 유행하는 음식을 아이들이 먹을 때도 있는데 대부분 많이 섭취하면 건강에 좋지 않은 음식들입니다. 당연히 이런 음식들은 부모님이 강력하게 제한해 주시는 것이 좋습니다. 탕후루처럼 너무 단 음식은 소아 당뇨 등의 건강 문제를 일으키기 쉽고, 마라탕처럼 매운 음식은 식도나 위 등 소화 기관에 큰 자극을 줄 수 있기 때문에 아이와 타협하거나 어느 정도로 양보하는 합의가 아닌 단호하게 지켜야 할 선을 알려 주고 그 선을 맞출 수 있도록 엄격하게 지도해야 합니다. 호기심에 한두 번 먹을 수는 있지만, 아이의 고집에 못 이겨 그 정도를 넘지 않도록 지도해 주셔야 합니다.

학부모

35

학부모 상담은
어떻게 받을 수 있나요?

#학부모상담   #학부모상담내용   #학부모상담신청

 궁금해요

우리 아이는 집에 오면 학교 이야기를 거의 하지 않아요. '오늘 학교생활은 어땠어?'라고 물어보면 '좋았어.', '재미있었어.'가 끝이에요. 학교생활을 잘하는지 궁금하고 고쳐야 할 점이 있다면 알고 싶어서 담임 선생님께 상담을 받고 싶은데 어떻게 해야 할까요?

 알려드려요

아이들을 등교시키고 나면 학부모님은 학교에서 아이가 수업을 잘 듣고 있는지, 집중은 잘하는지, 친구들과 잘 어울리는지 학교생활을 너무 궁금해합니다. 학교가 끝나면 아이에게 늘 물어보지만, 아이의 대답만으로는 학교생활을 파악하기가 힘들 때도 있습니다. 이럴 때 학부모 상담을 신청하여 담임 선생님의 이야기를 들어 보는 것이 큰 도움이 됩니다. 그렇다면 학부모 상담은 어떻게 신청하면 될까요?

> **CHECK!** **학교에서 계획되어 있는 학부모 상담**

대부분의 초등학교는 1년에 한두 번 학부모 상담이 주요 일정으로 계획되어 있습니다. 1학기는 3월 말에서 4월 초 사이, 2학기는 9월 말에서 10월 초 사이에 합니다. 보통 학기 초에 각 가정에 신청서가 배부되고 신청을 받아 학부모님과 상담을 진행합니다. 물론 따로 학부모 상담 기간을 두지 않고 수시 상담으로 진행하는 경우도 있습니다.

1학기 상담은 어떤 준비를 해야 할까요?

 1학기에 있는 학부모 상담은 담임 선생님이 학생을 깊이 있게 파악하고 상담을 하기에는 이른 시기에 진행됩니다. 물론 학기 초 '기초조사서(기초조사표)'를 받고 학생과 2~3주간 생활하면서 학생들을 파악해 가지만, 학기 초에는 학생들도 긴장하고 새로운 학년에 적응하고자 노력하며 아직 담임 선생님과 같은 반 학생들을 이해하고 파악하는 탐색기입니다.

 이럴 때의 상담은 학부모님이 구체적으로 학생에 대해 알려 주시는 상담으로 진행되는 것이 좋습니다. 아이가 소극적인 성향이어서 교우 관계가 걱정되거나, 아이의 성향이나 개선되길 바라는 점을 이야기하거나, 건강상 주의를 기울여야 하는 등 아이에 대한 전반적인 내용을 미리 담임 선생님에게 알리면 1년 동안 학생과 지내며 그 부분을 신경 써서 살필 수 있습니다.

 담임 선생님께 질문을 할 때도 '우리 아이의 학교생활은 어떤가요?'라는 질문보다는 구체적으로 '우리 아이의 교우 관계는 어떤가요?', '우리 아이의 수업 태도는 어떤가요?' 등 궁금한 부분을 구체적으로 질문하는 것이 좋습니다.

상담할 때 아이의 단점이나 가정 상황(이혼, 편부 가정 등)을 이야기해야 할까요?

네, 이야기해 주시는 것이 좋습니다.

학부모와 교사의 만남은 학생으로 인해 이루어지고, 학부모와 교사는 아이가 행복하게 학교생활을 하며 올바르게 성장하는 공동의 목표를 지니고 있습니다. 그렇기 때문에 학생에 대한 정보를 공유할수록 함께 목표에 도달하는 것이 쉬워집니다.

우리 아이가 집중력이 부족하다거나, 다른 아이와 다툼이 잦은 편이거나, 학습적인 면에서 부족한 부분이 있는 경우뿐만 아니라 ADHD 때문에 약을 먹는 경우, 틱 장애가 있는 경우 등 학생에 관한 것은 단점이라도 알려 주는 것이 좋습니다.

학부모님이 알려 주지 않더라도 학교생활을 하면 담임 선생님 대부분은 위와 같은 상황을 인지하게 됩니다. 이러한 사실을 상담이 아닌 다른 경로로 알게 된 뒤, 어떤 문제가 생기면 담임 선생님으로서 학부모님께 상담을 요청하기가 부담스러워집니다. 미리 알고 있었다면 예방 가능했을 문제도 대응하지 못하는 일이 생깁니다. 그렇기 때문에 최대한 솔직하게 학생에 대해 이야기하는 것이 좋습니다.

가정 상황도 마찬가지입니다. 학부모님의 선택이지만, 미리 교사가 알고 있다면 다양한 주제로 수업을 진행할 때 좀 더 학생을 배려하는 수업을 진행할 수 있습니다.

> **✦ 김선생님의 경험** ADHD 학생을 맡은 경험이 있는데, 한 학생의 부모님이 저에게 아이가 ADHD 진단을 받았으며 약을 복용하고 있다고 학기 초 상담에서 알려 주셨고, 다른 학생의 부모님은 ADHD에 대한 이야기를 해 주지 않으셨어요. 이야기를 들은 경우에는 학생의 특성을 이해하고 있으니, 수업 시간에도 학생을 더 배려할 수 있고, 약을 깜빡하여 먹지 않았다고 연락 온 날에는 조금 더 학생이 편안할 수 있도록 수업 활동 참여를 조절할 수 있었어요. 하지만 아무런 정보를 받지 못한 학생은 제가 아이와 학교생활을 하다 보니 아이가 ADHD 증상이 있는 듯한데, 그 사실을 학부모님에게 알리기까지의 저의 심적 부담도 매우 컸고, ADHD인 것을 알기 전까지 학생의 학교생활을 도와주는 데 힘이 들었어요.

✦ 옥선생님의 경험 개인적인 경험으로는 부모님이 이혼을 하신 뒤 학년이 올라와 저의 반이 된 학생이 있었습니다. 어머니도 힘들어하셨고 아이도 힘들어하였으나 이 부분을 저에게 이야기해 주셨고, 아이와도 자연스레 이야기를 나눌 수 있었습니다. 이로 인해 아이도 훨씬 안정되고, 힘든 상황을 극복하는 모습을 보였고, 가족과 관련된 수업의 경우에 최대한 배려하여 진행했던 경험이 있습니다.

2학기 상담은 어떤 준비를 해야 할까요?

2학기 상담은 교사가 학생에 대해 어느 정도 파악한 상태에서 진행이 됩니다. 그래서 2학기 상담은 1학기 학생의 전반전인 생활 태도에 대해 물어보고 학생의 어떤 부분을 더 보충하면 좋을지에 대해 상담을 하는 것이 일반적입니다.

앞서 이야기했듯이 상담에 대해 질문을 할 때는 구체적일수록 좋습니다. 그리고 1학기 수업을 하고 나면 학생이 학습적으로 어려워하는 부분이나 힘들어하는 과목이 생깁니다. 이에 대해 학생의 지금 수준이 어떤 상태이고 어떻게 보충하면 좋을지도 담임 선생님과 상담하면 좋습니다.

대면 상담과 전화 상담이 있던데, 꼭 대면 상담을 해야 할까요?

꼭 대면 상담을 하지 않아도 됩니다. 물론 선생님의 성향에 따라 대면 상담을 부담스러워하시는 경우가 있을 수도 있지만, 대면 상담을 신청한다고 하여 대면 상담을 거절하는 선생님은 아마 없을 겁니다.

✦ 김선생님 대면 상담을 추천합니다. 학부모님께서 '대면 상담으로 신청할까요? 전화 상담으로 신청할까요?'라고 물어보시면 가능하시면 대면 상담을 권유하는 편입니다. 학부모님께서 1년 동안 아이와 함께하는 담임 선생님의 얼굴을 볼 기회가 그리 많지 않고, 학교에 오실 일도 거의 없습니다. 그래서 상담을 기회로나마 학교에 직접 와서 아이가 생활하는 교실을 둘러보고, 서랍이나 사물함이 어떻게 정돈되어 있는지도 보고, 교실 뒤에 걸린 아이의 작품을 보는 것만으로도 너무 좋아하시더라고요.

그리고 제가 대면 상담을 선호하는 이유는 전화로 이야기하면 자칫 오해할 수 있는 부분을 많이 줄일 수 있기 때문입니다. 학생의 고쳐야 할 부분이나 민감한 부분에 대해서 이야기할 때 전화 상담으로도 조심스럽게 이야기하지만, 대면 상담보다는 의사 전달이 어렵기 때문에 가급적 대면 상담을 권합니다.

✦ 옥선생님 전화 상담을 선호하고 권하는 편입니다. 대면 상담을 권하는 순간부터 학부모님께서 큰 부담을 느끼시더라고요. 반드시 와야만 한다는 부담감을 안겨 드리는 것 같아서 한결 가벼운 마음으로 참여할 수 있도록 전화 상담을 많이 추천하고 있습니다. 특히 맞벌이하는 부모님은 20~30분의 대면 상담을 위해서 오후 시간을 통째로 반차를 써야 하는 분들이 많습니다. 하지만 20~30분 정도의 통화는 반차 없이도 가능하기 때문에 학부모님의 많은 참여를 위해 전화 상담을 권하고 있습니다. 대면 상담은 학부모님이 큰 마음을 먹고 와야 하지만, 전화 상담은 언제든 가능하니 앞으로 1년 동안 학생에 대해 지속적인 상담을 할 때도 편하게 이용하는 방법이기도 합니다.

저희의 사례를 보더라도 담임 선생님의 성향에 따라 선호하는 상담 방법에 차이가 있습니다. 하지만 공통점은 전화 상담이든 대면 상담이든 상담을 거절하지 않는다는 것, 전화 상담을 한다고 하여 아이에게 무관심한 부모로 보지 않는다는 것입니다. 그리고 대면 상담을 원한다고 하여 부담스러워하거나 학부모님이 유별나다고 생각하지 않습니다. 학부모님의 상황에 따라 편한 방법으로 신청하면 됩니다.

CHECK! 학교 상담 기간 외의 상담

학교에서 계획된 상담 외에 담임 선생님과 더 상담할 방법은 없을까요?

부모가 맞벌이를 하는 경우나 갑작스러운 집안일이 생기는 등 다양한 이유로 학교 학부모 상담 신청 기간에 상담 신청을 하지 못할 수도 있습니다. 학부모 상담 기간이 지난 후에, 혹은 학부모 상담 기간에 상담을 했으나 아이의 학교생활에 대한 궁금증이나 고민이 있어서 담임 선생님께 문의하거나 상담하고 싶을 수 있습니다.

이럴 때는 걱정하지 말고 학교에서 안내한 소통 창구를 통해 사전에 연락하여 아이에 대한 상담을 신청하고 상담 시간을 조율하면 됩니다. 선생님들은 수업을 마치면 같은 학년 선생님들끼리 모여서 회의를 하거나 출장을 가거나 수업 준비를 하는 등의 여러 업무를 합니다. 이 때문에 당일 급하게 상담을 예약하기보다는 최소한 3~5일 전에 학교에서 안내한 소통 창구로 연락하여 상담할 수 있는 시간을 조율하면 됩니다. 그리고 이때 아이에 대해 궁금한 점(교우 관계, 친구와 다툰 일, 수업 집중도 등)에 대해 미리 이야기해 두면, 담임 선생님이 상담 전까지 그 부분들을 조금 더 집중적으로 관찰한 뒤 자세하게 답변할 수 있습니다.

⊕ 플러스 15 ⊕

학교 행사에 참여하지 않으면 아이에게 불이익이 있을까요?

학교 행사는 부담 없이 참여하셔도 됩니다. 참여하지 않아도 아이에게 가는 불이익은 없습니다. 교사도 교사이기 이전에 학부모이기 때문에, 아이를 키우는 일이 힘들고, 직장까지 다니면서 아이 챙기기가 쉽지 않다는 것을 알고 있습니다. 하지만 급식 검수는 우리 아이들이 신선하고 제대로 된 음식을 먹는지 확인하는 일이고, 아침 교통 봉사는 우리 아이들의 안전을 위한 일이기 때문에 더더욱 학부모님께 부탁합니다. 학부모님의 부담도 충분히 알기에 학교에 따라 예산이 확보된 곳은 아침 교통 봉사를 지역 시니어 클럽에 요청합니다. 학교 행사 참여는 전적으로 학부모님과 아이가 함께 결정하면 됩니다. 다만, 학부모 공개수업을 할 때 저학년, 중학년 아이들은 부모님의 참여에 대한 기대가 큰 편입니다. 이런 이유로 참여율이 높다 보니 부모님이 안 오시면 더 서운해하는 경우가 있습니다. 이럴 때는 아이를 잘 다독이고 이유를 충분히 설명해 주시길 바랍니다.

36

다른 학부모와
꼭 소통해야 할까요?

#다른학부모와소통 #학부모모임장점 #학부모모임단점

 궁금해요

 같은 반이나 같은 학년 학부모들과 소통을 해야 할까요? 직장맘이어서 학부모들과의 소통이 부담스러워요. 종종 모임도 하며 정보 교환도 한다고 하는데 주중엔 출근하느라, 주말에는 아이들 돌보기 바빠서 모임에 나가는 것도 부담스러운데도 정보 교환은 하고 싶어요. 무슨 내용이 오고 가는지 궁금하기도 하고 혹시 내가 놓치면 안 되는 정보가 있는 건 아닌지, 학부모 모임에 참여하지 않아 우리 아이에게 불이익이 가진 않을지 고민이 많이 됩니다. 소통을 꼭 해야 하는지, 소통한다면 어떻게 해야 하는지 궁금해요.

 알려드려요

 학부모님 간 소통은 항상 많은 학부모님이 고민하는 주제 중 하나일 것입니다. 굳이 소통하지 않아도 아이를 잘 키울 수 있을 것 같지만 혹시나 하는 마음에, 궁금한 마음에, 해야 할 것만 같은 생각에 참여를 원치 않아도 하게 됩니다. 과연 꼭 참여하는 것이 좋을까요?

학부모 모임의 장점

제일 큰 장점은 네트워킹입니다. 다른 학부모를 만나면 아이가 놓친 알림장 내용에 대해 묻는 사소한 내용부터 자녀의 학업에 대해 도움이 되는 다양한 정보까지 여러 영역에서 유용할 수 있는 인맥 네트워크를 구축하는 데 도움이 될 수 있습니다. 다음으로는 다른 학부모들의 경험을 통해 배울 기회를 얻을 수 있습니다. 실제 다른 학부모님의 적용해 보고 성공했거나 실패한 사례를 공유하며 조언을 얻을 수 있습니다. 그리고 마지막은 공감입니다. 비슷한 문제로 고민하거나 비슷한 경험을 공유하며, 이에 대해 이야기를 나누는 것은 심리적으로 큰 위로와 격려가 되기도 합니다.

학부모 모임의 단점

가장 큰 문제는 시간 약속일 것입니다. 특히 맞벌이 부부가 많아진 요즘 시간을 내서 만난다는 것 자체가 큰 부담일 수 있습니다. 두 번째는 갈등입니다. 사실 학부모 모임은 대부분 학부모 개인이 서로 친해져서 모임이 이루어지기보다는 우리 아이와 같은 학교여서, 같은 반이어서 등의 아이를 이유로 모이게 됩니다. 이렇게 모인 구성원에서 서로를 알아 가는 과정에서 상충하는 의견으로 인해 대립이나 긴장이 생길 수 있습니다. 세 번째는 갈등으로 인해 생기는 파벌입니다. 갈등으로 인해 파벌이 생기면 모임 내의 긴장감과 갈등이 더욱 높아지는 악순환에 빠지게 될 수 있으며 파벌에 소속되지 않아도 난감한 경우가 생길 수 있습니다.

학부모 모임 참여는 본인의 선택

앞에서 학부모 모임의 장점과 단점에 대해 알아보았습니다. 그러한 장점과 단점은 모든 학부모 모임에 적용되는 것이 아니며 학부모 모임에 따라 얼마든지 달라질 수 있습니다. 각기 다른 사람이 자녀를 매개로 만나는 것이기에 이외의 특이사항이 더 있을 수도 있습니다. 따라서 모임의 참여는 본인의 선택이지만 참여하고 싶지 않다고 억지로 참여해야 할 이유는 없습니다. 아이에 대한 정보는 선생님과 상담할 때 더욱 객관적이고 정확한 정보를 얻을 수 있으며 기타 자녀 교육과 관련된 정보는 검증된 전문가를 통해 얻는 것이 더욱 신뢰도가 높기 때문입니다.

따라서 학부모 모임에 참여하더라도 더이상 원치 않을 때는 과감히 모임에서 나오면 됩니다. 요즘은 정보 공유가 온라인을 통해서도 활발하기 때문에 정보를 목적으로 억지로 참여할 필요는 없습니다.

학부모 모임에서 하는 가장 큰 착각

학부모 모임에 대해 조금 더 이야기를 드리자면, 큰 학부모 모임에서 개인적으로 친해지거나 하여 소규모 모임에서 파생한 경우도 있습니다. 이때 학부모님이 친하면 아이들도 친해지길 원하여 자녀를 함께 데리고 만나 자녀가 친하게 지내도록 함께 키즈카페를 가거나 야외활동을 하는 경우가 있습니다. 여기서 중요한 점은 **학부모님끼리 잘 맞고 친하다 하여 아이들도 서로 잘 맞고 친해지지 않을 수도 있다는 것**입니다. 아이가 학교에서 친한 친구가 생겼다 하여 학부모님과 아이의 친한 친구의 부모님이 서로 친구가 되지는 않듯이 그 반대도 마찬가지입니다.

아이가 서로 맞지 않음에도 불구하고 학부모끼리 친하다는 이유라 자녀들도 계속 친해질 수 있도록 함께 놀기를 강요하거나 외부 활동을 같이 하는 것은 아이에게 스트레스가 될 수도 있습니다. 아이들이 서로 성향이 맞아 잘 어울려 논다면 다행이지만, 그렇지 않다면 아이의 성향을 존중해 주는 것이 좋습니다.

앞에서 안내해 드린 내용은 모임에 따라 달라질 수 있습니다. 따라서 본인의 상황과 모임의 성격, 구성원에 따라 스스로 판단하는 것이 제일 좋습니다. 여기서 명심할 점은 자녀의 양육이나 교육과 관련된 정보는 이와 관련된 전문가에게서 얻는 것이 제일 신뢰도가 높다는 점입니다.

플러스 16

상담 센터를 가는 것이 꺼려져요.

아이의 문제 행동이 나타났을 때 원인을 파악하고 해결을 하기 위해 전문가와의 상담을 추천합니다. 하지만 정신의학과나 상담 센터를 방문하는 것이 마치 우리 아이에게 문제가 있다고 낙인찍히는 것 같아 꺼리는 경우를 많이 볼 수 있습니다. 아이의 문제 행동이 나타났을 때 전문가를 찾는 것은 우리가 기침할 때 내과나 이비인후과를 찾는 것만큼이나 자연스러운 일입니다. 기침이 잠시 앓고 지나갈 가벼운 감기일 수도 있고 폐렴 등 지속적인 치료가 필요할 수 있는 것처럼 아이의 문제 행동이 있다면 정신의학과나 상담 센터를 방문하여 원인을 파악하고 해결을 위한 노력을 시작해야 합니다. 큰 문제가 아니라면 다행일 것이고, 상담 치료 등이 필요하다면 도움을 받아야 합니다.

선생님

담임 선생님과
어떻게 지내야 할까요?

#담임선생님 #담임선생님과의관계 #협력적파트너

 궁금해요

　담임 선생님과 어떤 관계를 형성하는 것이 좋을까요? 담임 선생님마다 성향도 다르고 어떻게 해야 할지 잘 모르겠어요. 담임 선생님께 너무 가까이 다가가면 부담스러워하시는 것 같고, 또 멀리하자니 무관심해 보일까 봐 걱정이에요. 적당한 거리를 유지하면 좋다는 것은 알고 있는데 어떤 게 적당한 거리를 유지하는 건가요?

 알려드려요

　학부모님에게 담임 선생님과의 관계는 늘 관심거리입니다.
　반대로 담임 선생님의 입장에서도 학부모님과의 거리는 늘 고민이 많이 되고 조심스러운 부분 중의 하나입니다. 서로를 어려워하고 고민인 이 관계. 어떻게 하면 현명하게 유지할 수 있을까요?

교사와 학부모는 자녀의 교육 파트너

　교사와 학부모의 목표는 같습니다. 바로 아이가 행복하게 학교생활을 하며 올바르게 성장하는 것입니다. 같은 목표를 지닌 우리 아이의 교육 파트너라고 생각하시면 좋을 것 같습니다. 같은 목표를 가진 파트너끼리는 서로 예의를 지키며 소통합니다. 상대의 말에 귀를 기울이고 수정해야 할 부분을 알게 되면 공유하고 수정하며 같은 목표를 향해 함께 나아갑니다. 교사와 학부모가 가져야 할 자세가 바로 협력적인 파트너의 관계라고 생각합니다.

`CHECK!` 협력적 파트너 관계 유지하기

학교에서의 모습을 가장 잘 아는 것은 교사다.

　가정에서 아이의 모습을 가장 잘 아는 사람은 부모님입니다. 그리고 학교에서 아이들의 모습을 가장 잘 아는 사람은 담임 선생님입니다. '우리 아이가 집에서는 그렇지 않은데'라는 생각을 가지실 수 있겠지만 사람이라면 집에서의 모습, 사회에서의 모습, 친구들 사이에서의 모습이 다를 수밖에 없습니다. 집에서와는 다른 아이의 모습을 학교로부터 전달받았다고 해서 당황하지 마시고 객관적으로 받아들일 수 있는 마음을 가져 주신다면 가정과 학교에서의 아이에 대한 교육이 훨씬 원활히 이루어질 수 있습니다.

심리적 방어벽 낮추기

　교사가 제일 어려워하는 부분 중의 하나가 아이가 개선해야 할 부분을 학부모에게 이야기하는 것입니다. 교사는 반 아이들과 다양한 활동과 모둠 활동, 단체 생활을 하고 있습니다. 이런 활동뿐만 아니라 쉬는 시간에 친구를 대하는 태도 등을 관찰하며 아이의 장점뿐만 아니라 개선해야 할 부분을 파악하고 있습니다. 아이의 개선점을 이야기할 때 학부모는 교사가 자신의 아이를 싫어하거나 아이를 공격한다고 느끼고 심리적 방어벽을 높이는 경우가 종종 있습니다. 이런 개선점을 학부모와 교사 간에 논의하고 반영해야 아이가 한층 성장할 수 있습니다. 그렇다고 하여 교사가 이야기하였을 때 무비판적으로 수용하라는 뜻이 아닙니다. 심리적 방어벽을 낮추고 교사가 한 이야기를 한 번쯤 고민해 볼 필요가 있다는 것입니다. 어떤 부분에서 교사가 그런 행동을 관찰했고, 그런 행동이 왜 일어났는지 파악하고 아이를 다시 한번 살펴보는 기회로 삼아 주시길 바랍니다.

협력하기

아이에 대한 교육은 일관성이 있어야 합니다. 극단적인 예로 학교에서는 '발표할 때 왼손을 들어.'라고 가르치고, 집에서는 '오른손을 들어.'라고 가르친다면 아이는 혼란을 느낄 수 있습니다. 교사와 의사소통을 통해 아이의 교육에 대한 합의점을 찾았다면 그것을 꾸준히 이행하는 것이 옳습니다.

아이의 상태나 정보를 교환하고 합의점을 찾았다면 교육 방법을 꾸준히 함께 이행해 주시길 바랍니다.

학부모가 교사와의 관계를 고민하듯 교사도 항상 학부모와의 관계를 고민합니다. 그만큼 서로가 쉽지 않다는 뜻이겠지요. 하지만 우리는 항상 같은 목표를 가지고 있음을 인지해야 합니다. 그 목표를 위해 서로가 돕고 이해하며 협력해야 하는 관계라는 것도요. 이러한 관계를 위해서 서로를 이해하고자 하는 노력이 필요하다고 생각합니다. **항상 협력적 교육 파트너 관계라는 것을 기억해 주셨으면 합니다.**

선생님께 선물을 드려도 되나요?

`#선물` `#김영란법` `#마음표현방법`

궁금해요

김영란법 위반이라고 선생님들은 선물을 일체 안 받는다고 하시더라고요. 그런데 담임 선생님께서 아이들을 너무 잘 지도해 주셔서 감사한 마음에 선물을 드리고 싶어요. 마침 스승의 날이기도 하구요. 제가 알기로 5만 원 이하는 괜찮다고 들었는데, 선물을 드려도 될까요?

알려드려요

선생님께 감사한 마음에 혹은 해야 할 것 같다는 생각으로 종종 음료나 선물을 전하는 분들이 있습니다. 선생님들께 선물해도 과연 괜찮을까요?

안 됩니다.

선생님께 선물을 드릴 수 있는지 없는지의 여부는 '직무 관련성'에 달려 있습니다. 쉽게 말해 선생님이 우리 아이를 평가할 수 있거나 가르치고 있거나 성적, 학교생활기록부 기록에 영향을 미칠 수 있으면 아무리 5만 원 이하의 선물이라도 받을 수 없습니다.

그럼 직무 관련성이 사라지는 종업식이나 졸업식에는 가능할까요?

성적평가 등 학사일정이 완전히 종료되었다면 학생과 교사 간에 특별한 사정이 없는 한 직무 관련성이 없기에 선물을 허용합니다. 하지만 동생이 같은 학교 재학 중이고 교사가 동생에 대한 평가 및 지도를 담당한다면 허용되지 않습니다. 따라서, 같은 학교에 동생이 재학 중이면 첫째가 졸업을 하거나 다음 학년으로 올라간 뒤 담임 선생님이 동생을 지도할 수도 있으니 담임 선생님이 선물을 거부할 수 있습니다. 한마디로 선생님이 선물을 거부하는 것은 법에 따른 것이니 양해 부탁드립니다.

* 위 내용은 2019년 국민권익위원회가 운영하는 청렴포털 부패공익신고에 게재된 '학교에서 알아야 할 청탁금지법 사례'를 참고로 작성하였습니다.

그럼 여행 다녀온 뒤 반 친구들에게 주는 선물은 괜찮나요?

네. 학부모가 학생들에게 선물하는 것은 청탁금지법 규율에 어긋나지 않습니다. 하지만 식품은 신중하게 생각하셔야 합니다. 음식을 나눠 주고 나서 혹시라도 식중독 사고가 발생한다면, 선의로 한 행동임에도 난처한 상황에 처할 수 있습니다.

그럼 선생님께 어떻게 마음을 표현하면 좋을까요?

따뜻한 말 한마디로도 충분합니다. '우리 아이 잘 가르쳐 주셔서 감사합니다.' 이 말 한마디에 교사는 힘을 얻습니다. 아이들이 쓴 손편지에도 감동받습니다. 비싸거나 예쁜 편지지가 아니어도 마음을 꾹꾹 눌러 담아 쓴 편지에 마음이 뭉클해집니다. 교직 생활 중 가장 기억에 남는 편지에는 아이가 이렇게 써 주었습니다. "선생님이 웃을 때마다 무지개가 뜨고 꽃이 펴요." 이 말 한마디로 지금까지도 행복하게 지내며 힘을 얻고 있습니다. 부모님들께서 전하고 싶은 마음은 잘 알고 있지만, 교사의 입장에서는 선물을 받지 않는 것이 가장 마음이 편함을 이해해 주시면 감사하겠습니다.

진로

어떤 체험학습을 하면 좋을까요?

#가정체험학습   #교과연계체험학습   #체험학습장소

 궁금해요

다양한 체험학습을 하면 좋다고 하는데 어떤 체험학습을 하는 것이 좋을까요? 이곳저곳 좋은 곳은 많이 알고 있고 하고 싶은 것도 많지만 돈도 많이 들고 다 하기에는 주말에 시간을 내기가 힘들어요. 아이의 알찬 체험학습을 위해서 어떻게 하면 좋을까요?

 알려드려요

요즘은 가정에서의 체험학습이 매우 보편화되어 있습니다. 학기 중 들뜬 표정으로 교외 체험학습 신청서를 가져오는 아이들을 보면 괜스레 저도 웃음이 납니다. 요즘은 아이와 함께 다양한 체험을 할 수 있는 곳이 정말 많습니다. 이렇게 많은 곳들 중에 어디를 선택해야 할까요? 가정에서의 체험학습은 어떻게 진행하면 좋을까요?

교과와 연계하는 가정 체험학습

아이들이 학교에서 배운 내용을 가정에서 복습할 수 있는 체험학습을 진행하면 좋습니다. 아이가 학교에서 사회 시간에 우리나라 역사에 대해 배웠다면 역사와 관련된 장소를 방문해 보는 것이 좋습니다.

공공기관에 대해 배운 뒤에는 기관을 직접 방문해서 기관이 하는 일을 눈으로 확인하는 체험학습을 진행하면 좋습니다. 이때 시청 등 공공기관을 활용하면 공공기관이 하는 일도 확인하고 공공기관에 있는, 시민을 위해 개방된 공간도 이용할 수 있습니다.

국어 시간에 위인에 대해 배웠다면 근처에 있는 위인과 관련된 장소를 방문해서 위인이 어떤 일을 했는지 함께 이야기하는 체험활동을 진행할 수 있습니다. 미술 시간에 팝아트에 대해 배웠다면 팝아트 전시회에 함께 가 보는 것도 좋습니다. 이렇게 학교에서 배운 내용이 무엇인지 확인하고 이 내용과 연계시켜 가정에서 체험학습을 진행하면 아이의 배움에 깊이를 더하는 데 큰 도움이 됩니다.

학교에서 해 볼 수 없는 체험학습

학교 사정상 진행이 불가능한 체험학습이 있습니다. 체험 가격이 단체로 진행하기에 부담스러운 가격이거나 장소나 안전 등의 문제로 대규모 인원이 참여하기 힘든 현장 체험학습 등이 있습니다. 이런 체험학습을 가정에서 진행하면 좋습니다. 이런 체험학습의 종류로는 해상 스포츠, 말타기 체험, (아이들 인솔이 힘든) 등산, 요리 실습 등이 있습니다. 물론 학교 규모나 교육청의 지원에 따라 위와 같은 체험학습이 진행 가능한 학교도 있습니다. 학교에서 진행하기 힘들 것 같은 현장 체험학습이나 아이가 다니는 학교에서 이뤄지지 않은 체험학습을 가정에서 진행하면 좋습니다.

여러 번 할수록 좋은 체험학습

학교에서도 했고 가정에서도 했지만 여러 번 하면 할수록 좋은 체험학습이 있습니다. 바로 안전 체험학습입니다. 위급 사항은 언제 어떻게 일어날지 모르기 때문에 안전과 관련된 체험학습은 여러 번 반복할수록 좋습니다. 대표적인 안전 체험학습은 119안전체험관 견학이 있습니다. 사전 예약을 통해 이용 가능하며 만약 거주하는 곳에 안전체험관이 없더라도 가족여행을 통해 안전체험관이 있는 곳을 방문하여 적어도 한 번은 꼭 체험해 보기를 권장합니다.

체험학습 정보를 얻을 수 있는 곳

학교 홈페이지 또는 교육청 홈페이지를 참고하면 됩니다. 학교 홈페이지에는 다양한 학생 대회와 관련된 공문도 게시하고 있습니다. 학생 대회를 할 때 주최 기관에서 대회와 더불어 다양한 행사를 열기 때문에 가족 단위로 함께 가서 행사를 즐길 수 있습니다. 이외에도 교육청과 연계된 다양한 기관에서 가족과 함께하는 체험학습을 진행하고 있습니다. 영양체험관, 과학체험관 운영 등이 이에 해당합니다. 거주하는 교육청 연계 기관을 확인한 뒤 위 기관 홈페이지를 통해 다양한 체험학습에 참여할 수 있습니다.

사실 체험학습이라고 해서 거창한 것이 아닙니다. 반드시 가족과 함께 도시락을 싸고 멀리 나가야 하거나 돈을 주고 해야 하는 것이 아닙니다. 요즘은 지역과 교육청에서 다양한 행사를 주최하고 있기 때문에 이 행사에 참여하는 것만으로도 많은 재미와 교육적 효과를 거둘 수 있습니다. 학교에서는 각종 행사를 학교 홈페이지 또는 가정통신문 앱을 활용해 안내하고 있습니다. 학교에서 안내가 나가면 주의 깊게 잘 살펴봐 주시면 이런 좋은 체험학습 기회를 놓치지 않을 수 있습니다.

진로 찾기에 도움되는 활동은 뭔가요?

#진로탐색 #진로찾기단계 #진로찾기도움사이트

궁금해요

우리 아이가 진로를 찾는 데 도움을 주고 싶어요. 하고 싶은 것은 많아 보이는데 매번 바뀌어요. 요즘은 과학자가 장래희망이라고 하는데, 유튜브로 과학 관련 영상만 보고 있어요. 그냥 이렇게 자기가 하고 싶어 하는 진로에 대한 유튜브 영상만 보는 건 아닌 것 같은데…. 그렇다고 어떻게 체계적으로 진로에 도움이 될 수 있도록 활동을 할 수 있는지 모르겠어요.

알려드려요

아이들의 진로에 대해서 부모님은 끊임없이 고민합니다. 아이가 장래희망이 유튜버라고 이야기하면 레드오션이라서 혹은 과연 우리 아이가 유튜버로 성공할 수 있을까 걱정하십니다. 다른 진로를 선택한다 해도 또 다른 걱정이 생깁니다. 아이가 연예인이나 가수가 되고 싶다고 하면 부모님은 내심 의사나 판사가 장래희망이 되길 바라며 은근히 권하기도 합니다. 하지만 대부분의 부모님께서 원하시는 진로 방향은 지금 인기 있는 직업들입니다. 20년 뒤 우리 아이가 사회에 나갔을 때 여전히 그 직종이 지금처럼 안정적이거나 인기가 있을까요? 20년 전에 유튜버라는 직업이 생길 것이라고 예측하지 못한 것처럼, 20년 뒤 우리 사회 속 직업들은 또 어떻게 바뀔지 모릅니다.

우리는 아이들이 진로를 선택할 때 자신의 적성과 특기를 찾고 그것을 살려 미래 사회에 적응할 수 있는 능력들을 길러 주어야 합니다. 미래를 위해 길러야 하는 다양한 역량을 키우기 위해서는 여러 교과에서 공부하며 체득해야 합니다. 그리고 지속적인 진로 탐색을 통해 자신에게 맞는 진로를 발견해야겠지요.

그렇다면 우리 아이가 스스로 진로를 선택하기 위해 부모님은 어떤 도움을 줄 수 있을까요?

교육과정에서 제시하는 핵심역량
2015 개정 교육과정 : 자기관리, 지식정보처리, 창의적 사고, 심미적 감성, 의사소통, 공동체 역량
2022 개정 교육과정 : 자기관리, 지식정보처리, 창의적 사고, 심미적 감성, 협력적 소통, 공동체 역량

진로 찾기 단계

2015 개정 교육과정 기준으로 초등학교 창의적 체험활동의 진로영역은 3가지로 구분이 됩니다. 자기이해활동, 진로탐색활동, 진로설계활동입니다. (2022 개정 교육과정에서는 진로탐색활동과 진로설계 및 실천활동 등 2가지로 구분됩니다.) 이 영역의 구분을 본다면 우리 아이의 진로 찾기 단계를 이해할 수 있습니다.

우선은 자기 자신에 대해 알아야 합니다. 자신의 성향, 특징, 장단점 등을 아는 것이 중요합니다. 밖에서 뛰어놀고 활동적인 것을 좋아하는 학생에게 가만히 앉아서 연구만 해야 하는 직종을 추천한다면 아이의 특성에 맞지 않겠지요. 반대로 실내에서 책을 읽거나 음악 듣는 것을 좋아하는 아이에게 운동선수가 되길 권하는 것도 바람직하지 않습니다. 그래서 자신에 대해 이해가 진로를 찾는 제일 첫 단계라고 볼 수 있습니다.

자신을 이해했다면 다음 단계는 진로탐색활동입니다. 세상에는 정말 다양한 직업들이 존재하고 있습니다. 어떤 직업들이 있는지, 자신의 특성에 부합하는 직업은 어떤 것인지 탐색해 보는 활동입니다. 초등학생 아이들의 장래 희망에 의사, 교사, 운동선수, 유튜버, 연예인 등이 많은 이유는 자주 접하고 어떤 일을 하는지 알고 있는 직업이기 때문입니다.

다양한 진로에 대해 탐색해 보았다면 진로설계활동입니다. 탐색한 진로 중 어떤

진로가 자신에게 알맞고 이 진로를 선택하려면 내가 어떤 준비가 되어 있어야 하는지 그 진로를 위해 내가 해야 하는 일들을 알아보고 설계하는 활동입니다. 이것이 끝이 아닙니다. 자라나는 우리 아이들은 계속 변하기 때문에 끊임없는 이 과정을 거쳐 다른 진로를 또 탐색하고 선택하고 설계하는 활동을 반복해 갈 것입니다.

진로 찾기에 도움이 되는 온라인 사이트 및 활동

초등학생들의 진로 찾기 활동에 도움이 되는 사이트로 주니어 커리어넷이 있습니다. 저학년, 고학년 대상으로 구분하여 진로흥미탐색을 통해 자신을 이해하는 활동, 진로 정보를 찾아보는 활동과 함께 미래 직업에 대해서도 소개하고 있습니다. 그뿐만 아니라 진로 고민에 대한 상담도 진행하고 있어 초등학교에 재학하는 학생이라면 가장 손쉽게 접하기 쉬운 사이트입니다. 직업체험을 직접 해 볼 수 있는 곳은 대표적으로 고용노동부 산하 공공기관인 한국 잡월드(경기도 위치)가 있습니다. 이외에도 사설 기관(키자니아 등)들이 있습니다. 이런 기관을 이용하여 아이가 직접 직업을 체험해 보는 활동을 하는 것도 좋습니다.

그 외에도 여러 직업과 관련한 봉사활동 체험을 통해서도 그 직업에 대한 간접 경험을 쌓을 기회가 될 것입니다.

주니어 커리어넷	한국 잡월드	키자니아
https://www.career.go.kr/jr/	https://www.koreajobworld.or.kr/portal.do	https://www.kidzania.co.kr/intro

그 외의 다양한 도움 활동

진로와 관련된 책을 읽는 것도 큰 도움이 됩니다. 한 직업보다는 다양한 직업에 대한 책을 두루 읽어 보는 것이 좋습니다. 가족이 함께 읽고 그 직업에 대해 이야기해 보는 독후 활동까지 함께 한다면 더없이 좋습니다. 창의적인 놀이 활동과 다양한 현장 체험학습을 통해서도 아이의 견문을 넓히고 다양한 직업에 대해 생각해 볼 기회를 마련할 수 있습니다. 취미와 관심사와 관련된 진로도 함께 탐구하고 고민해 보거나 고학년이라면 청소년 박람회, 진로 박람회 등에 참여하여 보고 배우는 것도 큰 도움이 됩니다.

진로에 대해 고민하고 찾는 활동은 단순한 일회성 활동으로 그치면 안 됩니다. 아이들은 계속 성장하고 관심사도 변하기 때문에 진로를 고민하는 활동은 끊임없이 이루어져야 합니다. 부모님께서도 이 점에 유념하여 아이가 진로를 찾을 수 있도록 지속적인 도움을 준다면 아이는 적성에 맞는 진로는 발견하여 그 길을 스스로 걸어갈 수 있을 것입니다.

아이의 꿈이 자주 바뀌어요.

궁금해요

아이의 꿈이 수시로 바뀌어요. 어느 날은 야구 선수였다가, 과학자가 꿈이 되기도 하고, 또 어느 날은 축구 선수가 되고 싶다고 해요. 계속 이렇게 바뀌어도 괜찮을까요?

알려드려요

아이들은 장래희망이 자주 바뀝니다. 월드컵을 할 때는 축구 선수였다가, 올림픽을 할 때는 수영 선수였다가, 드론쇼를 보고 와서는 드론 조종사가 장래희망이 됩니다. 학부모는 아이가 축구 선수가 꿈이라길래 축구 학원을 보낼까 고민하는데 학원을 알아보기도 전에 수영 선수로 바뀌고, 수영 선수가 꿈이라 해서 수영장에 보내니 3개월도 채 다니기 전에 꿈이 드론 조종사라고 하는 아이를 보며 걱정이 됩니다. 차라리 자주 바뀌더라고 장래희망이 있는 아이라면 다행입니다. 커서 뭐가 되고 싶은지 물어보면 '몰라.'라고 대답하는 아이를 보면 부모님은 걱정의 한숨이 절로 나옵니다.

장래희망과 꿈

사전적 의미에서, 장래희망은 **장차 하고자 하는 일이나 직업에 대한 희망**이고, 꿈은 **실현하고 싶은 희망이나 이상**입니다.

장래희망과 꿈은 엄연히 다른 말입니다. 그런데 언제부턴가 우리는 이 두 단어를 혼용하고 있습니다. 혼용하다 보니 우리 아이들은 특정 직업을 가지는 것이 꿈이 되었습니다. 한국사 강사 최태성 선생님께서 강의 중에 이런 말을 했습니다. "꿈은 문장이어야 한다." 공감하시나요? 장래희망은 '의사, 검사, 판사, 유튜버'와 같이 단어로 나타낼 수 있습니다. 하지만 꿈은 '의사가 된 뒤 소외 계층의 치료를 도와주고 싶습니다.', '인권변호사가 되어 소수자들의 인권을 지켜 주고 싶습니다.'처럼 문장이 되어야 합니다. 아이가 이 두 단어를 구분할 수 있도록 알려 주어야 합니다.

장래희망	축구선수
꿈	세계적으로 유명한 축구선수가 되어 프리미어 리그에서 뛰고, 우리나라 월드컵에 출전에 꼭 우승하고 싶다. 그리고 축구를 하고 싶어 하는 아이들을 위해 무료 축구 교실을 열어 줄 것이다.

장래희망은 바뀌어도 됩니다.

사실 초등학교 때 가진 장래희망이 성인이 될 때까지 유지되지 않는다는 것은 학부모님 모두 알고 있습니다. 그래도 너무 자주 바뀌는 장래희망을 보며, '우리 아이는 커서 뭐가 되려나?' 혹은 '의사가 되었으면 좋겠다.' 하는 마음에 조바심이 들기 시작합니다. 부모님은 내심 의사가 장래희망이었으면 좋겠는데, 우리 아이는 어느 날은 유튜버가 장래희망이었다가, 어느 날은 연예인이 장래희망이 되기도 합니다. 아이들은 원래 호기심이 많고 새로운 것에 관심을 많이 가지게 됩니다. 멋있어 보이는 것을 따라 하고 싶어 합니다. 그래서 장래희망도 계속 바뀝니다. 다양한 곳에 호기심과 관심을 가지고 주변을 살피고 있다는 뜻이니 크게 걱정하지 않으셔도 됩니다. 그리고 장래희망이 없어도 괜찮습니다. 신중한 성향의 아이들은 특히 자신의 장래희망을 쉽게 정하지 못합니다. 다 너무 재미있어 보여서, 아직은 직업으로 갖고 싶은 만큼 재미있어 보이는 것을 찾지 못해서 가지지 못했을 수도 있습니다.

아이에게 장래희망을 정하게 하거나 장래희망을 가지도록 재촉하기보다는 아이가 가지는 장래희망을 응원해 주시기 바랍니다. 부모님의 응원과 지지를 받으며 자란 아이는 뿌리가 매우 단단하게 자랍니다. 아직 장래희망이 없는 아이라면 여러 분야에 관심을 가질 수 있도록 다양한 체험학습의 기회를 제공해 주시기 바랍니다.

아이에게 꿈도 만들어 주세요.

아이에게 장래희망뿐만 아니라 꿈에 대해서도 고민해 보는 시간을 가지게 해 주세요. 장래희망을 통해 이룰 수 있는 꿈이어도 괜찮고, 장래희망과 상관없는 꿈이어도 괜찮습니다. 다양한 자신의 미래 모습을 꿈꾸고 그 꿈을 실현하기 위해 노력하는 과정을 경험한 아이들은 정말 그 꿈들을 이룰 확률이 높아집니다. 작은 꿈도 괜찮습니다. 작은 꿈을 하나하나 실현해 가며 점차 큰 꿈을 키우며 노력하는 재미를 부모님께서 알려 주신다면 우리 아이는 부모님도 상상하지 못했던 큰 꿈을 이룰 아이로 성장할 것입니다.

2부 교육

국어

초등학생 때 가장 중요한 과목은 무엇일까요?

#중요한과목 #국어 #문해력

 궁금해요

초등학생 때 놓치지 말아야 할 중요한 과목은 무엇인가요? 다 공부해야 하는 것은 알지만 그래도 아이의 학습에 있어서 우선순위를 알고 싶어요.

 알려드려요

초등학교에서 가장 중요한 과목을 꼽으라면 국어를 꼽을 수 있습니다. 물론 국어가 가장 중요하다고 해서 나머지 과목은 중요하지 않다는 것은 아닙니다. 모든 과목이 중요하고 배움의 가치가 있기 때문에 많은 사람들이 연구하여 교과서도 만들고 학교에서 가르치고 있습니다. 그 중요한 과목 중에서도 국어가 가장 중요합니다.

왜 국어인가요?

국어는 문해력과 직결되는 과목입니다. 문해력이란 글을 읽고 이해하는 능력을 뜻합니다. 글을 읽고 이해하는 능력이 있어야 다른 과목을 읽고 이해하며 학습할 수 있습니다. 요즘 각종 SNS, 유튜브 등을 통해 짧고 자극적인 동영상에 익숙해져서 아이들은 집중력이 많이 낮아졌고, 독서량 또한 예전과 비교하면 평균적으로 많이 줄었습니다. 이 결과는 이미 사회 곳곳에서 나타나고 있습니다. 끊임없는 문해력 부족 논란으로 인해 이번 교육부에서 2022 개정 교육과정 시안을 발표하며 문해력을 강조하는 교육을 하겠다고 발표했습니다. 교육부는 "모든 학생의 한글 해독 및 기초 문해력 교육을 강화하기 위해 국어 34시간을 늘리고, 국어 영역 내 '읽기의 기초, 쓰기의 기초, 한글의 기초와 국어 규범' 등 문해력 관련 범주를 설정했다."라고 밝혔습니다. **우리 아이의 문해력 향상을 위해 국어 교육과 더불어 독서 교육이 함께 강조되어야 합니다.**

그럼 국어 다음으로 중요한 과목은요?

   수학입니다. 초등학교 학습에 있어서 국어와 수학은 그 학문 자체만을 공부하는 것이 아닙니다. 국어와 수학을 통해 문해력, 수리력, 사고력, 문제해결력과 같은 능력을 기르고자 함에 있습니다. 그렇기에 국어와 수학은 도구 교과라는 말이 나온 것입니다. 문해력과 수리력 같은 능력이 뒷받침되어야 다른 교과 학습이 더 쉽고 잘 이루어질 수 있습니다. 물론 국어와 수학이 중요하다고 하여 절대 다른 과목은 중요하지 않다는 것이 아닙니다. 하지만 다른 과목을 학습함에 있어 도구가 되는 교과이기 때문에 놓치면 안 된다는 것을 이야기하는 것입니다.

   우리나라 교육과정에서 국어, 수학 과목의 비중은 2013년 이래 계속 줄어 왔습니다. 그 결과 OECD에서 2018년에 발표한 「Education at a Glance 2018: OECD Indicators」에 따르면 초·중등 국어, 영어, 수학 비중이 OECD 평균을 훨씬 밑돌고 있습니다. 이러한 결과가 '심심한 사과의 말씀을 드립니다.'라는 문장을 제대로 이해하지 못하는 세대를 길러 낸 것은 아닐까 합니다.

43

한글, 집에서도 가르쳐야 할까요?

#한글교육   #한글공부   #학교한글공부

궁금해요

우리 아이는 이제 막 입학한 초등학교 1학년이에요. 그런데 아직 한글을 하나도 몰라서 걱정이에요. 주변 학부모나 같은 반 친구들을 보니 미리 한글을 공부한 친구도 있고 집에서도 한글을 많이 가르치고 있네요. 학교에서 한글 교육을 하고 있는 것으로 아는데, 꼭 집에서도 한글을 가르쳐야 할까요?

알려드려요

입학 전부터 한글 교육에 대한 고민이 많은 것으로 알고 있습니다. 아이를 가진 주변 지인으로부터 입학 전부터 한글 교육에 대한 질문을 많이 받습니다. 결론부터 알려 드리자면, **한글 교육은 중요하고 가정에서도 함께 이루어져야 한다**고 말씀드리고 싶습니다.

현재 한글 교육과정의 방향

2015 개정 교육과정에서는 초등학교 1학년부터 한글을 배웁니다. 교육부에서 2017년 1학기부터 한글 책임 교육을 강조했고, 초등학교 1, 2학년의 한글 교육을 기

존 27시간에서 68시간으로 확대했습니다. 2024년부터 적용되는 2022 개정 교육과정에서는 기존 1, 2학년 국어 수업 시간에서 34시간을 더 추가하였습니다. 1학년 국어 교과서에서 기초 문해력 교육을 강화했고, 나머지 교과(수학, 통합교과) 교과서에서 한글의 양을 줄이는 등 초등학교 1학년 1학기 한글 수준에 적합한 교과서를 개발하기 위해 노력했습니다.

2024년부터는 102시간으로 한글을 배우나요? 한글을 깨치기에는 적당한 시간인가요?

102시간은 1, 2학년을 합친 시간이기 때문에 한글을 깨치기에 그리 넉넉한 시간은 아닙니다. 물론 학교에서는 한글 교육을 위해 배정된 시간보다 더 많은 시간을 투자하고 있습니다. 하지만 학교 교육만으로는 한글을 완벽하게 깨치기는 힘듭니다. 수업 시간에 배웠어도 며칠 지나면 잊어버리거나 헷갈리는 경우가 많기 때문입니다. 특히 1학년 여름 방학이 고비입니다. 1학기 동안 한글 교육을 받고 여름 방학 동안 한글 교육에 손을 놓고 있다가 2학기 때 학교에 와서 한글을 많이 잊어버리는 학생을 볼 수 있습니다. 학교에서 배운 내용을 지속적으로 가정에서 복습하며 가정과 함께하는 한글 교육이 이루어져야 합니다.

한글 교육이 많이 중요한가요?

실제 학교 현장에서도 한글 해득 수준이 학교생활에 영향을 끼친다는 것을 느끼고 있습니다. 또, 초등학교 1학년 담임 선생님을 대상으로 한 설문 조사에서도 많은 교사들이 초등학교 입학 초기의 한글 해득 수준이 학교생활 전반에 영향을 미친다고 응답하였습니다. 실제 학교 현장에서도 위의 연구와 비슷한 상황을 확인할 수 있습니다. 한글을 가정에서도 계속 지도하며 복습하고 공부하는 학생과 한글을 학교에서만 배우는 학생 간 한글 배우는 속도 차이를 비교했을 때, 한글을 가정에서도 함께 공부하는 학생이 배움의 속도가 빠른 것을 확인할 수 있습니다. 배우는 것이 빠르면 당연히 자신감이 생기고 학습에 적극적인 태도를 가지게 됩니다.

   한글 교육을 해야 한다고 해서 반드시 학원을 보내거나 사교육을 해야 하는 것은 아닙니다. 충분히 부모님과 함께 가정에서 한글을 공부할 수 있습니다. 교과서를 활용하여 배운 내용을 집중적으로 복습하면 됩니다. 교과서 외에도 한글 교육을 위한 학습지, 문제집, 인터넷 자료들이 많기 때문에 그런 자료들을 활용하여 부모님과 천천히 알아 가면 됩니다.

맞춤법을 어떻게 교육하면 좋을까요?

#맞춤법교육   #한글공부   #맞춤법학습자료

 궁금해요

학교 행사로 인해 아이의 교실을 방문하게 되었는데 교실 뒤편 게시판에 반 학생들 글짓기 작품이 걸려 있더라고요. 그런데 우리 아이 맞춤법이 엉망이었어요. 다른 학부모들이 아이의 작품을 본다는 생각이 드니까 너무 부끄러웠어요. 맞춤법 공부를 어떻게 시키면 좋을까요?

 알려드려요

아이들이 맞춤법을 틀리는 데에는 다양한 이유가 있습니다. 가장 큰 이유는 언어적 경험이 부족하거나 언어 습득 능력이 아직 미성숙하기 때문에 맞춤법을 헷갈려하고 올바르게 쓰는 것을 어려워할 수 있습니다. 다른 아이와 비교하기보다는 우리 아이의 수준을 파악하고 천천히 가르쳐 주면 됩니다.

맞춤법을 틀리는 원인

독서량이 부족하거나 글을 많이 써 본 경험이 없으면 맞춤법을 많이 힘들어할 수 있습니다. 처음 한글 공부를 할 때 한글 공부의 자신감을 길러 주고 흥미를 북돋기 위해 아이가 쓴 글에 대해 너무 꼼꼼한 수정은 하지 않고 적정선까지만 수정하며 학습을 하는 방법이 있습니다. 하지만 이 학습 방법이 잘못 적용되어 아예 수정하지 않거나 학생이 알아야 하는 수준보다 훨씬 낮춰 수정을 하는 경우 맞춤법을 제때 학습하기 어렵습니다. 그 외에도 SNS나 인터넷상의 비공식적 언어 사용이 흔해지면서 정확한 맞춤법을 습득하고 사용하기가 어려워졌습니다.

맞춤법 수정하기

아이의 한글 공부 과정에서 틀린 맞춤법을 바로잡는 교육이 부족했다면 지금부터 차근차근 맞춤법을 수정하며 올바른 맞춤법을 가르치는 것이 좋습니다. 그리고 아이들과 메신저를 통해 소통할 때 부모님께서도 올바른 맞춤법을 활용하여 아이와 메시지를 주고받는 것이 좋습니다. 또한, 풍부한 독서를 통해 올바른 맞춤법을 아이가 체득하게 하면 됩니다.

맞춤법 학습을 위한 자료

맞춤법만 집중적으로 공부하기보다는 위에서 언급한 독서, 글짓기 후 수정을 통해 생활 속에서 자연스럽게 익히는 것이 좋습니다. 하지만 집중적인 교육이 필요할 때도 있습니다.

이럴 때 가정에서 손쉽게 활용할 수 있는 맞춤법 지도 방법으로 교과서나 책의 내용을 원고지에 옮겨 쓰는 활동입니다. 원고지를 활용하면 맞춤법과 함께 띄어쓰기까지 함께 배울 수 있어 많이 추천하는 방법입니다. 이 외에도 맞춤법을 교육하기 위한 다양한 책이 시중에 있습니다. 국립 국어연구원에서 편찬한 어린이를 위한 맞춤법 교육책 등 관련 교구를 활용하여 교육하는 것도 하나의 방법입니다.

아이를 위한 모든 교육이 그렇듯이 급하게 서두르기보다는 배움에 시간을 주고 기다리는 것이 중요합니다. 맞춤법도 매일 틀린 것을 지적하거나 교정을 위해 잔소리를 많이 한다면 아이에게 또 다른 스트레스가 될 수 있습니다. 우리 모두 이런 긴 단계를 거쳐 맞춤법을 배웠기 때문에 아이에게도 여유를 주시면 좋겠습니다.

플러스 17

높임말을 가르쳐야 할까요?

네. 높임말은 사회적인 상황에서 존중와 예의를 나타내는 중요한 요소이기 때문에 가정에서도 어릴 때부터 가르치는 것이 좋습니다. 한두 번의 교육으로 높임말 사용이 쉽지 않기 때문에 높임말을 써야 하는 상황에서 지속적인 교육과 연습이 필요합니다.

독서는 언제부터 시켜야 할까요?

#독서시작 #독서습관 #도서관방문

 궁금해요

독서의 중요성은 알고 있어요. 이렇게 중요한 독서를 언제 어떻게 시켜야 할까요?

 알려드려요

독서는 매년 학부모 상담 때 교사들이 받는 단골 질문 중의 하나입니다. '어떻게 하면 책을 많이 읽게 할 수 있을까요?', '어떻게 하면 책을 좋아하게 할 수 있을까요?', '만화책만 읽는데 어떡할까요?', '책을 읽어도 얇고 글이 없는 책만 골라 읽어요.' 등등 독서에 대한 질문이 많습니다. 독서는 어떻게 해야 할까요?

지름길도 없고 편법도 없다.

독서는 습관입니다. 독서 습관을 잡는 일은 지름길도 없고 편법도 없습니다. 그래서 어느 순간 우리 아이가 책을 잘 읽는 것이 아닙니다. 차근차근 긴 시간에 걸쳐 쌓인 시간과 노력이 우리 아이가 책을 즐기고 잘 읽을 수 있도록 만들어 주는 것입니다.

독서, 언제부터 시작해야 할까요?

　앞서 이야기를 드렸듯이 독서는 습관이기에 독서는 지금 당장이라고 말씀드리고 싶습니다. 어릴 때 책을 읽지 않던 아이가 초등학교를 들어와서 갑자기 책을 읽지는 않습니다. 독서에는 '갑자기'라는 것이 없습니다. 어리면 어릴수록 좋고, 늦었다고 생각이 들어도 지금부터 계속 독서 습관을 잡아 가는 것이 좋습니다.

초등학교 입학 전, 입학 후 어떻게 독서 교육을 해야 할까요?

　어릴 때부터 책과 친해지는 것이 좋습니다. 유아기 때는 만질 수 있고 소리가 나는 책을 읽다가 점차 성장하며 그림과 글 위주로 된 책으로 옮겨 갑니다. 부모님이 책을 읽어 주면서 독서를 즐겨할 수 있도록 유도해야 합니다. 물론 퇴근 후 피곤한데도 지겹도록 읽어 준 책을 반복해서 읽어 달라는 아이의 부탁에 지칠 수도 있지만, 습관을 잡아 가는 중요한 시기이기에 힘들더라도 읽어 주는 것이 좋습니다. 아이들의 언어는 듣기, 말하기, 읽기, 쓰기 순으로 발달합니다. 그런데 아이가 한글을 읽을 수 있게 되면 갑자기 책을 읽어 주지 않는 경우가 있습니다. 한글을 읽을 수 있게 되었더라도 아이들은 여전히 많은 정보를 '듣기'를 통해 받아들입니다. 그러니 독서 습관을 들여 가는 어린 시절에 '듣기'가 빠져서는 안 됩니다. 만약, 부모님이 매번 책을 읽어 주기 어렵다면 오디오북을 이용하는 것도 좋습니다. 이후 긴 시간을 두고 서서히 책을 읽어 주는 양을 줄여 가는 것이 좋습니다. 가령 지금까지는 책을 처음부터 끝까지 다 읽어 주었다면, 아이가 이야기를 궁금해할 만한 부분에서 읽기를 멈추는 방법으로 아이가 스스로 책을 읽도록 유도할 수도 있습니다. 이후에는 책을 반만 읽어 주거나 초반부만 읽어 주는 식으로 줄여 가며 아이가 스스로 책을 읽도록 차근차근 유도해야 합니다. 그리고 아이가 책을 읽을 때 부모님도 함께 옆에서 책을 읽으면 독서하는 분위기를 조성할 수 있어서 좋습니다. 이때, 아이와 부모가 같은 책을 읽고 책에 대한 이야기를 나누면 더 효과적입니다. 같은 책이 아니더라도 함께 책을 읽는 분위기를 형성하는 것이 중요합니다. 아이들의 집중력은 흐트러지기 쉽습니다. 책을 재미있게 읽다가도 가족이 거실에서 텔레비전를 보거나 핸드폰을 한다면, 아이의 관심이 어디로 옮겨 갈까요? 어릴 때부터 저녁에 일정 시간을 정하고 다 같이 독서하는 시간을 만들어 두면 좋습니다. 주중에 도저히 시간이 안 되면 주말에라도 가족이 다 같이 독서하는 시간을 주기적으로 가지는 것이 좋습니다. 그리고 독서 분위기가 잘 형성되어 있는 도서관 열람실도 좋습니다. 가족이 함께 도서관에 방문하여 책을 고르고 읽으면 독서에 더 호감을 가지겠지요. 이렇게 탄탄하게 쌓아 올린 습관은 쉽게 무너지지 않습니다.

지금 당장 독서 교육을 시작해서 아이의 독서 습관을 꼭 형성해 주세요.

초등학생은 무슨 책을 읽으면 좋을까요?

#책고르기   #다양한분야의책   #골고루읽기

 궁금해요

아이가 독서를 많이 할 수 있도록 도와주고 싶은데 어떤 책을 읽히면 좋을까요? 스스로 골라서 읽으라고 하니 너무 흥미 위주의 책만 고르는 것 같아 걱정이에요. 그대로 두어도 괜찮을까요?

 알려드려요

'우리 아이에게 어떤 책을 읽힐까?'라고 생각하면 초등학생 권장 도서 목록을 많이들 떠올리기 쉽습니다. 그런데 요즘은 인터넷에 권장 도서 목록이라고 검색하면 권장 도서를 지정한 곳이 어디인지 불분명하고 책들이 한쪽 분야에 치우쳐 있거나 실제 추천 대상의 수준과 적합하지 않은 목록도 많이 있습니다. 그렇다고 아이들이 읽기에 좋지 않은 책들이 선정되어 있지는 않습니다. 그래서 인터넷 권장도서 목록은 참고용으로만 보면 됩니다. 그럼 권장 도서 목록은 참고로 하고 어떤 책들을 읽히면 좋을까요?

교과서에 나오는 책

국어 교과서에 다양한 책들이 나옵니다. 그런데 교과서에 실려 있는 글의 대부분은 책 내용의 일부분만 있는 경우가 많습니다. 교과서에 나오는 책의 전체 내용을 아이들이 읽으면 좋습니다. 학기 초 교과서를 받은 뒤 국어책을 펼쳐서 훑어 보면 책의 제목을 확인할 수 있습니다. 이러한 책들을 수업하기 전후로 읽게 하면 좋습니다.

교과서에서 배운 내용과 관련 있는 책

교과서에서 봄 소풍에 대해 배웠다면 봄과 관련된 동화나 동시집을 읽히는 것도 좋습니다. 명절에 대해 배웠다면 우리나라 명절이나 전통문화 소개를 하는 책도 좋습니다. 민주주의에 대해 배웠다면 민주주의 역사, 민주주의에 대한 설명에 관한 책을 읽히면 됩니다. 이러한 책들은 학교에서 배운 내용을 익히고 확장할 수 있기 때문에 교과서에서 배운 내용과 관련 있는 책들을 골라 읽는 것도 좋은 방법입니다.

아이가 좋아할 만한 책

재미있고 좋아하는 책을 많이 읽으며 독서의 즐거움을 느껴야만 아이들이 독서에 더 빠져들게 됩니다. 그렇기 때문에 아이들이 좋아하거나 재미있어할 만한 책도 반드시 추천하여 읽도록 해 주는 것이 좋습니다. 이때 주의할 점은 만화책은 최대한 미루는 것이 좋습니다. 아무리 학습 만화일지라도 만화를 접한 뒤부터는 줄글을 잘 읽지 않으려 하는 아이들이 많기 때문에 줄글로 된 책을 선정하는 것이 좋습니다. 줄글도 글의 내용이 짧고 아이가 좋아할 만한 그림체의 동화책부터 시작하는 것도 괜찮습니다. 그림책과 만화책은 글과 그림으로 이루어져 있다는 점에서는 공통점이 있지만 큰 차이가 있습니다. 그림책의 그림은 아이들이 상상할 여지를 남겨 줍니다. 글의 내용과 관련된 몇 가지 장면만 제시하기 때문입니다. 그래서 그림을 통해 아이와 나눌 수 있는 이야깃거리가 많아집니다. 하지만 만화책의 그림은 모든 장면을 그림으로 제시하여 상상할 여지나 이야기를 나눌 수 있는 여지를 감소시킵니다.

다양한 분야의 책

추천 도서 목록에는 아무래도 문학 작품이 많이 수록되어 있습니다. 이러다 보니 추천 도서 목록을 따라가면 독서 편식이 일어나기 쉽습니다. 도서 분류 기준을 확인하여 다양한 분야의 책을 읽도록 추천하는 것이 좋습니다. 한국 십진분류표에서는 도서를 총류, 철학, 종교, 사회과학, 자연과학, 기술과학, 예술, 언어, 문학, 역사로 분류하고 있습니다. 요일을 정해서 다양한 분야의 책을 읽어도 되고 하루는 아이가 좋아하는 책, 하루는 부모님이 추천하는 여러 분야의 책 등 이런 기준을 정하고 추천하여 읽도록 하는 것도 좋습니다.

책은 다양하게 많이 읽도록 할 것을 권합니다. 어릴 때부터 편향된 독서를 하면 한쪽으로 사고가 고착화될 수 있기 때문에 다양한 종류의 책과 더불어 다양한 시각의 책을 읽을 수 있도록 해 주는 것이 좋습니다. 교과서와 교과서에 관련된 책을 중심으로 아이가 흥미 있어할 만한 책을 곁들여서 읽히다가 독서 수준이 차츰 높아지면 다양한 분야의 책으로 확장하면 아이에게 큰 도움이 될 것입니다.

생각을 표현하기 어려워해요.

#다독   #말하기연습   #쓰기연습

 궁금해요

우리 아이가 일기를 쓰거나 글짓기한 내용을 보면 표현이 너무 부실해요. 특히 생각을 표현하기 어려워해요. 우선 아이의 생각을 입 밖으로 꺼낸 다음에 써 보려 해도, 생각을 말로도 표현하기 어려워하는 것 같아요. 생각을 말로 표현할 줄 알면 그대로 써도 된다고 이야기할 텐데, 생각을 말로 표현하는 것부터 어려워하니 글로 표현하기는 더 어려운 것 같아요.

 알려드려요

수업 시간에 아이들의 발표를 들어 보면, 아이들 머릿속에는 너무나 많은 생각들이 넘쳐나는데 어떻게 표현해야 할지를 모릅니다. 아이들이 말하는 몇몇 단어들을 조합하여 제가 대신 표현해 주면 **"와! 제가 하고 싶었던 말이 그 말이에요!"** 라고 외칩니다. 이렇게 자기 생각을 표현하기 어려워하는 아이들은 어떻게 하면 좋을까요?

많이 읽기

읽기는 표현 기술을 향상하는 가장 좋은 방법 중 하나입니다. 아이가 흥미를 느끼는 책, 어린이 신문이나 잡지 등을 읽도록 격려하는 것이 좋습니다. 이를 통해 아이들이 다양한 표현 방법, 어휘, 문장 구조에 노출될 수 있습니다. 이렇게 예시를 접하고 그 표현을 익히면 머릿속에 있는 것을 효과적으로 나타낼 수 있을 것입니다.

말하기 연습

많이 읽은 뒤 습득한 다양한 표현 방법을 사용할 수 있어야 합니다. 아이의 경험, 생각, 아이디어에 대해 가정에서 이야기하는 연습을 많이 하는 것이 좋습니다. 예를 들어, 기분을 '좋다', '나쁘다'로만 표현하는 아이의 경우에 기분을 나타내는 다양한 표현을 익히고 나서 아이스크림을 먹은 뒤의 기분을 여러 방법으로 나타내는 연습을 합니다. '아이스크림을 먹어서 행복하다.', '아이스크림을 먹어서 기쁘다.', '아이스크림을 먹어서 신이 난다.' 이렇게 좋다는 표현 외에도 다양한 표현을 말하게 해보는 것이 좋습니다. 다양하게 말로 표현하다 보면 자연스럽게 글로 표현하는 것도 쉬워집니다.

쓰기 연습

아이가 생각을 말로 어느 정도 표현할 수 있게 되었다면, 쓰기 연습도 함께 하면 좋습니다. 쓰기 연습을 많이 할수록 아이들은 쓰는 것을 더욱 편하게 느낍니다. 아이들의 생각, 경험, 의견을 글로 쓰는 연습을 통해 문장력을 높이고, 자세하고 조리 있게 전달하는 능력을 기를 수 있습니다. 처음에는 짧은 글부터 시작하여 차근차근 글의 양과 복잡도를 높이는 것이 좋습니다.

피드백 제공

아이들의 말이나 글에 피드백을 주는 것도 도움이 됩니다. 간혹 피드백을 오류에 대해 지적하는 것으로만 생각하는 경우가 있습니다.

피드백은 결과물이나 진행 상황을 평가하고 돌아보며 그에 대한 의견이나 조언을 제공하는 것입니다. 오류 수정도 피드백에 포함되지만 조언이나 의견 제시도 피드백에 포함됩니다. 오류를 너무 자주 수정하면 아이의 자신감과 의욕을 떨어뜨릴 수 있습니다. 오류를 고쳐 줄 때는 아이의 수준에서 반드시 알아야 하는 것 위주로 안내하고, 아이의 표현을 칭찬하고 격려하며 다른 예시를 함께 제시하는 것이 좋습니다. 또 아이가 표현한 내용에 대한 부모님의 생각이나 의견을 코멘트로 다는 것도 좋습니다.

저학년일수록 자신의 생각을 표현하기 어려워하는데, 그중에서도 특히 감정 표현을 구체적으로 하지 못합니다. 감정 표현은 자신의 감정 표현뿐만 아니라 교우 관계에서도 중요합니다. 감정 표현이 유난히 서툴다면 감정사전, 감정카드 등의 학습 자료를 활용하여 아이의 표현력을 길러 줄 수 있습니다. 기분이 안 좋다고만 이야기하던 아이도 감정카드와 같은 보조자료가 있으면 자신의 감정을 더 정확하게 표현할 수 있습니다. 인풋이 있어야 아웃풋이 가능하기 때문에 아이들이 가능한 많은 표현을 접하는 것이 좋습니다. 가장 손쉬운 방법은 역시 독서입니다. 독서도 표현력을 높이는 훌륭한 방법 중 하나이니 가정에서 독서의 중요성을 늘 잊지 않으시길 바랍니다.

아이의 문해력이
부족한 것 같아요.

#문해력향상　　#독서의중요성　　#독후활동

 궁금해요

요즘 문해력, 어휘력 부족에 관한 이야기가 뉴스에 많이 나오는데 남 일 같지가 않아요. 우리 아이도 또래에 비해 문해력이 많이 낮은 것 같아 걱정이에요. 문해력을 어떻게 하면 높일 수 있을까요?

 알려드려요

우선 문해력이 정확하게 무엇인지 먼저 알고 가면 좋을 것 같습니다.

문해력이란 글을 읽고 이해하는 능력입니다. 단순히 글자를 읽는 것을 넘어서 글을 읽고 글이 전달하고자 하는 의미, 의도를 이해하는 것을 뜻합니다. 요즘 문해력에 대해서 많은 사람들이 걱정하고 있고, 이 부분이 공감을 얻어 2022 개정 교육과정에서는 국어 시간을 확대한다고 합니다. 공교육에서도 계속해서 강조되고 있는 문해력. 가정에서는 어떻게 지도하면 좋을까요?

문해력 문제, 최고의 처방전은 독서

문해력뿐만 아니라 국어 교과와 관련된 것들은 독서와 떼려야 뗄 수 없는 사이입니다. 문해력을 가장 손쉽게 높이는 방법도 독서입니다. 문해력이 낮아지는 큰 이유로, SNS의 짧은 영상이나 짧은 글에 익숙해지며 언어생활이 단조로워진 것과 독서 부족을 이야기하고 있습니다. 단조로운 언어생활을 다채롭게 하는 방법 역시 다양한 어휘를 접할 수 있는 독서이며 부족한 독서량을 늘리는 것이 문해력을 기르는 최고의 방법이며 가장 쉬운 방법이기도 합니다.

많이 읽기만 하면 된다?

앞서 문해력을 글을 읽고 이해하는 능력이라고 설명했습니다. 문해력을 높이는 것은 독서량만 늘린다고 되는 것이 아닙니다. 무조건 다독을 하기보다는 꾸준한 독서를 통해 책을 좋아하게 되었을 때, 좋아하는 책에 대해 자신의 생각과 의견을 이야기하는 활동이 필요합니다. 많이 읽는 것도 도움이 되지만, 무조건적으로 다독을 강요하면 아이가 책을 기피하거나 읽는 시늉만 하게 될 수도 있습니다. 또한, 독후 활동을 강요하는 것도 아이가 책과 멀어지는 이유 중 하나입니다. 우선은 아이가 책을 좋아할 수 있도록 다양한 방법으로 독서를 해야 합니다. 부모님이 읽어 주기도 하고, 동화 구연을 하며 읽기도 하고, 좋아하는 책을 많이 읽으며 책을 좋아하는 아이가 되면 자연스레 독후 활동을 늘리는 것이 좋습니다. 독후 활동으로 반드시 독서 감상문을 써야 하는 것은 아닙니다. 함께 읽다가 중간에 의견을 나누기도 하고, 책을 다 읽은 뒤 주인공을 옹호하거나 비판하기도 하는 등 다양한 대화를 나누는 것도 좋습니다. 이렇게 독후 활동을 통해 아이가 책을 소화하는 연습을 하며 문해력을 기를 수 있습니다. 또는 책을 읽으며 책에 생각한 내용이나 궁금한 내용, 모르는 단어 표시하기, 주인공에게 하고 싶은 말 등을 적어 가며 읽도록 하는 것도 좋습니다. 빌린 책이라면 깨끗이 읽어야겠지만 구매한 책이라면 아이가 책과 대화하며 자신의 생각을 키워 나갈 수 있도록 해 주어야 합니다.

   독서는 알면 알수록 아이에게 중요한 활동 중 하나입니다. 늦어질수록 친해지기 힘든 활동이기도 합니다. 책을 좋아하다가도 핸드폰을 가지고 SNS를 하거나 유튜브를 보면 순식간에 책과 멀어지게 됩니다. 그러므로 어릴 때부터 독서를 습관화하여 빨리 독서 습관을 잡는 것이 좋습니다. 지금부터라도 꾸준히 가정에서 실천하시길 바랍니다.

플러스 18

일기 쓰기, 꼭 시켜야 할까요?

2005년 국가인권위원회가 초등학교 일기 검사와 관련하여 인권 침해의 소지가 있다고 판단한 뒤 학교에서 점차 일기를 쓰지 않기 시작했습니다. 인권위의 판단이 아니더라도 아이들 주중의 생활은 대부분 학교와 집을 오갑니다. 아직 문장력이 많이 발달하지 않은 아이들에게 매일 일기를 쓰라고 한다면 아이들 입장에서는 매일 학교 갔다가 집에 오는 것밖에 없는데 무엇을 써야 할지부터 스트레스를 받습니다. 그래서 아이들에게 재미있는 주제를 주고 글짓기하기를 권합니다. 일기 쓰기도 좋지만, 아이들의 상상력과 흥미를 자극하는 주제가 있는 글짓기를 추천합니다.

제가 아이들과 함께 사용한 주제 몇 가지를 예시로 제시합니다.

1	내가 만약 향기 나는 황금 똥을 싼다면?	11	바닷물이 오렌지 주스로 변한다면?
2	나의 11년 인생을 20줄로 요약하기	12	1년 뒤의 나에게 쓰는 편지
3	나의 미래(12~100살)를 상상하여 20줄로 요약하기	13	내가 만약 선생님이라면 우리 반을 어떻게 운영할까? (학생들 대하는 방법, 시험 내는 방법, 숙제량 등)
4	다시 태어난다면 무엇으로 태어나고 싶은가요? 그 이유는?	14	새 학년이 되고 한 달을 지낸 소감
5	내가 생각하는 최고의 하루는? (상상해서 쓰기)	15	마음에 드는 시 한 편 따라 쓰기
6	커서 첫 월급을 받는다면 그것으로 무엇을 하고 싶나요?	16	내가 만약 대통령이라면 초등학생을 위해 무엇을 할까?
7	사진 보고 이야기 만들기 ('원숭이, 기차, 포도'처럼 관련 없는 사진 3장 제시)	17	부모님께 듣고 싶은 말 BEST5와 그 이유
8	지구 멸망 1일 전이라면 나는 무엇을 할 것인가요?	18	선생님께 듣고 싶은 말 BEST5와 그 이유
9	우리 가족을 동물에 비유한다면? 그 이유는?	19	하늘을 날 수 있다면?
10	빨리 어른 되기 vs 천천히 어른 되기 중 하나를 고르라면? 이유는?	20	우리가 집에 간 뒤 교실에 남은 책상, 의자, 사물함은 무슨 이야기를 할까?

손가락셈 놔둬도 될까요?

#손가락셈　　#발달단계　　#구체적조작물활용

 궁금해요

우리 아이가 수학 문제를 풀 때 손가락셈을 계속해요. 처음에는 괜찮았는데, 계속하니까 걱정스러워져요. 혹시 습관이 되어서 손가락셈을 안 하면 계산을 못 하게 되진 않을지, 손가락셈을 못 하게 하고 암산하는 연습을 시켜야 수학 실력이 늘지 고민이 됩니다.

 알려드려요

귀엽고 자그마한 손으로 꼬물거리면서 덧셈과 뺄셈을 하는 아이들의 모습을 보면 절로 웃음이 납니다. 부모님이 보면 얼마나 더 귀엽고 예쁠까요? 하지만 부모님의 눈에는 마냥 귀엽고 예뻐 보이기만 하지는 않는 것 같습니다. '이제 손가락셈은 그만해야 할 것 같은데, 손가락셈을 하다가 10이 넘어가는 수는 손가락이 없어서 셈을 못 하면 어떡하지?' 하고 걱정하며, 간혹 손가락셈을 못 하게 막기도 합니다. 손가락셈은 하면 안 좋은 걸까요?

우리 아이의 발달 단계

스위스의 심리학자 피아제는 인간의 인지발달을 4단계로 나누고, 단계별로 발달이 이루어지며 단계가 높아질수록 복잡성이 증가한다고 설명합니다. (Piaget, 1954)

단계	나이(만)	특징
감각 운동기	0~2세	- 대상이 보이지 않아도 존재하는 것을 알게 된다.(대상영속성) - 단순 반사 행동에서 목적 행동으로 바뀌는 시기이다.
전조작기	2~7세	- 소꿉놀이와 같은 가상 상황을 실제 상황처럼 상징하는 가상놀이를 한다. - 자기중심적 사고를 한다. 다른 사람도 자신의 생각, 감정과 같은 것이라고 생각한다. - 직관적 사고를 한다. 크기, 모양, 색깔 등 눈에 보이는 특징에 따라 대상을 이해한다.
구체적 조작기	7~11세	- 보존 개념을 획득한다. 같은 양의 물을 다른 모양의 컵에 부어도 물의 양이 같다는 것을 이해한다. - 유목화가 가능해진다. 물건의 속성을 파악하고 비슷한 물건끼리 나눌 수 있다. - 인과 관계를 이해하고 논리적인 사고를 하기 시작한다.
형식적 조작기	11세~	- 가설적 사고, 과학적 사고를 할 수 있다. 과거의 경험을 통해 가설을 설정하여 문제를 해결할 수 있고 문제를 해결하기 위해 계획을 세우고 시험하며 해결책을 찾을 수 있다. - 추상적 사고를 할 수 있다. 추상적인 개념을 이해할 수 있고, 현실에 없는 것을 상상하고 그릴 수 있다.

위의 표에서 볼 수 있듯이 단계가 높아질수록 우리 아이들은 고등 사고를 할 수 있게 됩니다.

손가락셈을 하는 아이들은 대체로 만 5~7세입니다. 피아제 인지발달론에 따르면, 전조작기에 해당하는 셈입니다. 이때는 직접적인 경험을 통해 배우는 시기입니다. 그래서 구체적인 물건들을 활용하여 셈을 합니다. 실제로 초등학교 1학년 수학 교과서를 살펴보면 바둑알 세어 보기, 수 모형 세어 보기 등 구체물*을 활용한 활동이 많

---

* 具體物. 일정한 형질을 갖추어 직접 경험하거나 지각할 수 있는 사물.

이 있습니다.

　그러므로 **아이의 손가락셈은 발달 단계에 따라 당연한 단계입니다.** 손가락도 아이들이 눈으로 직접 보고 알 수 있는 구체물 중의 하나이니까요. 아이들의 손가락셈을 막기보다는 아이가 손가락셈 하는 것을 두고 수학 공부를 격려하면 됩니다. 손가락셈뿐만 아니라 바둑알이나 구슬 같은 모형을 제공해 숫자 세기 경험을 늘려 주는 것이 좋습니다. 사람마다 개인차가 있으므로, 부모님께서는 혹시 아이가 생각보다 손가락셈을 오래하더라도 조금 기다려 주시면 좋습니다. 점차 인지발달이 일어나고, 수에 익숙해지면 손가락셈은 저절로 하지 않게 됩니다.

수학 선행 학습을
꼭 시켜야 할까요?

#선행학습 #내용체계 #복습의중요성

 궁금해요

같은 반 친구는 벌써 2학기 내용을 배운다던가 다음 학년 수학을 배운다고 이야기해요. 괜히 저도 걱정이 되고 우리 아이가 뒤처지지는 않을지 고민이 많이 됩니다. 수학 선행 학습을 시키면 좋을까요?

 알려드려요

수학은 계열성이 매우 강한 과목입니다. 계열성이 강하다는 뜻은 단계를 밟으며 학습해야 하고 그 전 단계가 학습되어 있지 않다면 다음 단계를 배우기가 힘든 과목이라는 뜻입니다. 예를 들어, 덧셈, 뺄셈을 못 하는 학생에게 곱셈, 나눗셈을 가르친다면 학생이 덧셈, 뺄셈은 못하지만 곱셈, 나눗셈은 잘할 수 있을까요? 매우 어려워하겠죠.

이처럼 단계를 밟아 가야 하는 학문인 만큼 선행 학습보다 복습이 중요합니다.

2015 개정 교육과정 초등수학 영역별 내용체계

수와 연산

1-2학년
- 네 자리 이하의 수 읽고 쓰기
- 두 자리 수의 +과 -
- 구구단

3-4학년
- 다섯 자리 이상의 수 읽고 쓰기
- 분수
- 소수
- 세 자리 수의 +과 -
- 자연수의 ×과 ÷
- 분모가 같은 분수의 +과 -
- 소수의 +과 -

5-6학년
- 약수와 배수
- 약분과 통분
- 분수와 소수의 관계
- 자연수의 혼합계산
- 분모가 다른 분수의 +과 -
- 분수의 ×과 ÷
- 소수의 ×과 ÷

도형

1-2학년
- 평면도형의 모양
- 평면도형과 평면도형의 구성요소
- 입체 도형의 모양

3-4학년
- 도형
- 원의 구성 요소
- 여러 가지 삼각형
- 여러 가지 사각형
- 평면 도형의 이동

5-6학년
- 합동
- 대칭
- 직육면체, 정육면체
- 각기둥, 각뿔
- 원기둥, 원뿔, 구
- 입체도형의 공간감각

측정

1-2학년
- 양의 비교
- 시각과 시간
- 길이(cm, m)

3-4학년
- 시간, 길이(mm, km), 들이, 무게, 각도

5-6학년
- 원주율
- 평면도형의 둘레, 넓이
- 입체도형의 겉넓이, 부피
- 수의 범위
- 어림하기(올림, 버림)

규칙성

1-2학년
- 규칙찾기

3-4학년
- 규칙을 수나 식으로 나타내기

5-6학년
- 규칙과 대응
- 비와 비율
- 비례식과 비례배분

자료와 가능성

1-2학년
- 분류하기
- 표

3-4학년
- 간단한 그림그래프

5-6학년
- 평균
- 그림그래프

2022 개정 교육과정 초등수학 영역별 내용체계

수와 연산

1-2학년
- 네 자리 이하의 수 읽고 쓰기
- 두 자리 수의 +과 -
- 구구단

3-4학년
- 다섯 자리 이상의 수 읽고 쓰기
- 분수
- 소수
- 세 자리 수의 +과 -
- 자연수의 ×과 ÷
- 분모가 같은 분수의 +과 -
- 소수의 +과 -

5-6학년
- 약수와 배수
- 수의 범위와 올림, 버림, 반올림
- 자연수의 혼합계산
- 분모가 다른 분수의 +과 -
- 분수의 ×과 ÷
- 소수의 ×과 ÷

변화와 관계

1-2학년
- 규칙

3-4학년
- 규칙
- 동치관계

5-6학년
- 대응관계
- 비와 비율
- 비례식과 비례배분

위의 영역별 내용체계표를 보며 아이가 단계별로 차근차근 밟아 나가고 있는지 확인하고, 부족한 단계가 있다면 복습에 더욱 힘쓰는 것이 수학에서 중요합니다. 선행 학습은 지금까지 배운 단계가 확실히 탄탄하게 잡혀 있을 때 맛보기 정도로 배우는 것이 좋습니다.

계산 실수가 잦은 아이, 어떡하면 좋을까요?

#계산실수　　#풀이과정쓰기　　#문제꼼꼼히읽기

 궁금해요

우리 아이는 수학 문제를 풀면 항상 아는 문제를 틀리곤 합니다. 몰라서 틀리는 거면 다시 가르쳐 줄 텐데, 다시 한번 차분히 풀어 보라고 하면 풀어낼 때도 있고, 다시 또 다른 단순 계산 실수를 하기도 해요. 우리 아이를 어떻게 교육하면 좋을까요?

 알려드려요

많은 과목들 중에서 특히 수학은 학부모님과 학생들의 고민이 큰 과목입니다. '수포자'라는 말이 나온 것은 이런 고민과 어려움을 나타내는 것이겠지요. **수학은 단계별로 학습을 해야 합니다.** 초등학교 때부터 이 단계를 놓치거나 수학에 대한 스트레스로 수학에 흥미를 잃으면 초등학교 때 수학을 좋아하던 학생도 중고등학교로 진학해서 수포자가 될 수도 있습니다. 아이가 수학에 흥미를 잃는 원인 중 하나가 바로, 아는 문제와 단순하거나 쉬운 문제를 계속 틀릴 때 나타나는 자신감 하락입니다. 계산 실수는 조금만 노력하면 바로잡을 수 있습니다. 어떻게 바로잡을 수 있는지 원인별로 알아볼까요?

| CHECK! | **문제와 관련된 수학 개념과 풀이 방법을 알지만 틀린 경우**

풀이 과정을 꼼꼼히 적지 않는 아이

수학 문제를 푼 학생이 자신이 푼 문제를 들고 와서 '선생님, 저 이게 계산 똑바로 했는데 왜 틀렸어요? 식도 맞았어요.'라고 묻는 경우가 있습니다. 학생의 말대로 문제를 제대로 이해하고 식도 올바르게 썼습니다. 그래서 어디에서 학생이 실수했는지 계산 과정을 살펴 보고자 학생의 풀이를 보면, 학생 자신도 알아보기 힘든 글씨로 풀이를 써 두었거나 다른 문제의 풀이와 섞여서 어느 풀이가 해당 문제의 풀이인지 알아보기 힘든 경우가 있습니다. 또는 암산으로 문제를 풀어 아예 풀이 과정의 흔적이 남아 있지 않는 경우도 있습니다. 이런 학생들은 문제별 풀이 과정을 구분할 수 있도록 정리하여 쓰는 습관을 들이는 것이 중요합니다.

풀이 과정 쓰기

수학 문제를 풀면서 풀이 과정을 쓰지 않고 암산을 하는 경우 또는 풀이 과정을 쓰더라도 중간 부분을 생략하는 경우가 있습니다. 이 경우 틀린 문제나 과정에 대해 교사나 부모가 피드백을 주기 어렵고 스스로도 문제 풀이 중 어디에서 실수를 했는지 확인하기가 어렵습니다. 그렇기 때문에 수학 문제를 풀 때는 풀이 과정 쓰는 것을 습관화하도록 합니다. 특히 초등수학에서는 기본을 탄탄히 다져야 하기 때문에 암산을 하거나 풀이 과정, 검산 과정을 뛰어넘기보다는 이 과정을 거치며 기본을 탄탄히 하는 습관을 들이는 것이 좋습니다.

$36 - (3 + 6) \times 3 = 81$	$36 - (3 + 6) \times 3 = 36 - 9 \times 3 = 27 \times 3 = 81$ (×)
풀이 과정이 없어서 풀이 중 어느 부분에서 실수를 했는지 확인할 수 없다.	문제 풀이 과정 중 어느 부분에서 실수를 했는지 확인할 수 있다.

문제별 풀이를 구분할 수 있도록 문제 풀기

수학 시험지나 문제지에 풀이할 공간이 부족할 경우, 아이들은 자신의 평소 글씨보다 작은 글씨로 풀이를 쓰게 됩니다. 또 여러 문제의 풀이가 시험지의 한 곳에 뒤엉키는 경우가 발생합니다. 이렇게 되면 자신의 풀이 과정을 되돌아보기 힘들 뿐만 아니라 문제를 푸는 도중 다른 문제의 풀이에 방해가 될 수 있습니다.

풀이 공간이 부족하다면 문제지에 풀이를 하기보다는 별도의 풀이용 종이를 마련하여 문제별로 풀이가 구분되도록 하는 것이 좋습니다. 최근 스마트 기기 등을 활용한 온라인 수학 문제 풀이를 하는 경우가 많아지는데, 이때도 아이들은 눈으로만 문제를 풀려고 하는 경우가 많습니다. 풀이의 흔적이 남지 않으니 자연스레 실수가 많아지고 오답 확인이 어렵습니다. 스마트 기기를 활용해 수학 문제를 풀 때도 항상 풀이용 공책이나 연습장을 옆에 두고 활용하는 습관을 들이는 것이 좋습니다.

학교에서 공식적으로 이루어지는 진단평가 등에서는 큰 종이에 인쇄를 하여 시험지에 충분한 여백이 있습니다. 하지만 학교에서 담임 선생님의 재량으로 단원평가나 형성평가를 칠 때는 교실의 인쇄기를 사용하여 A4 용지에 문제를 인쇄하는 경우가 많기 때문에 시험지의 크기도 작고, 문제와 문제 사이의 여백도 충분하지 않습니다. 수학 시험을 칠 때 연습장이나 풀이용 종이의 사용이 가능하므로 시험 전 선생님께 사전 동의를 구한 뒤 시험지가 아닌 별도의 연습장이나 풀이용 종이에 문제별 풀이가 구분되도록 하는 것이 좋습니다.

숫자를 또박또박 알아볼 수 있게 쓰기

악필인 학생이 특히 계산 실수를 많이 합니다. 자신이 쓴 숫자가 2인지 3인지 스스로도 못 알아보는 경우, 계산 실수가 당연히 잦습니다. 이 학생들은 숫자나 글자를 자신이 알아볼 수 있도록 깔끔하게 쓰면서 푸는 연습을 해야 합니다. 그리고 풀이를 정리하지 않고 여기저기 쓰는 학생은 수학 풀이용 공책을 줄이 없는 공책보다 줄이 있는 공책을 사용하여 한 줄에는 한 줄의 숫자만 적을 수 있게 할 수 있습니다.

문제를 제대로 읽지 않는 아이

　문제를 꼼꼼히 읽지 않아 식을 제대로 쓰지 못해 틀리는 경우가 있습니다. 초등수학은 비슷한 패턴의 문제가 많이 반복됩니다. 비슷한 문제를 풀다 보면 그 패턴에 익숙해져서 문제를 제대로 다 읽기도 전에 기계적으로 푸는 학생들이 있습니다. 이러면 비슷한 패턴에 다른 조건을 추가하거나 살짝 문제를 비틀어 냈을 때 그 조건들을 놓쳐서 학생들이 틀리곤 합니다. 대부분은 문제를 차분히 다시 읽으면 잘 풀어냅니다. 그리고 빨리 풀어야 한다는 강박 때문에 문제를 꼼꼼히 읽지 않는 학생도 많습니다. 주어진 시간보다 빠른 시간 내에 푸는 것이 수학을 잘하는 것이라고 생각하는 학생입니다. 빨리 푸는 데에 집중하다 보니 암산을 하고, 풀이 과정과 검산 과정을 건너뛰거나 문제를 대충 읽어 틀리는 일이 생깁니다.

문제를 제대로 이해하지 못하는 아이

　식으로만 되어 있는 문제는 곧잘 풀지만, 유독 문장 형식의 문제에 약한 아이들이 있습니다. 이 경우 수학 개념이 부족하기보다는 문장을 이해하는 '문해력'이 부족하기 때문일 수 있습니다. 비슷한 유형의 문제를 자주 접하도록 하여 문장을 읽고 이해하여 식으로 나타내는 연습을 시켜야 합니다.

　문제를 제대로 읽지 않는 경우, 제대로 이해하지 못하는 경우 모두 학생이 문제에 자신만의 기호를 표시하며 푸는 연습이 도움됩니다. 문제에서 제시하는 조건에는 □ 표시, 구해야 하는 것에는 ○ 표시 등 자신만의 기호로 문제에 표시한 뒤 문제를 완전히 이해하고 식을 세워 구하면 실수를 줄일 수 있습니다. 또, 문제에서는 ㎜ 단위로 제시하고 답은 ㎝로 쓰라고 하는 경우 답을 ㎜ 단위로 써서 틀리는 경우가 있습니다. 단위가 제시된 문제는 단위도 함께 점검하도록 교육해야 합니다.

(* 문해력에 대한 자세한 내용은 182쪽을 참고해 주세요.)

오른쪽 그림에서 작은 원의 반지름이 10㎜ 일 때, 큰 원의 반지름은 몇 ㎝ 입니까?

> **CHECK!** 문제와 관련된 수학 개념과 풀이 방법을 몰라서 틀린 경우

이전 단계의 학습 내용이 부족한 아이

    수학 공부를 하며 특정 단원의 이해도가 낮은 경우가 있습니다. 분모가 같은 분수의 나눗셈은 곧잘 하지만 분모가 다른 분수의 나눗셈을 어려워하는 아이의 경우, 해당 영역의 이전 단계의 학습이 제대로 이루어지지 않은 경우가 대부분입니다. 또는 배운 내용이지만 시간이 지나며 이전에 배운 학습 내용을 잊은 경우입니다.

    분모가 다른 분수의 나눗셈을 하기 위해서는 통분에 대한 학습이 이루어져야 합니다. 만약 최대공약수에 대한 개념이 제대로 잡히지 않았다면 통분을 이해할 수 없고, 통분에 대한 학습이 이루어지지 않았다면 분모가 다른 분수의 나눗셈을 어려워할 수밖에 없습니다. 수학만큼 단계적 학습이 중요한 과목은 없으므로 현재 학년과 상관없이 부족한 내용부터 학습하는 것이 중요합니다.

    수학 교과서의 구성을 보면 모든 단원을 시작하기 전에 이전 학년에서 배운 관련 학습 내용을 되짚어 보는 내용이 나와 있습니다. 만약 해당 단원에 필요한 이전 학년 과정의 학습 이해도가 낮다면 아이의 학년과 상관없이 부족한 내용을 다시 한번 학습해야 합니다. 아이가 4학년인데 3학년 문제를 풀고 있다고 주눅 들 필요가 없습니다. 수학 공부는 지금 당장의 결과가 아니라 차근차근 쌓아 올리며 공든 탑을 만들어 가는 것이 중요합니다.

    멀리서 보면 '계산을 틀렸다.' '문제를 이해하지 못한다.'와 같은 현상만 보이지만 이에 대한 원인은 학생별로 다양합니다. 학생들 잘 관찰하고 원인을 파악하여 그 원인을 해결해 주는 것이 중요합니다.

수학을 포기한 아이, 어떻게 해야 할까요?

#수학포기 #수포자 #수학공부

 궁금해요

아이가 수학을 너무 싫어해요. 처음에는 열심히 했는데 학년이 올라갈수록 수학이 어려워지니까 하기 싫은가 봐요. 아이들 성향에 따라 수학을 좋아하는 아이도 있고 싫어하는 아이도 있는 것은 알지만, 아예 수학을 포기하려 하니 걱정이 됩니다. 수학을 포기한 우리 아이가 어떻게 하면 다시 수학 공부를 하게 할 수 있을까요?

 알려드려요

많은 아이들이 수학을 힘들어하거나 포기하고 싶어 합니다. 사실 수학을 좋아하는 아이들이 그리 많지 않습니다. 이는 아마 부모님 세대도 마찬가지이지 않을까 싶습니다. 왜 유독 다른 과목과 달리, 수학을 포기한 사람이라는 뜻의 수포자라는 말이 나오고 수학을 어려워하는 걸까요? 수학을 싫어하는 아이 어떻게 하면 흥미를 갖게 할 수 있을까요?

수포자가 생기는 이유

　수학을 포기하는 데는 개인마다 다양한 이유가 있습니다. 그중에서도 일반적으로 많이 언급되는 이유에 대해 이야기하고자 합니다.

　우선 첫 번째는 부족한 기초지식으로 인해 많이 포기하게 됩니다. 수학은 단계별로 학습이 이루어집니다. 덧셈과 뺄셈이 미숙한데 곱셈과 나눗셈을 이해하기 어렵고, 평면도형을 배우지 않고 입체도형을 학습하기 어렵습니다. 이렇게 단계별로 진행되는 학습에서 어느 한 단계를 놓치면 그만큼 그 다음 단계의 학습 난이도가 훨씬 올라갑니다.

　두 번째는 어려움에 대한 태도입니다. 수학은 배울수록 추상적이고 논리적인 사고를 많이 요구하는데, 이에 학생들은 어려움을 느낄 수 있습니다. 특히 첫 번째 이유처럼 이전 단계가 충분히 학습되지 않은 상태에서 다음 단계 학습을 진행하는 중 논리력 등의 사고력을 요구하는 어려운 문제를 마주하면 포기하고자 하는 마음이 생길 수 있습니다. 이는 당연한 결과이기도 합니다. 계속 풀려고 노력하지만 틀리게 되고 틀리는 횟수가 늘어나면 자신의 능력을 의심하고 수학을 멀리하다가 결국 수학을 포기하게 됩니다.

　세 번째는 결과주의입니다. 수학은 정답을 찾아내는 과정과 논리적인 사고를 요구합니다. 수학은 정답뿐만 아니라 수학적 사고력을 활용하는 과정도 중요하지만, 문제를 푼 뒤 정답이냐 아니냐에만 아이가 집중하다 보면 실패에 대한 두려움으로 수학을 멀리하게 됩니다.

　네 번째는 일상생활과의 관련성 부족입니다. 앞의 이유들이 쌓여 있는 경우 학생들은 더하기 빼기만 하면 되는데 분수는 왜 배워요? 분수는 어디에 써요? 하며 일상생활과 멀리 떨어진 과목으로 치부합니다. 초등학생 때는 생활 속에서 적용하며 구체적이고 실제적인 사례를 제시하는 것이 중요하지만 아이들이 일상생활과 멀다고 느끼는 경우 수학에 대한 흥미나 동기를 잃을 수 있습니다.

수학을 포기한 아이들이 다시 수학에 흥미를 느끼려면?

수학을 이미 마음속으로 멀리하고 싫어한다면 다시 좋아하게 만드는 것은 쉽지 않습니다. 하지만 그렇다고 해서 방법이 없는 것은 아닙니다. 우선은 수학에 대해서 관심을 다시 갖도록 하는 것이 중요합니다. 수학을 재미있는 것으로 만들기 위해 일상생활과 밀접하게 이어 주는 것이 중요합니다. 수학을 추상적인 개념으로 접근하기에 어려움이 많으므로 실생활과 밀접한 관련이 있는 문제를 제시해야 일상에서 수학의 활용도가 높다는 것을 아이가 받아들일 수 있습니다. 이를 위해 구체적으로 느낄 수 있도록 다양한 시각 자료나 조작 도구를 활용하여 문제를 해결할 수 있도록 안내해야 합니다. 그리고 수학이 포함된 게임, 퍼즐, AI 학습 프로그램 등을 이용하거나 아이의 관심사를 수학과 연결하는 것이 좋습니다. 아이가 스포츠를 좋아한다면 좋아하는 종목의 점수를 계산하거나 타율 등의 선수의 통계 분석에 수학을 접목하는 등의 방법을 통해 아이의 관심을 다시 되살려야 합니다.

그 후에 개인 맞춤형 학습을 해야 합니다. 대부분 아이들이 전 단계에 대해서 완전한 학습이 이루어지지 않은 상태에서 다음 단계 학습을 할 때 학습에 어려워하고 흥미를 잃습니다. 아이들은 각자의 학습 방식과 속도가 있기 때문에 학습 성향과 수학의 어느 부분에서 학습이 부족한지 파악하여 그 부분부터 학습을 하는 것이 좋습니다.

자신의 수준에 맞는 학습을 하며 여러 번의 성공적인 경험과 긍정적인 피드백을 제공해야 합니다. 수학 공부를 하며 성공적인 경험이 쌓이면 자연스럽게 수학 공부에 대한 자신감도 향상됩니다. 이렇게 발전하는 과정에서 지속적으로 긍정적인 피드백이 필요합니다. 그리고 노력과 개선된 부분을 인정하고 격려해 주어야 합니다.

아이가 수학을 많이 싫어한다면 위의 방법을 꾸준히 그리고 천천히 적용하며 오랫동안 수학 학습에 대해 노력해야 합니다. 특히 수학 학습에 대해서 많이 하는 실수가 가정에서 예습을 너무 서두른다는 점입니다. 우리 아이는 아직 덧셈에 대한 학습이 부족한데 옆집 아이가 벌써 곱셈을 한다는 이야기를 들으면 부모님은 우리 아이가 늦은 것이 아닌지 걱정하며 아이에게 곱셈 학습을 재촉합니다. 앞에서도 이야기하였듯이 아이들은 저마다의 학습 속도가 있기 때문에 다른 아이들의 학습과 비교하며 조바심을 가지지 않아야 합니다.

  아이들을 종종 꽃에 비유하고는 합니다. 저마다 각자의 아름다움과 각자의 속도를 가지고 있기 때문입니다. 어떤 아이는 3월에 피는 벚꽃과 같고, 어떤 아이는 벚꽃보다는 조금 늦게 피는 5월의 장미 같기도 합니다. 그렇기 때문에 아이의 속도를 존중해 주시고 차근차근 아이의 학습을 보충해 나간다면 곧 우리 아이도 아름다운 꽃을 활짝 피울 것입니다.

영어

알파벳, 꼭 빨리 익혀야 할까요?

#알파벳 #영어공부 #파닉스

 궁금해요

영어 공부의 시작은 알파벳부터잖아요. 유치원부터 영어 유치원 다니는 아이들도 있고 영어 유치원을 다니지 않아도 학습지나 학원을 다니며 벌써 알파벳을 다 익힌 아이들도 있어요. 마음 같아선 천천히 하고 싶지만, 주변 아이들을 보면 조급해지는 마음은 어쩔 수가 없어요. 알파벳을 최대한 빨리 익히는 것이 좋을까요?

 알려드려요

초등학교 입학 전 부터 국어 교육, 영어 교육, 수학 교육, 이 삼대장은 늘 부모님을 불안하고 조급하게 만듭니다. 특히 옆집 아이가 알파벳 노래를 부르거나 파닉스를 배웠다는 소문이 들리면 '우리 아이도 해야 할 텐데….'라는 걱정이 앞서지 않나요? 어린아이가 있는 가정에서 아이가 돌이 되기 전인데도 벌써 한글 포스터와 알파벳 포스터가 붙어 있는 모습을 볼 수 있습니다. 영어 교육 언제 하는 것이 효과적인지 알아보겠습니다.

조기 외국어 교육의 효과

흔히들 외국어 교육은 어릴수록 습득이 빠르고 좋다고 알고 있습니다. 그런데 한 번 생각해 볼까요? 5살에게 알파벳을 가르치는 것과 10살에게 알파벳을 가르치는 경우를 비교해 봅시다. 누가 빨리 알파벳을 배울까요? 대부분 5살보다 10살이 빨리 배웁니다.*

영어 교육의 효과는 연구에 따라 조금씩 다르지만 중요한 것은 언제 시작하느냐가 아니라 얼마나 꾸준히 아이에게 알맞은 방법으로 학습하느냐입니다. 급하게 서두르다가 아이가 영어를 싫어하게 되거나 학습에 스트레스만 받을 수도 있습니다.

초등학교 3학년 영어 교실

초등학교 3학년 첫 영어 수업을 해 보면 학생들의 수준이 정말 천차만별입니다. 어떤 아이는 알파벳도 모르는데 어떤 아이는 벌써 영어 동화책을 읽고 있습니다. 조기 외국어 교육은 큰 효과가 없다고 했는데 같은 학년임에도 벌써 영어 동화책을 읽고 있는 아이를 보고 있으니 부모님은 다시 불안해질 수 있습니다. 많은 사교육들은 대부분 불안을 자극하는 마케팅을 합니다. 알고 있으면서도 넘어가기 쉬운 마케팅 요소가 아닐까 싶습니다.

그런 학부모님께 이야기하고 싶습니다. 일찍 시작한 아이들은 빨리 시작했으니까 그러지 않은 학생들보다는 더 알고 있습니다. 하지만 굳이 빨리 시작하지 않아도 되고 충분한 뒷받침 교육이 이루어지면 금방 따라잡을 수 있습니다. 아이들은 발달 단계라는 것이 있습니다. 모국어가 아닌 외국어로 영어를 배울 때 아이들의 발달 단계를 고려하지 않고 굳이 빨리 배울 필요는 없습니다. 물론 영어 노래를 틀어주거나 영어 환경에 노출하며 친숙하게 만들어 주는 것은 좋습니다. 영어 공부로 아이에게

---

* 육아정책연구소에서 2016년 1월에 발행한 <육아정책 Brief> 44호에 이 연구에 대한 결과가 상세히 나와 있습니다.

벌써 스트레스를 줄 필요는 없다는 것입니다.

간혹 영어를 빨리 시작하여 잘하는 아이들 중에도 영어를 싫어하거나 영어 단어 외우는 것이 너무 싫고 스트레스 받는다는 학생도 있습니다. 지나치게 강조하여 아이에게 스트레스를 주는 것은 아이가 그 공부와 더 멀어지게 하는 결과를 낳습니다.

그럼 미리 알파벳 공부를 하지 않아도 될까요?

입학 전부터 반드시 알파벳을 익히고 파닉스를 할 필요는 없습니다. 그러나 3, 4학년은 영어 수업이 주 2회, 5, 6학년은 영어 수업이 주 3회로 많은 편은 아닙니다. 우리 모국어인 한글을 읽고 배우고 쓰기 위해서 초등학교 1, 2학년 외에 플러스알파의 시간을 들이는데 외국어인 영어를 깊이 있게 학생 개인 수준에 맞춰 배우기에는 부족한 시간입니다.

그래서 한글 교육과 마찬가지로 배운 내용을 복습하여 잊지 않는 것이 중요합니다. 알파벳을 가르쳐 보면 1단원에서 배운 A,B,C,D 알파벳과 파닉스를 3단원을 배울 즈음에는 완전히 잊고 있는 학생들이 있습니다. 학교에서 배우는 진도에 맞추어 반드시 복습해서 배운 내용을 확실히 알게 하면 아이의 영어 학습에 큰 도움이 됩니다.

영어 사교육을
해야 할까요?

#영어사교육 #영어공부 #엄마표영어공부

 궁금해요

우리 아이 영어 공부가 막막해요. 제가 어느 정도까지는 도움을 줄 수 있는 것 같아요. 그런데 제가 제대로 단계별로 도움을 줄 수 있는지 확인이 안 서요. 그냥 사교육을 받는 것이 아이 영어 공부에 도움이 될까요? 제가 아이에게 영어 공부를 알려 줄 수 있더라도 사교육이 더 나을까요?

 알려드려요

많은 과목들 중에서 특히 영어에 대한 사교육 관심이 높습니다. 2023년 3월 통계청에서 배포한 초중고 사교육비 조사 결과만 보더라도 일반 교과 사교육비 중 지출이 높은 과목으로 영어가 계속 1순위인 것을 확인할 수 있습니다. 사실 이 통계 자료가 아니더라도 학부모의 가장 큰 관심 사교육은 영어임을 쉽게 알 수 있습니다. 영어 사교육 꼭 필요할까요?

영어 교육의 목적

　부모님에게 우리 아이의 영어 교육 목표가 무엇이냐고 물어보면 단순히 '영어를 잘했으면 좋겠다.'라고 대답하십니다. 어떤 것이 영어를 잘하는 것일까요? 문법을 능숙하게 아는 것? 외국인처럼 유창한 발음으로 이야기하는 것? 영어 교육에 대해 고민하려면 먼저 영어 교육의 목표를 확실히 정하시면 좋습니다. 2015 개정 교육과정의 초등학교 영어 교과의 목표는 '학습자들이 영어 의사소통 능력을 길러 주는 것'을 총괄 목표로 삼고 있습니다. 2024년부터 적용될 2022 개정 교육과정의 영어 목표 역시 '영어 의사소통 역량을 기르는 것'입니다. 그런데 가정에서 아이들과 함께 영어 공부를 하다 보면 이 의사소통 능력이라는 목표는 잊히고 영어 단어 철자 외우기, 문법 배우기와 같은 부분만 남는 것 같습니다. 물론 낯선 언어이기에 외우는 것은 필요합니다. 하지만 자연스럽게 영어에 노출되어 가까워지면서 익혀야지, 무작정 책상에 앉아서 단어를 10번, 100번 쓰며 외우고 문법 문제를 20문제, 30문제씩 풀기만 한다면 초등영어의 목적에서도 멀어지고 영어에 대한 아이의 흥미와 관심도 떨어지게 됩니다.

즐겁게 놀이하며 익숙해지기

　초등영어는 학원에 보내지 않아도 충분히 가정에서 엄마표 공부방으로 아이와 함께 공부할 수 있습니다. 부모님이 영어 교육 전공자가 아니더라도 인터넷에 영어 교육 자료가 넘치기 때문에 아이의 수준에 맞는 자료를 골라서 진행해도 됩니다. 그리고 학교 영어 교과서도 복습하며 아이의 수준을 계속해서 파악하는 것이 좋습니다. 아이와 함께 공부를 하다 보면 우리 아이의 부족한 부분을 알 수 있습니다. 그런 부분을 계속 보충하며 공부하면 됩니다. 문법은 일찍이 도입하기보다는 아이가 어느 정도 영어에 노출이 되어 다양한 영어 표현을 접한 뒤 도입하는 것이 좋습니다. 시작부터 문법을 도입하면 영어의 재미를 알기도 전에 지치기 때문입니다.

영어 사교육을 해야 할 때

영어에 대한 부모님의 막연한 불안감으로 무조건 아이를 학원에 보내면 안 됩니다. 아이에게 사교육의 도움이 필요한 시기에 선택하면 됩니다. 사교육의 도움을 받아야 하는 시기는 엄마표 공부방을 하며 아이와의 싸움이 늘어갈 때입니다. 엄마표 공부에서 공부로 인해 아이와 관계가 멀어지거나 다툼이 잦아지면 엄마표 공부방을 점검해 보아야 합니다. 아이가 이제 자기주도적 학습을 할 수 있다면 괜찮지만 아직 도움과 보충이 필요하다면 사교육을 도움을 고려해 보는 것이 좋습니다.

사교육을 아이가 원하기도 합니다. 공교육은 여러 아이들의 학습 수준에 맞추어 평균적으로 진행되다 보니 모든 아이의 수준을 다 맞추기는 어렵습니다. 그런데 영어를 공부하다 보니 재미있고 더 배우고 싶어 하는 아이들이 있습니다. 학교 교육에서보다 더 많은 배움을 원해서 학원을 다니고 싶어하는 아이들도 아이의 개별 수준에 맞추어 줄 수 있는 사교육의 도움을 받으면 좋습니다.

엄마표 공부를 진행하다 보면 아이의 부족한 부분이 보이는데 엄마표 공부로 채워지지 않는 부분이 있습니다. 혹은 아이의 수준이 높아져 엄마표 공부방만으로는 부족할 경우가 있습니다. 이럴 때도 아이와 의논하여 정말 필요하다면 영어 사교육 도움을 받으면 좋습니다.

물론 요즘 맞벌이로 인해 엄마표 공부방을 시작하는 것 자체가 어려운 경우가 많습니다. 엄마표 공부방은 아이의 영어교육을 위한 한 가지 방법으로 생각하시고 가정의 상황에 맞추어 학교에 개설된 방과후교실 같은 영어프로그램이나 방문 학습지, EBS 영어 교육 콘텐츠 등을 활용하셔도 좋습니다.

영어 사교육 받으면 끝?

영어 학원이나 학습지 등을 통해 사교육의 도움을 받기로 결정한 뒤, 아이의 영어 교육에서 부모님이 손을 완전히 놓아서는 안 됩니다. 처음 시작할 때 학습지, 학원 등 아이에게 알맞은 방법의 사교육을 선택하였는지, 학원을 골랐다면 아이에게 알맞은지 등을 확인해야 합니다. 또, 아이가 어떤 방법으로 공부하고 있는지 계속 확인하는 것이 필요합니다. 그리고 학원 수업이 끝이 아니어야 합니다. 반드시 복습하고 자신의 것으로 만드는 학습 시간을 가지는 것이 좋습니다.

영어는 학부모님의 걱정이 많은 과목 중 하나입니다. 거기에 사교육도 늘 보내야 할까 말아야 할까 하는 고민이 가득한 주제 중 하나입니다. 이 둘이 합쳐진 영어 사교육이라는 고민은 대한민국 부모님이라면 다들 한 번 이상은 해 보았을 법한 고민입니다. 사교육을 고민할 때는 반드시 기준을 세우셔야 합니다. 막연한 부모님의 불안감과 '사교육 받으면 아이에게 좋겠지.'라는 막연한 기대감으로 이것저것 시작하다 보면 아이는 학원만 돌아다니다가 하루가 끝나고, 강의를 들은 것을 공부했다는 것으로 잘못 생각하기 쉽습니다. 하지만 강의를 들은 것과 강의를 들은 뒤 혼자 복습하고 공부하며 자신의 것으로 소화하는 것은 분명 다릅니다. 강의를 들었다면 자신이 들은 내용을 확인하고 응용하며 자신의 것으로 소화하는 시간이 필요합니다. 이 점에 유의하며 자신만의 사교육 도움을 받아야 할 때의 기준을 세우시고 아이와 충분히 논의하여 사교육의 도움을 선택하시길 바랍니다.

영어 동화책이 영어 공부에 도움이 될까요?

#즐거운영어   #영어동화책   #영어동화책활용

 궁금해요

영어 동화책이 영어 공부하는 데 많은 도움이 될까요? 아이가 영어 실력이 많이 향상되었으면 해서 영어와 관련된 학습자료를 이것저것 찾아보고 있는데 영어 동화책은 어떤지 궁금해요. 단순 읽기로만 끝나진 않을지 걱정되고 실제로 읽으면 어느 정도 도움이 될지 궁금해요.

 알려드려요

영어 동화책은 영어 공부에 많은 도움이 됩니다. 영어 동화책은 아이들이 다양한 어휘와 문법을 자연스러운 대화와 상황 속에서 배울 수 있게 해 줍니다. 대부분의 영어 동화책이 그림도 예쁘고 아이들의 흥미를 끌 수 있게 디자인되어 있어 학습 동기도 많이 높여 줄 수 있습니다.

영어 동화책의 장점

영어 동화책은 아이들이 영어를 더 쉽게 이해하고 배울 수 있도록 도와줍니다. 이야기의 흐름과 등장인물들의 대화를 통해 영어의 맥락과 문장 구조를 익힐 수 있으며 어휘력을 향상하고 올바른 영문법을 배울 수 있습니다. 그리고 재미있는 이야기와 함께 아이들의 상상력을 자극하는 동화책 그림과 디자인이 영어를 즐겁게 읽고 듣는 경험을 제공할 수 있어 영어에 대한 긍정적인 태도를 형성할 수 있습니다.

영어 동화책 어떻게 활용하면 좋을까요?

가장 쉽고 기본적인 활용 방법은 동화책 읽기입니다. 동화책을 읽으며 영어 문장과 표현을 이해하고 발음을 따라 해 보는 것입니다. 많은 영어 동화책들이 오디오 자료도 함께 제공하기 때문에 오디오를 듣고 따라 하면 말하기 연습에 큰 도움이 됩니다. 동화책에 나오는 단어의 뜻을 파악하고 문맥을 이해하기 위해 사전을 찾아보거나 동화책의 내용을 부모님 또는 친구와 함께 해석하는 것도 좋은 방법입니다. 동화책은 그림이 문장의 상황을 쉽게 유추할 수 있게 구성되어 있어 맥락을 이해하고 내용을 해석하는 것이 크게 어렵지 않습니다.

읽고 내용을 파악해서 어느 정도 단어들에 익숙해졌다면, 다양한 방법의 읽기 연습을 해 보는 것도 좋습니다. 아이의 파닉스 학습은 읽기 속도와 발음 개선을 위해 반복해서 읽으며 속도를 조절하거나 발음 및 억양을 연습하는 데 활용할 수 있습니다. 아이가 반복해 읽는 것을 지루해한다면 함께 동화 구연을 할 수 있습니다. 등장인물의 대사를 행동과 함께 실감 나게 흉내 내다 보면 동화책에 등장하는 문장 구조와 단어는 자연스럽게 습득할 수 있을 것입니다.

또는 동화책에 나오는 이야기를 바꾸어 써 보는 활동도 할 수 있습니다. 동화책에 나오는 단어나 문장을 활용하여 간단하게는 주인공의 대사를 바꿀 수도 있고 조금 더 심화 학습으로 동화책의 내용이나 결말을 바꾸어 볼 수 있습니다.

영어 동화책을 활용할 때 유의점이 있을까요?

　영어 동화책은 영어 학습에 큰 도움을 주지만 온전히 영어 동화책만으로 학습하는 것은 충분하지 않을 수 있습니다. 동화책을 통해 말하기, 듣기, 읽기, 쓰기의 기능을 전부 연습할 수 있지만 이 외에 다른 영어 학습 방법을 포함하는 것이 좋습니다.

　아이의 수준에 맞는 영어책을 선택하는 것이 좋습니다. 쉬운 동화책이라 하더라도 아이의 수준에 너무 어려우면 흥미를 잃고, 너무 쉬우면 지루해할 수 있기 때문에 영어책 단어의 70~80% 정도 내용을 이해할 수 있는 수준에서부터 시작할 것을 권합니다. 물론 아이의 성향에 따라 기준은 달라질 수 있기 때문에 아이와 함께 여러 책을 읽어 보며 고르는 것이 좋습니다.

　영어 동화책 구매에 대한 학부모님의 부담에 대해서도 조언을 드리고자 합니다. 이미 아이를 위한 여러 교육비에도 많은 돈을 쓰는데 영어 동화책도 가격이 저렴하지 않은 편이기에 구매가 선뜻 쉽지 않을 수 있습니다. 영어 동화책은 대여하여 볼 수 있습니다. 대부분 도서관에서 많이 대여하는데 학교 도서관 및 학교 영어실에도 여러 선생님이 고민하여 학생들 수준에 맞게 구매한 좋은 영어 동화책이 많이 구비되어 있습니다. 학교 및 도서관 대여를 통해 영어 동화책을 활용한다면 경제적 부담을 줄이면서 영어 학습에 도움을 줄 수 있을 것입니다.

사회

56

사회 공부, 어떻게 하면 좋을까요?

#사회공부 #사회공부방법 #용어익히기

 궁금해요

아이가 사회 과목이 제일 싫다고 해요. 단어 뜻도 모르겠고 내용도 어려워서 공부하기 싫다고 해요. 어떻게 가르쳐 주면 아이가 쉽고 재미있게 사회를 공부할 수 있을까요?

 알려드려요

사회 공부를 할 때 가장 어려운 부분 중 하나는 용어입니다. 대부분의 용어가 한자로 이루어져 있고 뜻이 어려우므로 사회 교과서의 글을 읽고 이해하는 것조차 까다로울 수 있습니다. 그래서 사회 교과서의 기본적인 단어를 먼저 이해하는 것이 중요합니다. 단어 이해를 기본으로 교과서의 내용을 익힐 수 있어야 사회 공부를 할 수 있습니다. 하지만 교과서의 용어를 익혔다고 사회 과목의 공부가 완성된 것은 아닙니다. 용어를 익힘으로써 사회 공부를 시작하게 된 것입니다. 그 외 어떤 학습 방법들이 있을까요?

용어 익히기

교과서에 나오는 핵심 단어들의 뜻은 확실히 알아 두는 것이 좋습니다. 단어를 습득하는 데 좋은 방법 중 하나는 **단어의 맥락화**입니다. 다양한 맥락에서 단어가 어떻게 사용되는지 이해하면 단어에 대한 이해력이 향상됩니다. 핵심 단어의 뜻을 알고 그 단어로 문장을 만들거나 핵심 단어가 사용된 다양한 문장을 읽어 보는 것이 좋습니다. 이런 활동을 통해 단어를 이해하고 오래 기억할 수 있습니다. 또 다른 방법으로는 **시각 자료를 활용하는 것**입니다. 백문이 불여일견이라는 말이 있듯이 사회 교과서에 나오는 단어나 개념 사이의 관계를 시각화하기 위해 개념도나 다이어그램을 활용하면 큰 도움이 됩니다. **이해한 단어를 자신의 언어로 다른 사람에게 설명하는 것**도 도움이 됩니다. 이해한 단어를 다른 사람에게 설명하거나 그 의미에 대해 이야기하면 이해를 강화하고 의미를 더 명확히 할 수 있습니다.

시각적 보조 자료 및 도구 활용

아이가 사회 교과 지식을 기억하는 데 도움이 되는 표, 그래프, 자료 등을 활용하면 됩니다. 예를 들어, 시청이 하는 일에 대해 배웠다면 교과서 지식을 읽기만 하기보다는 시청이 하는 일을 촬영한 영상, 사진 등을 제시합니다. 산촌에 대해 배웠다면 산촌에 관한 자료를, 인구 문제에 대해 배웠다면 인구 감소 그래프나 표를 제시하면 내용 이해에 더 큰 도움이 됩니다.

실생활과 연관시키기

초등학교에서 배우는 사회 교과서는 우리의 생활과 많은 관련이 있는 내용을 배웁니다. 그래서 배운 내용을 실생활과 연관 짓는 것이 쉬운 편입니다. 시청에서 하는 일에 대해 배웠다면 부모님과 시청을 방문해 보고 또 직접 주민등록등본 등의 서류를 발급받는 일을 아이와 함께 해 봅니다. 산촌에 대해 배웠다면 주말에 산촌으로 가족 나들이를 가서 산촌을 직접 오감으로 체험해 봅니다. 이렇게 배운 내용을 실생활과 연관시키면 사회에 대해 더욱 친근하고 흥미롭게 느낄 수 있습니다.

사회 교과와 관련된 배경지식 활성화

사회 교과와 관련된 배경지식을 쌓는 것도 도움이 됩니다. 아이가 배우는 교과서의 학습 주제와 관련된 책, 다큐멘터리를 통해 관련 지식을 습득하면 학습 내용에 대한 이해도를 높이고 지식을 확장할 수 있습니다.

현장 체험학습

배운 내용과 관련 있는 장소를 직접 방문하는 것도 학습에 큰 도움이 됩니다. 박물관이나 유적지뿐만 아니라 시청에 대해 배웠다면 직접 시청을 다녀오고, 통계청이 하는 일에 대해 배웠다면 통계청을 방문해 보는 등 학습 내용과 관련 있는 장소를 방문하면 학습에 대한 이해뿐만 아니라 흥미도 높일 수 있습니다.

모든 아이들은 자기만의 학습 스타일이 있습니다. 이 스타일에 맞추어 위에 제시된 방법들을 적용한다면 아이가 사회 교과에 대한 이해도를 높이고 학습이 쉬워질 뿐만 아니라 흥미도 생길 것입니다.

한국사를 어떻게 공부시켜야 할까요?

#한국사공부　　#한국사공부방법　　#역사여행

 궁금해요

아이가 역사에 흥미가 없어요. 한국사는 몇 년도에 무엇이 일어났는지 다 외워야 하는데 외우는 걸 너무 싫어하네요. 어떻게 하면 재미있게 공부시킬 수 있을까요?

 알려드려요

보통 가정에서 초등학생에게 역사 공부를 시킬 때 한국사 시험을 많이 치게 합니다. 인터넷 강의와 문제집을 사서 강의 듣고 문제집을 풀며 외운 뒤 한국사 시험을 치게 합니다. 이런 과정을 거치다 보면 한국사를 싫어하게 되거나 시험을 치고 나면 외웠던 한국사 지식이 휘발되어 다 잊어버리는 학생들이 많이 생깁니다.

초등학교 역사 공부는 시험 위주의 암기식 공부보다 체험 위주의 학습을 진행하는 것이 좋습니다.

역사여행

학교에서 배운 역사와 관련된 장소들을 직접 방문하여, 교과서 속 사진으로 보던 장소를 직접 눈으로 보고 글로만 읽던 것을 경험하는 것입니다. 학교에서 배우지 않았더라도 다양한 문화재들을 방문하면 역사 공부에 큰 도움이 됩니다. 특히 역사의 도시로 유명한 경주, 강화도, 공주, 부여 등은 아이의 나이와 상관없이 언제든지 방문하여도 보고 느끼며 배울 수 있는 것이 많습니다. 역사여행을 가지 않더라도 가족여행을 갈 때마다 역사적 의미가 있는 곳을 일정에 넣어서 다니면 아이들이 역사에 흥미를 가지고 자연스레 역사를 익히는 데에 큰 도움이 됩니다.

다양한 역사 공부

역사적 인물을 공부하고 싶다면 위인전 읽기를 통해 인물이 살던 시대의 역사를 배울 수 있습니다. 시대 상황 속에서 인물이 이뤄 낸 업적들이 잘 나와 있어서 우리나라 옛 위인들의 이야기를 읽는 것은 아이가 역사를 이해하는 데 도움이 됩니다. 우리나라 역사 이야기책을 읽는 것도 좋습니다. 또는 역사여행이 힘든 경우 역사와 관련된 어린이용 다큐멘터리나 온라인 박물관을 체험해 보는 것도 아이들이 재미있게 역사를 공부할 수 있는 방법입니다.

역사 공부를 하면 암기를 떠올리는 경우가 많습니다. 하지만 시험을 위해 암기한 내용은 휘발성이 강해서 시험이 끝나면 대부분의 내용을 잊어버립니다. 위의 체험과 같이 아이들의 기억에 오래 남으면서 아이들이 즐기며 공부할 방법들이 있으니 먼저 아이들이 경험하고 즐긴 뒤에 외워야 하는 부분은 반복적으로 들려 주고, 제대로 익힐 수 있도록 도와주면 역사 공부에 큰 도움이 됩니다.

과학

과학 공부, 어떻게 하면 좋을까요?

#과학공부   #과학공부방법   #과학실험

 궁금해요

아이가 과학 과목은 좋아하는데 성적은 너무 안 나와요. 과학을 너무 좋아하고 재미있어 하길래 당연히 시험을 치면 높은 점수가 나올 줄 알았는데 그게 아닌 거예요. 어떻게 하면 과학 공부를 잘할 수 있을까요?

 알려드려요

아이가 과학을 좋아한다는 것은 매우 좋은 현상입니다. 과목에 대해 관심을 가지고 배우고자 하는 마음의 준비가 되어 있다는 뜻이기 때문입니다.

초등학교 과학은 학생들의 흥미를 위해 오감을 활용한 실험, 체험 위주로 구성되어 있습니다. 실험은 대부분의 아이들이 흥미를 가지고 적극적으로 참여할 만큼 재미있어하는 활동입니다. 많은 학생들이 적극적으로 실험에 참여하는데 왜 과학 성적은 모두 다른 걸까요?

재미에서만 그치지 않기

아이들은 과학 실험을 할 때 작은 스포이트로 물 한 방울 떨어뜨리는 것조차 서로 하고 싶어 합니다. 떨어뜨린 물방울에 변화하는 색이나 현상을 관찰하며 매우 신기해하고 탄성을 지릅니다. 하지만 과학 학습이 여기서 끝나면 안 됩니다. 실험 전·중·후에 대한 학습적 요소를 제대로 인지해야 합니다.

실험 전에는 실험의 목적이 무엇인지, 실험할 때 주의 깊게 관찰해야 하는 부분, 주의 사항, 실험할 때 같게 해야 할 조건(변인통제), 다르게 해야 할 조건(조작변인) 등에 대해 알고 실험 준비를 해야 합니다.

실험 중에는 변인통제가 잘 되고 있는지에 유의하며 실험 목적에 따라 관찰해야 하는 현상이나 대상을 주의 깊게 관찰하고 그 관찰을 기술해야 합니다.

실험 후에는 왜 그런 결과가 나왔는지 분석하고 자신이 알고 있었던 내용과 비교하며 친구들과 토의하는 과정을 거쳐야 합니다.

위의 실험 전·중·후에 해야 하는 활동은 대개 수업 중에 이루어지기 때문에 수업을 한 뒤, 집에서 복습할 때 실험의 흥미로운 요소뿐만 아니라 학습적인 요소도 떠올릴 수 있도록 복습하는 것이 중요합니다. 만약 잘 기억이 나지 않는다면 간단한 실험은 실험 전·중·후 학습을 거치며 가정에서 한 번 더 실험해 보는 것도 좋은 방법입니다.

과학 실험이라고 생각하면 부담스러워하거나 뭔가 거창한 것으로 오해하기 쉽습니다. 하지만 초등학교에서 하는 실험은 비교적 간단하며 가정에서도 많이 해 볼 수 있는 실험들입니다. 특히 중학년은 나뭇잎 관찰하기, 자석의 성질 알기 등 간단한 실험들이 많으므로 아이가 실험하며 배운 내용에 대해 기억하지 못할 때는 가정에서 한 번 더 해 보는 것도 학습에 큰 도움이 됩니다.

멀티미디어 활용하여 배경지식 확장하기

　배경지식이 풍부한 아이들은 새로운 것을 배울 때 더 빨리 받아들일 수 있습니다. 따라서 과학과 관련된 배경지식을 풍부하게 만들어 주는 것도 학습에 큰 도움이 됩니다. 재미있고 흥미로운 방식으로 과학을 소개하는 교육용 영상이 유튜브에 많이 있습니다. 부모님이 먼저 시청하여 아이가 보아도 괜찮은 영상인지 확인하고 보여주는 것이 좋습니다. 과학 잡지, 과학과 관련된 책 읽기도 배경지식을 확장하는 데 좋은 활동입니다.

실생활과 연결하기

　초등학교 과학에는 실생활과 밀접한 관련이 있는 내용들이 많습니다. 따라서 배운 내용을 실생활에서 찾아 연결하는 것도 배운 지식을 오래 기억할 수 있게 해 줍니다. 지층에 대해 배웠다면 바닷가에 놀러 갔을 때 지층을 직접 관찰해 보기도 하고, 식물의 한 살이에 대해 배웠다면 집에서 키우는 식물이 잘 자라는 환경을 형성하는 방법에 대해 부모님과 같이 이야기하고, 혼합물에 대해 배웠다면 집에서 어떤 것이 혼합물인지 함께 찾아보는 등 배운 내용을 실생활에서 찾고 연관 지어 보는 활동을 통해 아이가 배운 내용을 훨씬 더 잘 이해할 수 있습니다.

　과학은 책상에 가만히 앉아 실험 순서를 외우고 실험 결과를 외우는 것보다 체험과 활동을 곁들여야 아이들이 흥미를 가지고 학습할 수 있습니다. 아이가 과학에 대한 흥미를 잃지 않도록 격려해 주며 다양한 활동과 함께 학습한다면 과학적 지식과 소양까지 함께 기를 수 있을 것입니다.

가정에서 할 만한 과학 공부는 뭐가 있나요?

#과학공부 #실험 #호기심과흥미

 궁금해요

초등학생이 집에서 할 수 있는 과학 공부는 어떤 것이 있을까요? 아이에게 물어보면 실험이 재미있어서 과학 시간은 좋다고 하는데 집에서 교과서에 나오는 과학 실험을 하기에는 부담스러워요.

 알려드려요

2015 개정 교육과정 초등학교 과학 교과의 목표는 '자연 현상과 사물에 대하여 호기심과 흥미를 가지고, 과학의 핵심 개념에 대한 이해와 탐구 능력의 함양을 통하여, 개인과 사회의 문제를 과학적이고 창의적으로 해결하기 위한 과학적 소양을 기른다.'입니다.

2024년도에 적용되는 2022 개정 교육과정 초등학교 과학 교과 목표 역시 '자연 현상과 일상생활에 대하여 흥미와 호기심을 가지고 과학적 탐구를 통해 주변의 현상을 이해하고 개인과 사회의 문제를 과학적이고 창의적으로 해결하는 데 민주 시민으로서 참여하고 실천하는 과학적 소양을 기른다.'로 크게 달라지지 않았습니다. 위 과학 교육 목표의 중요한 요소만 보자면, 첫 번째, **호기심과 흥미 가지기**, 두 번째, **과학 개념 이해하고 탐구 능력 키우기**, 세 번째, **문제 해결을 위한 과학적 소양 기르기**로 볼 수 있습니다. 이 세 가지 내용을 중점적으로 기르기 위해 가정에서는 어떤 활동을 할 수 있을까요?

호기심과 흥미 기르기, 과학적 소양 기르기

과학의 시작은 호기심이라고 해도 과언이 아닙니다. 사소한 것에도 호기심과 흥미를 가지고 관찰하는 자세에서부터 시작합니다. 아이가 호기심을 가질 수 있도록 주변을 자세히 관찰하고 질문하는 대화를 많이 해 주시면 좋습니다. 사소한 내용이어도 좋고 부모님이 모르는 질문이라도 괜찮습니다. 아이와 함께 탐구하면 됩니다.

아이의 과학에 대한 흥미를 키우고 과학적 소양을 기르기 위해 과학 체험 활동에 참여하는 것도 좋습니다. 지역 과학교육원, 과학박물관 등 과학과 관련된 기관 홈페이지를 방문하면 가족 단위의 체험학습 신청을 받고 있습니다. 별 보기 체험, 주말 과학 실험 교실 등 다양한 프로그램을 찾아보고 신청하여 참가하면 좋습니다.

과학적 개념 이해하고 탐구 능력 기르기

과학 탐구능력을 기르기 위해 모든 학년 첫 단원은 과학자처럼 탐구하는 방법에 관련된 내용이 제시되어 있습니다. 과학자들이 탐구하는 방법을 따라 하며 탐구 능력을 기릅니다. 이에 따라 과학자의 실험 영상이나 과학 영화, 과학 다큐멘터리 등을 접하며 과학자의 삶을 엿보고 따라 해 보는 것도 좋습니다. 과학적 개념 이해를 위해서는 과학 독서, 과학 잡지(과학동아, 과학소년 등)를 읽는 것도 좋습니다. 다양한 실험 과정과 결과를 접하며 흥미를 키우고 과학적 지식도 풍부하게 쌓을 수 있습니다.

과학을 하면 실험을 해야 한다고 생각하는 부모님이 많습니다. 하지만 실험 외에도 과학적 소양을 기를 수 있는 다양한 활동들이 있습니다. 기관과 연계된 과학 체험학습, 과학 관련 독서를 통해 충분히 아이들의 호기심을 자극하고 흥미를 높이며 과학을 공부할 수 있습니다.

경제

용돈을 주기적으로 줘야 할까요?

#용돈 #경제교육 #용돈액수

 궁금해요

아이가 초등학생이 되며 스스로 물건을 사거나 친구들과 과자를 사 먹는 일이 많아졌어요. 그동안은 아이가 필요할 때마다 적당한 만큼 돈을 주었는데 주기적으로 용돈을 줘야 할지 고민이에요. 용돈을 줬다가 관리를 제대로 하지 못하고 다 써 버리면 어떡하나 걱정이 되네요.

 알려드려요

어딜 가든 부모와 항상 함께하던 아이가 혼자 그리고 친구들과 함께 지내는 시간이 많아지며 자연스레 돈을 쓸 곳이 생겨나게 됩니다. 친구들과 시원한 아이스크림 하나 먹는 데에도 돈이 필요합니다. 자연스레 아이는 부모에게 돈을 요구하게 되죠. 그리고 대부분의 부모님은 경제 관념이 바로 잡히지 않은 아이가 받은 돈을 다 써 버릴지 모른다는 걱정에 필요할 때 적당한 만큼의 돈만 주는 경우가 많습니다.

경제 교육에는 반드시 체험이 필요하다.

아이를 축구를 잘하는 아이로 기르고 싶다면 가장 먼저 무엇을 해야 할까요? 바로 축구공을 아이에게 던져 주는 것입니다. 그럼 아이는 공을 만지고, 튀기고, 굴려도 보며 공이랑 우선 친해집니다. 그 뒤에 드리블, 패스, 슛과 같은 축구 기술을 배웁니다. 그리고 기술을 익힌 후 실전 경기에 뛰어들게 됩니다. 만약, 공을 가지고 놀다 다칠까 봐 걱정이 되어 공도 한 번 만져 보지 못하게 한 채 아이를 축구 시합에 뛰도록 하면 어떻게 될까요? 결과는 불 보듯 뻔한 일입니다.

경제 교육의 목적은 아이를 하나의 독립적 경제적 주체로 키워 내는 것입니다. 이를 위해서는 어린 시절부터 직접 돈을 다루는 연습을 해 봐야 합니다. 축구처럼 경제 교육도 이론뿐만 아니라 체험과 실습을 병행해야 합니다. 직접 돈을 써 보고 실수하고 실패하는 과정에서 바람직한 돈 관리 방법을 배워 가는 것입니다. 그런 점에서 아이에게 주는 주기적인 용돈은 경제 교육에 있어서 '공'이라고 할 수 있습니다.

그런데 대부분의 아이들이 주기적으로 받는 용돈이 없는 경우가 많습니다. 초등학교 5학년 실과 수업 시간에 아이들은 '용돈 관리'에 대해 공부합니다. 그런데 해당 수업을 시작할 때 아이들이 한목소리로 이야기합니다. '선생님! 저 용돈 안 받는데요?' 학교 수업 시간에 용돈 관리하는 방법을 배워도 당장 써먹을 곳이 없는 반쪽짜리 경제 공부가 되는 것입니다.

용돈은 얼마마다 한 번씩 주는 게 좋을까요?

용돈은 최종적으로 한 달에 한 번 주는 것을 목표로 합니다. 대부분의 근로 소득자들이 한 달에 한 번씩 받는 월급으로 생활을 하고 있기 때문에 다음 월급을 받기 전인 한 달이라는 기간 동안 돈을 관리하는 연습을 해야 합니다. 하지만, 이제 막 돈에 대해 배워 가는 초등학생에게 한 달은 너무나 긴 시간입니다. 돈에 대한 감각도 부족할뿐더러 한 달이라는 시간적 감각도 부족하기 때문입니다.

용돈을 주는 간격은 일주일부터 시작하는 것을 추천합니다. 매주 정해진 요일에 정해진 금액의 용돈을 받고 일주일 동안 생활하는 연습을 시작하는 것입니다. 만약 아이가 일주일이라는 기간 동안의 돈 관리를 어려워한다면 3일이나 5일 정도로 줄여서 용돈을 지급하는 방법을 사용합니다. 하지만 정해진 용돈을 주더라도 매일 주는 것은 별 의미가 없습니다. 내일 돈을 받을 수 있기 때문에 돈 관리를 할 필요가 없어지기 때문입니다.

1주일 동안 계획적으로 돈을 관리하는 데 익숙해진다면 기간을 2주, 3주, 4주로 늘려 가며 돈 관리를 해야 하는 간격에 익숙해지도록 합니다.

용돈의 액수는 얼마가 적당할까요?

용돈을 주는 간격만큼이나 고민되는 것이 우리 아이에게 주는 용돈 액수입니다. 3학년 아이들에게 알맞은 용돈을 얼마이며, 6학년 아이들에게 적당한 용돈은 얼마라고 이야기해 줄 수 있는 공식이 있으면 좋습니다. 하지만 아쉽게도 아이의 학년이나 나이에 적합한 용돈 금액을 콕 집어 말하기는 어렵습니다. 그 까닭은 아이를 둘러싸고 있는 환경이 천차만별이기 때문입니다. 아이의 용돈 액수를 정할 때에 고려해야 할 것들은 생각보다 많습니다. 저녁을 밖에서 해결해야 하는 아이에게는 저녁을 집에서 먹는 아이보다 많은 용돈이 필요합니다. 그렇기 때문에 '6학년은 얼마를 줘야 한다'와 같이 말하기는 어렵습니다. 5만 원이라는 돈이 어떤 아이에게는 1주일을 생활하는 데 충분한 돈이지만 어떤 아이에게는 매일 저녁을 사 먹으면 하나도 남지 않는 돈일 수 있습니다.

그렇다면 우리 아이의 용돈 액수는 어떻게 정하는 게 좋을까요? 그 대답은 아이와 부모가 책상 앞에 앉아 보는 것입니다. 그리고 각자가 생각하는 적당한 용돈의 액수를 이야기 나눠 봅니다. 아이는 자신의 생활 루틴을 되돌아보며 필요한 금액을 이야기하고 부모의 입장에서도 적당하다고 생각하는 용돈 금액을 이야기하는 겁니다. 그리고 근거를 들어 가며 상대방을 설득하는 과정을 거치고, 합의를 통해 결정된 용돈 액수를 지급하는 것이 좋습니다. 그러면 우리 아이의 생활과 가정의 상황을 고려한 우리 집만의 적정한 용돈 액수가 만들어지게 됩니다.

아이에게 집안일시키고
돈 줘도 괜찮을까요?

#집안일　　#돈의가치　　#코브라효과

 궁금해요

아이에게 경제 교육을 해야겠다고 생각하니 떠오르는 것이 유대인의 경제 교육 방법이에요. 집안일을 할 때 금액을 정해 놓고 아이가 한 번 할 때마다 기록을 한 뒤에 돈을 주고 있어요. 그런데 아이에게 사소한 심부름을 부탁해도 돈돈거리는 모습이 보여 걱정입니다. 아이가 집안일을 하고 돈을 벌도록 하는 방법 사용해도 괜찮은 걸까요?

 알려드려요

경제 교육에 관심이 있는 부모님이라면 유대인의 경제 교육 중 아이에게 집안일을 시키고 그 대가로 돈을 지급하는 방법을 들어 보셨을 겁니다. 또 세계적인 부호 빌 게이츠도 자녀에게 경제 교육을 할 때 돈을 직접 벌어 보도록 했다는 이야기를 들은 적이 있을 것입니다. 이렇게 아이들이 직접 돈을 벌게 하는 것은 경제 교육에서 유용한 방법 중 하나입니다. 하지만 이 방법이 가져올 수 있는 부작용도 고려하며 적용할 필요가 있습니다.

돈을 직접 벌어 보면 돈의 가치를 새롭게 느낀다.

아이들이 그동안 써 온 돈은 말 그대로 그냥 받는 돈(불로소득)입니다. 부모님의 자녀이기 때문에 당연하게 받는 돈인 셈입니다. 그렇다면 이렇게 받은 돈의 가치를 아이들은 어떻게 느낄까요? 똑같은 5만 원을 가지고 있는 아이 두 명이 있다고 생각해 봅시다. 설날 세배를 한 번 하고 5만 원을 받은 아이와 최저시급(2024년 기준 9,860원)을 기준으로 5시간이 넘게 일을 하고 5만 원을 번 아이가 느끼는 5만 원의 가치는 분명 다를 것입니다. 당연히 돈을 쓸 때도 직접 돈을 벌어 본 아이가 5만 원의 무게를 더 무겁게 느낄 겁니다. 쉽게 번 돈은 쉽게 쓴다는 말이 있습니다. 경제 교육의 출발은 바로 직접 돈을 벎으로써 내가 쓰는 돈의 가치를 제대로 느껴 보는 것입니다. 단순히 용돈을 주는 것보다는 아이가 일을 하고 '급여'를 받는 방법이 필요합니다.

경제 교육에서 코브라 효과를 조심하라!

아이에게 경제 교육을 할 때 조심해야 하는 것이 있습니다. 바로 '코브라 효과'입니다. 코브라 효과는 인도에서 생겨난 용어입니다. 코브라 개체 수를 줄이고자 인도 정부에서 코브라를 잡아 오면 돈을 지급하는 정책을 펼쳤습니다. 돈을 받을 수 있으니 많은 사람들이 코브라를 잡아 정부에 가지고 왔습니다. 정부에서는 머지않아 코브라 개체 수가 많이 줄어들 것이라 기대했습니다. 그런데 얼마 지나지 않아 정부에서 충격적인 사실을 알게 됩니다. 사람들이 코브라를 집에서 키우고 있었던 겁니다. 힘들게 코브라를 잡으러 다니지 않아도 집에서 키운 코브라를 가져가면 돈을 받을 수 있다는 사실을 사람들이 알게 된 겁니다. 인도 정부에서는 부랴부랴 정책을 폐기했습니다. 그러자 사람들은 더이상 돈이 되지 않는 코브라를 버리기 시작했고, 정책을 실시하기 전보다 야생 코브라 수는 더 많아져 버렸습니다. 이렇듯 **무언가 해결하기 위해 사용한 방법이 오히려 상황을 악화시킬 때, 코브라 효과**라는 말을 사용합니다.

아이들에게 경제 교육을 할 때도 이 코브라 효과를 조심해야 합니다.

집안일마다 금액 매기기는 금물!

아이가 직접 돈을 벌도록 하기 위해 많은 가정에서 사용하는 방법이 집안일을 할 때 정해진 돈을 받도록 하는 방법입니다. 설거지 한 번에 1,000원, 청소 한 번에 2,000원, 상 차리기 한 번에 500원과 같이 집안일을 한 번 할 때 정해진 돈을 받도록 하는 겁니다. 그런데 이 방법은 코브라 효과를 가져올 가능성이 매우 큽니다. 아이가 집에서 하는 모든 일을 돈으로만 보게 만드는 것입니다. 부모의 부탁에도 아이는 돈을 주는지를 먼저 물어보게 될 가능성이 높아집니다. 최악의 경우에는 '돈을 받지 않을 테니 집안일을 하지 않겠다.'라는 말을 아이가 하게 됩니다. 하지만 이때 부모가 할 수 있는 말은 없습니다. 그동안 '돈을 줄 테니 집안일을 해라.'라는 근거를 사용해 왔기 때문입니다. 집안일의 종류에 따라 한 번 할 때 돈을 지급하는 형태는 바람직하지 않습니다. 대부분의 집안일은 가족 구성원들이 함께하는 영역의 일로 남겨 두는 것이 좋습니다.

우리 아이 직업 만들기

코브라 효과의 위험성에도 불구하고 아이의 경제 교육을 위해서는 아이가 스스로 돈을 벌어 보도록 해야 합니다. 하지만 초등학생이 아르바이트를 하는 것은 법적으로 금지되어 있습니다. 그렇기 때문에 집에서 아이가 일하고 돈을 벌게 하되 코브라 효과를 줄일 방법을 사용해야 합니다. 그 방법은 바로 가정에서 우리 아이의 직업을 만드는 것입니다. 아이가 도맡아서 책임지고 담당할 1가지 일을 정하고 그 일을 횟수가 아닌 특정 기간 수행했을 경우 정해진 급여 형태의 용돈을 받도록 합니다. 그럴듯한 직업 이름도 붙여 집에서 그 일의 전문가가 되도록 하면 아이는 내가 맡은 직업이기에 책임감을 갖고 참여할 것입니다.

집에서 만들 수 있는 우리 아이의 직업은 아침마다 부모님에게 커피를 내려 주는 바리스타, 화단을 관리하는 원예사, 현관 앞 택배를 가족들에게 나누어 주는 택배기사 등이 있을 수 있습니다. 직업을 정할 때는 부모님이 일방적으로 결정하는 것보다 아이의 취미와 적성, 관심사 등을 고려해 함께 이야기 나누며 정하는 것이 좋습니다.

아이가 받은 돈을 다 써 버려요.

#소비 #낭비 #지출

 궁금해요

아이가 스스로 소비도 줄이고 저축도 하며 돈 관리를 했으면 좋겠는데 늘 받은 돈을 다 써 버립니다. 돈이 없어도 불편함이 없는 건지 받은 돈은 오로지 소비하는 데만 사용하네요. 그것도 노는 데나 먹는 데 돈을 쓰는 게 다인 것 같아요. 돈을 받으면 그저 소비만 하는 아이, 어떻게 해야 저축도 하고 돈 관리를 하도록 할 수 있을까요?

 알려드려요

같은 연령대의 아이들이라도 돈을 쓰는 성향이 천차만별입니다. 소비 욕구가 낮아 돈을 하나도 쓰지 않고 그대로 두는 아이, 돈을 악착같이 모으는 아이, 적절히 소비도 하고 저축도 잘하는 아이 등 다양합니다. 그중에 돈을 너무 쉽게 쓰는 아이 때문에 고민인 부모님이 가장 많이 있습니다. 소비 욕구가 강한 아이, 존중하되 결과에 대한 책임도 본인이 지게 하셔야 합니다.

아이가 돈을 다 써도 걱정이 없는 이유

경제를 교육하는 목적 중 하나는 성인이 되어 경제생활을 실제로 하기 전에 연습할 기회를 주기 위함입니다. 그리고 성인이라면 어떻게 돈을 쓸 것인지에 대한 자율성을 갖고 있고 또 그에 대한 책임도 져야 합니다. 하지만 아이들은 돈을 어떻게 쓸 것인지에 대한 자율성은 갖고 있지만, 그에 대한 책임은 지지 않는 경우가 많습니다. 내가 가진 돈을 다 써도 생활에 불편함이 없기 때문입니다. 아이가 돈을 다 써도 생활에 불편함이 없는 이유는 부모님이 아이의 경제적인 영역을 상당 부분 책임지고 있기 때문입니다. 돈을 다 써도 삼시 세끼 먹는 것에 불편함이 없고, 새로운 신발과 옷을 가질 수 있습니다. 돈을 다 쓰더라도 돈을 더 받을 수 있는 상황이라면 더욱더 그렇습니다.

아이의 경제적 책임감 늘리기

경제 교육의 최종 목표는 아이가 부모와 완전히 분리된 경제적 주체로 독립하는 것입니다. 하지만 초등학생에게 '지금부터 네 생활은 알아서 하라'고 말하기는 어렵습니다. 당연히 점진적으로 나아가야 합니다. 이를 위해서 아이가 경제적으로 책임지는 영역을 조금씩 늘려 가야 합니다. 즉, 부모님이 책임지지 않는 소비처를 점점 늘리는 것입니다. 예를 든다면, 아이에게 앞으로 신발은 네가 스스로 사야 한다고 말할 수 있습니다. 신발은 네가 가지고 있는 돈에서 사야 하고 부모님이 사 주지는 않을 거라고 말입니다. 그럼 아이는 내가 가진 돈에서 신발을 사기 위한 돈만큼을 미리 생각해 두어야 합니다. 한 번에 아이에게 책임을 넘기기 어렵다면 부분적으로 넘기는 방법도 있습니다. '이제 신발을 살 때 부모님은 5만 원만 내줄 거야. 그것보다 비싼 신발이라면 네가 돈을 보태서 사야 해.'라고 이야기할 수 있습니다. 물론 책임감이 늘어나는 만큼 그에 맞추어 아이가 받게 되는 돈도 늘어나야 합니다. 아이에게 넘겨준 영역에 한해서는 부모님이 돈을 대신 내주지 않는 겁니다.

저축만 하는 아이도 자율성과 책임감을 함께 주기

아이들 중 소비를 거의 하지 않고 저축만 하는 아이들도 많이 있습니다. 가진 돈을 모두 쓰는 만큼 극단적인 경우이기 때문에 개인의 행복이나 경제 활성화를 위한 측면에서 아주 좋다고만은 볼 수 없습니다. 물론, 돈을 다 써 버리는 아이들보다는 훨씬 경제 교육을 하기 수월하지만, 이렇게 소비 욕구가 크지 않은 아이들에게도 경제 교육이 필요합니다. 성인이 된다면 소비를 하지 않고 살 수 없기 때문입니다. 생활에 필수적으로 들어가는 고정지출 비용을 관리하는 것은 소비 성향과 상관없이 필요한 능력입니다.

저축만 하는 아이도 소비만 하는 아이와 같은 방법을 사용하는 것이 좋습니다. 본인이 스스로 책임을 지는 영역을 늘려 가며 '쓰고 싶어서 하는 소비'가 아니라 '써야 하기 때문에 하는 소비'를 하며 소비 계획을 세우고 본인의 소비를 관리하도록 합니다.

돈을 달라고
떼를 써요.

#무계획소비 #추가용돈 #소득교육

 궁금해요

아이에게 주기적으로 용돈을 주고 있습니다. 그런데 용돈을 주고 며칠이 지나지 않아서 용돈을 다 썼다며 돈을 더 달라고 떼를 쓰네요. 용돈이 없으니 친구들과 놀러 가지 못해서 울적해하는 모습이 안쓰럽기도 하고 떼를 쓰는 것을 참지 못해 용돈을 더 주곤 합니다. 하지만 그것도 얼마 못 가 다 써 버리네요. 돈을 달라고 떼를 쓰는 아이 어떻게 해야 할까요?

 알려드려요

누구에게나 돈은 항상 부족합니다. 우리 아이들에게도 마찬가지죠. 아이가 돈을 쓸 곳이 어디 있다고 그러나 싶겠지만 아이들도 생활하며 많은 곳에 돈이 필요합니다. 아이들도 항상 돈이 부족합니다. 하지만 이때 모자란 돈을 부모님을 통해 해결하려는 경우가 있습니다. 부모님에게 돈을 달라고 하거나 물건을 사 달라고 떼를 쓰는 거죠. 짐작하셨겠지만 떼를 쓴다고 돈을 주는 것은 아이의 경제 교육을 저해하는 행동이기에 피하는 것이 좋습니다.

아이가 떼를 써서 돈 벌도록 하지 마세요.

돈이 부족할 때마다 떼를 쓰는 아이가 이와 같은 행동을 하는 이유는 간단합니다. 그렇게 하면 돈을 받을 수 있기 때문입니다. 부모는 자녀에게 모든 것을 해 주고 싶은 마음을 갖는 것이 당연합니다. 하지만 내 행동이 정말 우리 아이를 위한 행동인지 잘 생각해 봐야 합니다. 떼를 쓰는 아이가 안쓰러워서 혹은 그것을 견디지 못해서 떼를 쓰는 아이에게 돈을 주게 되면 어떻게 될까요? 몇 번의 성공 경험을 통해 떼를 쓰면 돈을 받을 수 있다는 것을 학습하게 됩니다. 그리고 돈이 부족할 때마다 떼를 쓰기도 할 겁니다. 성인이 되고, 독립을 하고, 결혼을 한 뒤에도 돈이 필요하면 부모님에게 떼를 쓸 수도 있습니다. 지금 당장은 힘든 과정이겠지만 아이가 떼를 써서 돈을 받아 가는 것을 이겨 내야 합니다. 돈은 떼를 써서 받을 수 있는 것이 아니라는 것을 가르쳐야 합니다. 시간과 에너지가 들더라도 떼를 써서 돈을 받을 수 없는 것을 한 번, 두 번, 계속해서 경험하도록 해야 합니다.

경제 교육은 아이를 독립적인 경제 주체로 키우는 것입니다. 사회는 떼를 쓴다고 돈을 더 주지 않습니다. 자녀가 성인이 되어서도 떼를 쓴다고 돈을 줄 것이 아니라면 **지금 떼를 써서 돈을 받을 수 없다는 것을 배우도록 해야 합니다.**

아이에게 돈이 부족할 때는 어떻게 해야 하는지 가르쳐 주세요.

이렇게 자신이 받는 용돈이나 직업을 갖고 받게 되는 급여 형태의 돈을 제외하고 추가적인 돈, 특히 떼를 써서 받는 돈을 없앰으로써 아이에게 가르쳐 주어야 하는 것은 바로 '희소성'입니다. 희소성은 인간의 물질적 욕구에 비하여 그 충족 수단이 질적, 양적으로 제한되어 있거나 부족한 상태를 뜻합니다. 돈이 부족하다면 선택지는 두 가지입니다.

첫 번째는 돈을 더 버는 방법입니다. 돈을 버는 것을 소득이라고 합니다. 소득은 크게 네 가지로, 근로 소득, 사업 소득, 자본(금융) 소득, 이전 소득이 있습니다. 근로 소득은 정해진 일을 하고 급여를 받는 것이고, 사업 소득은 사업체를 만들고 사업을 운영해 얻는 것입니다. 자본 소득은 저축과 투자 등으로 얻는 것입니다. 이전 소득은 정부의 지원금이나 보험금같이 생산 활동에 참여하지 않고 받는 것입니다. 이 네 가지 소득이 앞으로 아이가 성인이 되어 돈을 버는 방법들입니다. 아이에게 소득을 얻는 방법을 하나씩 알려 주고, 떼를 써서 돈을 버는 것은 가능하지 않다는 것을 꼭 가르쳐 주세요.

두 번째는 소비를 줄이는 것입니다. 사람들은 희소성 때문에 늘 선택을 하게 된다는 것을 알려 주세요. 그리고 지금 이렇게 돈이 없어서 속상하고 답답한 것은 스스로 선택한 결과라는 것을 알려 주세요. 이때 기회비용에 대한 이야기도 해 줄 수 있습니다. 1,000원이라는 돈으로 과자를 사 먹었기 때문에 지금 친구과 PC방에 갈 수 없게 되었다는 것을 객관적으로 알 수 있도록 해 주어야 합니다. 그리고 다음번 선택 상황이 왔을 때는 더 합리적으로 선택해야 한다는 것을 말해 줍니다.

플러스 19

현장체험 때 용돈을 얼마나 챙겨 주는 게 좋을까요?

학교에서 진행되는 현장체험, 수학여행 등은 일정이 다 짜여 있습니다. 현장체험에서는 간식 섭취를 금지하는 경우가 있습니다. 버스에서의 위생 문제, 멀미 문제 등이 있고, 간식을 먹어서 식사를 제대로 하지 않는 경우도 있기 때문입니다. 보통 일일형 체험활동은 프로그램이 촘촘하게 구성되어 있어 간식을 사 먹을 수 있는 시간이 부족합니다. 돈을 따로 들고 오지 않아도 큰 문제는 없고, 너무 많은 돈은 분실 등의 우려가 있으므로 간단한 간식거리 등을 사 먹을 수 있는 정도의 소액만 챙겨 주거나 간식 섭취가 가능하다면 가정에서 미리 챙겨 주는 편이 좋습니다.

64

아이 통장은
언제 만들어 줄까요?

`#저축` `#통장` `#이자`

 궁금해요

　아이에게 저축 습관을 길러 주고 싶어서 집에 저금통을 두고 저축을 하도록 하고 있습니다. 그런데 저금통에 저축을 하면 이자가 나오지 않으니 은행에 아이의 통장을 만들어서 저축을 하면 어떨까 하는 생각이 드네요. 아이에게 언제부터 통장을 만들어서 저축을 하도록 하는 게 좋을까요?

 알려드려요

　부모 세대의 어린 시절에는 저축과 절약에 대한 경제 교육밖에 받질 못했습니다. 그래서 참 아쉬운 생각이 많이 듭니다. '다른 금융 지식과 금융 역량을 기를 수 있으면 좋을 텐데.' 하고 말이죠. 하지만 그렇다고 저축이 경제 교육에서 필요 없는 것은 아닙니다. 오히려 저축 습관을 먼저 형성하는 것이 중요하죠. 저축 습관을 기본적으로 형성해 둔 다음 내용을 하나씩 배워 가야 합니다. 그리고 이때, 저금통보다는 은행에 통장을 만들어 저축하도록 하는 것이 좋습니다. 그리고 통장을 만들 때는 아래의 내용들도 함께 생각해 주셔야 합니다.

통장은 숫자로 그 양을 가늠할 수 있을 때!

초등학교 2학년 때 네 자릿수에 대해 배웁니다. 통장을 만든다는 것은 실물 화폐가 아닌, 통장 속의 숫자로만 돈을 확인하는 것이기 때문에 아이가 적어도 네 자리 이상의 숫자를 읽고 그 양을 이해할 수 있어야 합니다. 만약 아이가 통장 속에 숫자를 실제 돈이 들어 있다고 인식하지 못한다면 통장 만들기는 조금 미뤄 두는 것이 좋습니다. 그 전까지는 실제로 아이가 가지고 있는 돈을 눈으로 보고, 손으로 만지며 확인할 수 있도록 저금통을 활용해 주세요. 은행에 갈 때 아이와 함께 방문하는 것도 좋습니다. 아이에게 은행과 친숙해지도록 하고 은행에 대한 호기심을 갖게 할 수 있습니다. 아이가 먼저 '나도 통장 만들고 싶어.'라는 이야기를 하게 될 수도 있습니다.

저축을 하는 이유를 설명해 주세요.

통장을 만들기 전 아이들에게 돈을 저금통이 아니라 통장에 돈을 넣어 두는 이유를 우선 이해시켜야 합니다. 그렇지 않으면 아이들은 굳이 은행에 가는 번거로운 과정을 거쳐 은행에 돈을 맡기는 것을 이해하지 못할 수 있습니다.

아이에게 설명해 줄 수 있는 은행에 저축하는 이유는 네 가지입니다.

첫 번째, **이자를 받을 수 있습니다.** 저금통에 만 원을 넣어 두면 1년이 지나도 만 원 그대로이지만 은행에서는 1년 뒤에 이자라는 돈을 줍니다.

두 번째, **돈을 안전하게 보관할 수 있습니다.** 돈을 들고 다니거나 집에 두면 잃어버리거나 도둑맞는 경우가 생길 수 있습니다. 하지만 은행에는 비싸고 튼튼한 금고가 있어 내 돈을 안전하게 보관해 줍니다.

세 번째, **소비를 줄일 수 있습니다.** 돈은 가지고 있으면 쓰고 싶어집니다. 하지만 은행에 저축해 두면 돈을 찾기 위해 은행에 가거나 인터넷에서 찾아야 하는 번거로운 과정이 필요하기 때문에 충동 구매 욕구를 줄일 수 있습니다.

네 번째, **은행의 다양한 서비스를 이용할 수 있습니다.** 다른 지역에 있는 사람에게 돈을 보내거나 내가 가진 돈을 다른 지역에 가서도 찾을 수 있습니다.

아이에게 추가 이자를 지급해 주세요.

    은행에 저축하는 이유 중 하나가 '이자'를 받기 위해서입니다. 하지만 어른들에게 느끼는 이자와 아이들이 느끼는 이자는 조금 차이가 있습니다. 우선, 아이들은 원금이 적기 때문에 받는 이자가 너무 적습니다. 10만 원을 은행에 정기 예금해 둔다면 연이율이 3%라고 생각했을 때, 아이가 1년 뒤에 받게 되는 이자는 세금을 제외하고 2,500원 정도입니다. 1년이라는 기간을 기다린 것에 비해 아이가 매력적으로 느낄 만한 금액이 아닙니다. 또, 아이들에게 1년이라는 기간은 어른들이 느끼는 1년보다 상당히 긴 시간입니다. 10살짜리 아이라면 인생의 1/10에 해당하는 기간입니다. 그렇기 때문에 은행에 저축을 한다면 만기가 되었을 때 부모님이 추가 이자를 지급하는 것이 필요합니다. 저축 습관을 들이는 초기에는 적어도 10% 정도의 이자는 받도록 하여 저축에 대한 성공 경험을 쌓고, 습관화할 수 있도록 유도해야 합니다.

아이에게 체크카드를 줘도 될까요?

#체크카드   #현금   #지갑

 궁금해요

아이가 학년이 높아지며 학원을 많이 다니다보니 밖에서 음식을 사 먹거나 버스를 타고 다니는 일이 많아져요. 그래서 교통카드가 되는 체크카드를 하나 가지고 다니게 하면 어떨까 생각 중이에요. 주변에도 체크카드를 사용하니 편하다고 이야기하는 부모들이 많더라고요. 아이들에게 체크카드를 사용하도록 해도 괜찮을까요?

 알려드려요

요즘은 현금을 사용하는 경우를 찾아보기가 어렵습니다. 특히 대한민국은 전 세계적으로 봤을 때도 현금 사용률이 낮은 국가입니다. 체크카드나 신용카드를 많이 사용하고 특히 요즘은 핸드폰을 이용해 결제하기도 합니다. 현금 사용이 어려운 키오스크 매장도 늘어나고 있죠. 아이들에게 경제 교육을 할 때도 이러한 상황을 반영해야 합니다. 하지만 모든 일에는 순서가 있는 법! 아이들에게 카드를 주기 전에 여러 가지를 생각해 보셔야 합니다.

체크카드 사용의 장점

아이가 돈을 쓸 때 체크카드를 사용하도록 하는 것에는 몇 가지 장점이 있습니다. 먼저, 아이에게 직접 돈을 주지 않아도 계좌이체를 통해 아이에게 돈을 줄 수 있습니다. 부모님도 현금을 잘 쓰지 않기 때문에 현금을 찾는 번거로움을 줄일 수도 있습니다. 다음으로, 아이가 돈을 어디에 쓰고 있는지 확인하기 쉽습니다. 체크카드로 돈을 쓰면 사용 내역 문자를 곧바로 받아 볼 수 있습니다. 통장 거래 내역에도 아이가 소비한 내역이 남기 때문에 자신의 소비 습관을 되돌아볼 수 있는 자료가 자동으로 남습니다. 또, 카드를 분실하더라도 곧바로 카드 분실 신고를 한다면 돈을 잃어버리지는 않습니다.

체크카드 사용의 최대 단점! 양감을 기를 수 없다.

체크카드가 많은 장점을 가지고 있는 것은 분명합니다. 하지만 이제 막 돈에 대해 공부하기 시작하는 초등학교 시기에는 체크카드보다는 현금을 사용하는 것을 추천합니다. 그 이유는 체크카드를 사용하면 돈에 대한 양적 감각(양감)이 떨어지기 때문입니다. 어른들도 카드를 사용하면 돈을 얼마나 사용했는지 감각이 떨어집니다. 카드 명세서의 금액이 항상 예상보다 많이 나오는 이유입니다. 어린아이들은 그 정도가 더합니다. 체크카드로 돈을 쓸 때 돈을 얼마나 썼는지, 내가 돈을 얼마나 가지고 있는지 제대로 느끼기 어렵습니다. 심한 경우에는 카드를 돈이 무한히 나오는 물건으로 생각할 수도 있습니다. 그렇기 때문에 아이가 현금을 사용하며 생활하도록 하여 계속해서 돈을 손으로 만지고, 눈으로 보며, 내가 가지고 있는 돈과 쓰고 있는 돈의 양을 확인할 수 있도록 해야 합니다. 초등학교 수학 시간에 수 막대, 바둑알 등의 구체물을 활용하여 아이들의 이해를 돕고 양감을 기르도록 하는 것과 같은 원리입니다. 경제 교육 또한 초기에는 구체물을 활용해 아이들이 돈에 대한 양감을 익히도록 해야 합니다.

현금으로 교육할 때 함께 해야 할 것

아이들에게 돈에 대해 가르칠 때 현금을 사용하는 과정이 필요하다고 했습니다. 하지만, 현금은 도난, 훼손, 분실의 우려가 있습니다. 사용한 내용이 기록으로 남지 않는다는 것 또한 단점입니다. 그렇기 때문에 아이가 현금을 사용할 때는 '용돈 기입장'을 사용하도록 하는 습관을 만들어 주어야 합니다. 현금을 쓸 때는 자동으로 돈을 쓴 기록이 남지 않기 때문에 매일 자신의 수입과 지출을 손수 기록하도록 합니다. 용돈을 주는 날에 아이와 함께 책상에 앉아 지난 기간 동안 수입과 소비를 확인해 보고 아이가 스스로 판단할 볼 기회를 제공하세요. 이때, 부모가 아이의 소비 기록을 보고 잔소리를 하거나 부정적인 피드백을 주는 것은 피해야 합니다. 아이의 현재 소비 습관을 함께 정리하고 사실만 이야기해야 합니다. '이번 주는 총 5,600원을 썼고 지난주보다 1,000원을 더 사용했네.'와 같은 식입니다. 이렇게 본인의 소비 습관을 반성해 보고 다음 소비 계획을 세우는 연습을 통해 아이가 자신이 쓰고 있는 돈과 자신이 가지고 있는 돈에 대한 양감이 충분히 길러진 이후 체크카드를 사용하도록 가르칩니다.

66

세뱃돈을 아이한테 맡기는 게 좋을까요?

#명절 #세뱃돈 #저축

 궁금해요

　설날이나 추석이 되면 오랜만에 만난 친척들이 아이에게 용돈을 주십니다. 한 명이 주는 금액은 많지 않지만 여러 명에게 받다 보니 꽤 큰 금액이 되네요. 자기 돈은 자기가 관리하도록 하고 있는데 명절에 받은 용돈도 아이에게 맡기는 게 맞는 걸까요? 너무 큰 금액이라 이것저것 사느라 다 써 버리지는 않을지 걱정이 됩니다.

 알려드려요

　아이의 경제 교육을 위해서는 아이가 스스로 돈을 벌고 자신의 자산을 관리하도록 해야 한다고 말씀드렸습니다. 그런데 아이가 비정기적으로 받는 용돈들은 어떻게 해야 할지 고민이 될 수밖에 없습니다. 아이가 한 달에 받는 돈보다 훨씬 많은 돈이 한 번에 생기니 돈 관리를 소홀히 하지는 않을지 걱정이 될 수밖에 없기 때문이죠. 하지만 이렇게 비정기적인 목돈이 생기는 경우는 어른이 되어서도 겪게 되는 일들입니다. 성과급이나 보너스, 예적금 만기와 같은 상황들이 생기죠. 아이들에게 이러한 상황도 미리 연습시켜 주어야 합니다.

명절에 받은 용돈의 주인은 아이다.

기본적으로 아이가 받은 명절 용돈은 아이의 돈입니다. 하지만 몇몇 부모님은 마치 아이가 받은 돈을 부모가 당연히 받아야 하는 돈으로 인식하는 것 같습니다. 부모님도 다른 친척 아이들에게 용돈을 주었기 때문입니다. 하지만 이렇게 아이가 받은 돈을 당연히 부모의 돈인 것처럼 가져가는 것은 아이에게 '부모님이 내 돈을 빼앗아 간다.'는 인상을 심어 줄 수 있습니다. 부모가 대신 관리를 해 준다며 가져간 용돈이 온데간데없이 사라지거나 부모님이 아이의 동의 없이 생활비 등으로 임의로 사용하는 경우도 마찬가지입니다. 부모가 내 자산을 인정하지 않고 가져갈지도 모른다는 생각을 하게 되면 아이들은 자신이 가진 돈을 숨기거나 거짓으로 이야기하게 될 수도 있습니다. 이 경우 아이와 돈 관리에 대해 제대로 이야기하는 것을 방해하는 요인으로 작용할 수 있습니다.

명절 때 받은 돈의 저축 비율 정하기

아이가 받은 돈을 저축도 하고 계획적으로 소비한다면 부모님도 아무런 걱정이 없을 것입니다. 하지만 아이가 통제력이 부족하고 아직 돈을 관리하는 습관이 제대로 형성이 되지 않았다면 아이가 돈을 제대로 관리할 수 있을 때까지 부모님이 대신 관리해 주는 방법을 사용할 수도 있습니다. 하지만 이 경우에도 부모의 일방적인 판단과 통보가 아닌 아이와의 합의를 통해 방식을 결정해야 합니다. 이 합의는 명절이 지나 용돈을 받은 상태보다는 명절이 되기 전 미리 결정해 두는 게 좋습니다. '받은 용돈 중 25%는 네가 직접 관리하고 75%는 아빠 엄마가 관리를 해 주겠다.' 또는 '받은 용돈 중 10만 원은 네가 직접 관리하고 10만 원을 초과하는 돈은 아빠 엄마가 관리해 주겠다.'라고도 할 수 있습니다. 이렇게 부모님이 대신 관리하는 이유를 설명하고 아이를 납득시켜야 합니다. 네가 성인이 되면 이러한 목적으로 사용하겠다고 이야기해 줄 수도 있습니다. 이 과정에서 아이가 비율 또는 금액의 조정을 원한다면 아이가 적합한 근거를 대서 부모를 설득하게 하고 비율을 조절할 수도 있습니다. 그리고 이렇게 정해진 약속은 아이도 부모님도 반드시 지켜야 합니다.

부모가 관리하는 돈은 아이가 원할 때 언제든 투명하게 공개할 수 있어야 합니다. 약속한 것과 다르게 돈이 사용되고 있다면 아이는 부모에 대한 신뢰를 잃게 됩니다. 만약 부모가 관리하는 아이의 돈을 불가피한 사정으로 인해 써야 한다면 아이에게 정확한 금액을 이야기하고 동의를 얻습니다. 그리고 그 돈은 정확하게 돌려놓아야 합니다. 이때, 조금이라도 이자를 붙여 돌려주는 것이 좋습니다. 돈을 빌리는 데에 대가가 필요하다는 것을 알려 줄 수 있습니다. 반대로 아이가 부모에게 급하게 필요한 돈을 빌리는 경우에도 똑같이 적용합니다.

돈에 대한 부모와 자녀의 약속 정하기

앞에서 말한 명절 용돈의 비율 조정, 돈을 빌려 쓰는 상황 등이 벌어질 때, 그 내용을 계약서 형태로 남겨 두는 활동이 필요합니다. '부모와 자녀 사이에 무슨 계약서인가.' 하고 생각할 수도 있지만 '계약서' 또한 중요한 경제 교육의 한 부분입니다. 어릴 적부터 계약서의 효력과 중요성에 대해 이해한 채로 계약서를 만들고 내용을 정확히 확인한 후 서명하는 연습을 시켜 두어야 합니다.

아이에게 주식을 선물로 줘도 괜찮을까요?

#주식   #주식선물   #주식공부

 궁금해요

　주식을 하는 사람들이 주변에 많다는 게 느껴져요. 낮은 금리 때문에 저축만으로는 자산을 늘려 가기 어려운 시대라 아이들에게 투자에 대한 교육도 꼭 해야 할 것 같은데 걱정이 되기도 하네요. 아이들에게 용돈 대신 주식을 사 주라는 말도 들리던데 주식을 아이들에게 선물해 줘도 괜찮을까요?

 알려드려요

　지금까지 아이들에 대한 경제 교육은 소비와 저축에 초점이 맞추어져 있었습니다. 하지만 경제 교육적인 측면에서 봤을 때, 투자 교육도 아이들에게 반드시 해야 할 교육 중 하나입니다. 그리고 아이들이 지금 당장 할 수 있는 투자는 주식 투자가 대표적이죠. 하지만 주식에 대해 교육을 할 때 고려해야 할 것들이 몇 가지 있습니다.

경제 교육에도 단계가 있다.

　모든 교육에는 단계가 필요합니다. 수학에서 덧셈, 뺄셈을 가르치고 곱셈 나눗셈을 가르칩니다. 덧셈이 제대로 되지 않는 아이에게 곱셈을 가르치지는 않습니다. 경제 교육도 마찬가지입니다. 저축, 소비, 투자, 보험, 대출 등 다양한 경제 교육 내용 중 우선 가르쳐야 할 것들부터 차례대로 아이들에게 가르쳐 주어야 합니다. 먼저 돈에 대한 공부를 하지 않고 투자에 대한 교육을 시작하는 것은 금물입니다.

주변의 이야기만 듣고 다른 경제 공부는 미뤄 둔 채 주식 투자만 가르치는 경제 교육, 주식 투자부터 가르치는 경제 교육은 피해야 합니다. 아이가 스스로 돈을 버는 경험을 통해 돈에 대한 가치를 바로 알고, 저축 습관을 길러 계획적인 소비를 할 수 있는 다음에 투자 교육을 시작해야 합니다.

유행에 휩쓸리는 경제 교육은 NO

2020년대 초반부터 대한민국에 주식 붐이 일기 시작했습니다. 투자로 돈을 버는 사람들이 많아졌습니다. 그리고 이 시기 아이들에게 주식을 사 주고 투자 교육을 해야 한다는 이야기를 하는 사람들이 미디어에 많이 노출되었습니다. 실제로 주식 투자를 하고 높은 수익을 얻은 초등학생, 중학생이 등장하기도 했습니다. 이렇게 미디어에서 자녀 투자 교육에 대한 이야기가 들리기 시작하며 학부모들은 불안함을 느끼기 시작합니다. 우리 아이만 뒤처지는 것 같은 생각이 들기 때문입니다. 하지만 이렇게 유행에 휩쓸리듯 아이들에게 투자 교육을 하는 것은 바람직하지 않습니다. 꼭 필요한 교육이라면 다른 사람이 한다고 해서 하고, 다른 사람이 하지 않는다고 해서 안 하지는 않을 것입니다. 다른 사람이 하기 때문에 투자 교육을 하는 것이 아니라 우리 아이의 삶에 필요한 지식이기 때문에 투자 교육을 한다는 생각으로 아이들에게 투자 공부를 시켜 주시기 바랍니다. 우리가 아이들에게 해야 할 투자에 대한 교육은 투자 시장이 좋다고 해서 하는 투자 교육이 아니라 시장 상황이 좋든 좋지 않든 아이들이 투자에 대해 올바르게 이해하고 스스로 투자할 수 있는 역량을 갖도록 해 주는 것입니다.

주식을 사 준다고 주식 공부가 되는 건 아니다.

　부모님이 흔히 하는 착각 중 하나가 '주식을 사 줬으니 투자 공부를 시키고 있는 것'이라고 생각한다는 것입니다. 부모님이 계좌를 개설하고, 부모님이 준 돈으로 주식을 사서 가지고 있는 것은 엄밀히 따졌을 때 아이가 투자 공부를 하고 있는 것이 아닙니다. 아이 이름으로 개설된 계좌로 부모님이 돈 관리를 하고 있는 것입니다. 정작 관리 주체인 아이가 빠진 투자 교육인 것입니다. 제대로 된 투자 교육을 하고 싶다면 아이가 스스로 판단하고 결정하도록 하는 과정이 반드시 들어가야 합니다. 그리고 이때, 아이의 참여를 유도하는 방법은 부모가 준 돈이 아닌 아이가 가지고 있는 돈으로 투자를 하도록 하는 것입니다. 자신이 가지고 있는 돈 중 얼마를 투자할지 정하고, 부모의 결정이 아닌 아이가 선택한 주식에 투자하도록 합니다. 실패를 경험하는 것도 투자 공부에 있어 좋은 경험이 됩니다. 자기 판단의 이유를 정리하고 결과의 원인을 따져 보는 과정을 통해 투자에 대한 안목을 기를 수 있도록 해 주어야 합니다. 또, 아무리 수익이 좋더라도 아이에게 낯선 종목, 이해할 수 없는 영역의 종목보다는 아이에게 익숙한 기업의 주식에 투자하도록 하는 것이 좋습니다.

　부모님이 아이를 위해 관리하는 주식 계좌는 따로 두고, 아이가 직접 관리하는 계좌를 개설해야 합니다.

부모가 어디까지 공부를 봐줘야 할까요?

#엄마표공부　　#조력자　　#자기주도학습

 궁금해요

아이가 공부할 때 부모의 역할은 어디까지일까요? 챙겨 주려 해도 끝이 없어 보이고 계속 챙기고 잔소리하다 보니 아이와 싸움만 늘어 가네요. 아이가 스스로 하면 좋을 텐데 스스로 하라고 이야기하다 보면 잔소리가 되어 또 싸워요. 어디까지 도와줘야 할까요?

 알려드려요

아이의 학습에 대한 학부모의 고민은 끝이 없습니다. 조금 더 잘했으면 하는 마음과 아이가 스스로 잘했으면 좋겠다는 마음은 부모이기에 어쩔 수 없습니다. 그래서 도움도 주고 싶고 도움을 주다 보면 내가 공부를 하는 것인지 아이가 공부를 하는 것인지, 조언을 주는 것인지 잔소리를 하게 되는 것인지 고민하게 되는 순간이 옵니다. 아이의 공부에 대한 부모님의 역할을 안내해 드리겠습니다.

부모님의 역할은 조력자

육아의 최종 목표는 자녀의 자립입니다. 아이가 커서 사회의 구성원으로서 스스로 자신의 일을 헤쳐 나갈 수 있도록 성장을 도와주는 것이 육아의 최종 목표이자 부모님의 큰 역할 중 하나라고 할 수 있습니다. 학습도 마찬가지입니다. 학습도 부모님이 조력자가 되어서 아이가 스스로 공부할 수 있도록 해 주어야지, 과제나 학습을 대신 수행해 주는 사람이 되어서는 안 됩니다. 이때 가장 중요한 것은 인내심입니다. 절대로 부모님의 말 한마디에 아이의 행동이 크게 개선되거나 바뀌지 않습니다. 꾸준히 격려하고, 조언하고, 습관 들이도록 도와야 합니다. 아이의 성장과 변화는 천천히 일어나기 때문에 인내심을 가지고 기다리면서 아이를 도와주셔야 합니다.

> CHECK! **학습 전**

학습 환경

아이의 학습 환경을 점검해 주시면 좋습니다. 우선 책상에 지나치게 많은 물건이 쌓여 있지는 않은지, 정리정돈은 제대로 되어 있는지 점검해 주시면 됩니다. 주변 정리가 안 되어 있으면 시야가 분산되어 산만해지기 쉽습니다. 가급적 책상 위에는 지금 공부하면서 쓸 책과 필기구 외에는 아무것도 없는 것이 좋습니다. 그리고 아이가 공부하는 자리의 의자, 책상, 조명도 체크하면 좋습니다. 책상의 위치가 시야를 방해하지 않고 집중할 수 있도록 배치되어 있는지, 의자가 편안하고 아이의 키높이에 맞는지, 스탠드 밝기가 적절한지 등의 공부 환경을 점검해야 합니다.

학습 태도

아이의 학습 태도도 점검해 주시는 것이 좋습니다. 책상에 앉아 있는 시간 동안 집중하고 있는지, 다른 생각에 잠기지는 않는지, 손장난을 하지는 않는지 등을 관찰하면 좋습니다. 담임 선생님과 상담할 때 학교에서의 학습 태도도 점검하면 좋습니다. 학습 태도가 올바른지, 수업 시간 40분 동안 집중을 잘하는지, 집중도가 얼마나 되는지, 과제 집착력, 과제 완성도 등을 상담할 때 담임 선생님에게 물어보면 좋습니다. 아이가 집중을 잘하지 못하는 편이라면 집중력을 길러 주는 것이 필요합니다. 집중력을 기르는 데에는 지름길이 없습니다. 결국은 습관 만들기입니다. 일반적으로 학부모님들은 상담할 때마다 비법이 없는지 많이들 물어보시지만 결국 시간을 들여 습관을 만들 수밖에 없습니다. 처음에는 의자에 정해진 시간 동안 앉아 있는 연습을 합니다. 그 시간 동안은 잘 집중하지 못해도 의자에 앉아 있는 연습을 먼저 해야 합니다. 이때 시간은 짧은 시간부터 시작하여 차츰 늘리는 것이 좋습니다.

의자에 앉는 연습이 되었다면 이제 공부하는 연습을 할 차례입니다. 앉아서 다른 짓을 하지 않고 글을 읽고 문제를 푸는 시간은 천천히 늘려 가야 합니다. 아이가 집중하기로 약속한 시간만큼 아직 적응이 되지 않았는데 부모님의 조급한 마음에 빨리 시간을 늘리면 안 됩니다.

집중력을 향상하기 위한 방법으로 청각주의력, 시각주의력과 관련된 연습을 해 주셔도 좋습니다. 시각주의력을 향상하기 위해서는 숨은그림찾기, 틀린 그림이나 글자 찾기, 신문에서 글자 찾기, 미로 찾기 등이 있습니다. 청각주의력은 상대방이 설명하는 대로 그림 그리기, 상대방이 불러 주는 대로 덧셈 계산기로 계산하여 답 말하기 등이 있습니다. 이러한 활동들은 매우 간단하며 가정에서 부모님과 언제든지 할 수 있으므로 자주 연습시켜 주시면 좋습니다. 이때, 아이가 설명하고 부모님이 아이의 설명에 따라 빈 종이에 그림 그리기를 할 수도 있습니다. 아이의 설명에 따라 부모님의 그림이 달라질 텐데 이러한 활동은 아이의 설명하는 능력도 키울 수 있습니다.

아이의 수준 파악

아이의 학습을 돕기 위해서 가장 먼저 해야 할 일은 아이의 수준 파악입니다. 아이는 학습을 하며 내용을 습득하여 수준이 높아지기도 하고, 학습하였으나 완벽하게 습득하지 못하여 제자리에 머물거나 내용을 익혔어도 잊어버려서 수준이 낮아지기도 합니다. 그렇기 때문에 지속적으로 아이의 수준을 파악하는 것이 중요합니다. 아이는 어렴풋이 자신이 힘들어하는 부분을 알고 있지만, 구체적으로 어떤 부분이 어떻게 어렵게 느껴지는지 스스로 파악하기는 아직 힘듭니다. 이 부분을 부모님이 도와줘야 합니다. 아이와의 대화, 관찰뿐만 아니라 담임 선생님이 상담 때 이야기해 준 부분이 있다면 그 부분도 참고하여 파악하면 됩니다. 그리고 가정에서 아이가 어려워하는 부분에 대한 간단한 테스트를 통해 어떤 부분을 아이가 힘들어하는지 구체적으로 파악합니다.

> **CHECK!** 학습

아빠표 또는 엄마표 공부방

초등학생까지는 부모님의 시간이 충분하다면 아빠표 또는 엄마표 공부방을 통해 학습해도 충분합니다. 부모님이 시간이 부족하여 퇴근 후 아이 공부를 봐주기 힘들거나 부모님표 공부방으로 인해 아이와 싸움이 잦아지면 그만두어야 합니다. 아이가 사춘기가 되면 부모님과의 대화를 회피하기도 하고, 부모님이 공부를 알려 주시다 보면 '이것도 모르는 건가?' 하는 생각에 부모님 자신도 모르게 잔소리를 계속하게 됩니다. 이렇게 되면 아이는 부모님과의 공부를 거부하고 더 나아가 공부 그 자체에 대해 거부감을 가질 수 있습니다. 이런 상황에서는 아이가 혼자 공부하고, 공부하는 데에 도움이 필요하다면 학습지, 인터넷 강의, 학원 등의 다른 방법을 찾아야 합니다. 이런 점을 고려하여 부모님표 공부방을 운영하였으면 좋겠습니다.

학습 전 사전 단계에서 아이의 수준을 파악했으면 수준에 알맞은 학습을 제공해야 합니다. 아이가 부족한 부분을 확인하고 보충 학습을 시켜 주시면 됩니다. 가령 학교에서 분수의 곱셈과 나눗셈 문제를 많이 힘들어한다면 교과서에서 해당 단원을 다시 풀어 보거나, 보충할 수 있는 문제집을 활용하는 것이 좋습니다. 이때 어려워하는 부분의 전 단계 학습의 이해도를 체크해야 합니다. 분수의 곱셈과 나눗셈을 어려워한다면 분모가 다른 '분수의 덧셈과 뺄셈'을 이해하고 있는지, 분모가 같은 분수의 덧셈과 뺄셈은 잘 이해했는지 등을 확인하셔야 합니다.

부모님이 학습 지도할 때 많이 실수하시는 부분 중 하나는 자녀가 잘 못하는 내용만 계속 시키는 것입니다. 예를 들어, 4학년 2학기 수학 1단원 분수의 덧셈과 뺄셈을 배우는데 이 부분을 못 하면 계속 해당 단원만 학습시킵니다. 반복해서 공부해도 안 되는 것은 전 단계 학습을 완전히 이해하지 못했다는 뜻이기 때문에 전 단계를 학습하고 본 단계 학습을 할 수 있도록 진행해 주시면 됩니다.

우리 아이에게 알맞은 문제집 골라주기

아이의 수준이 잘 파악되어 있다면 문제집 고르기도 쉽습니다. **10문제 중에서 6~8문제를 아이 스스로 해결할 수 있는 문제집이면 적당합니다.** 다 아는 내용이면 흥미도가 떨어지고 지루해질 수 있으며 큰 학습 효과가 없습니다. 또 아이의 수준에 너무 어려운 문제집이면 학습에 큰 어려움을 느끼고 거부감을 가질 수 있습니다.

스스로 하는 습관 만들어 주기

엄마표 공부방을 하든지, 학원을 다니든지 항상 스스로 혼자 공부하는 시간이 필요합니다. 매일 같은 시간 같은 장소에서 일정한 시간 동안 스스로 그날 배운 내용을 학습하는 시간을 가질 수 있도록 해 주십시오. 일정한 시간 동안 능동적으로 공부하는 시간이 익숙해지면 그 시간을 조금씩 늘려 가며 아이의 자기주도적 학습력을 키워 주셔야 합니다. 이 시간 동안 엄마표 공부방에서 들은 설명이나 학원에서 배운 내용을 다시 한번 문제집을 통해 풀거나 학교 과제를 하는 등 일정한 학습 시간을 가지게 하는 것이 좋습니다. 처음 시작할 때는 이 시간을 싫어하고 앉아 있다가 다른 행동을 하기도 할 것입니다. 매일 같은 시간 앉아서 스스로 공부하는 연습을 한다면 나중에는 아이가 알아서 그 시간에 앉아서 공부하게 될 것입니다.

부모님의 역할은 끝이 없어 보입니다. 하지만 그 끝을 하나씩 맺어야 하는 순간이 반드시 옵니다. 그때 아이가 온전히 스스로 할 수 있도록 도움을 주시되 항상 아이가 스스로 해낼 수 있도록 도움을 주셔야 합니다. 대신 해 주는 것이 아니라 스스로 할 수 있도록 도와주어야 한다는 점을 늘 기억해 주시기 바랍니다. 어느 순간 하나 둘씩 스스로 하는 아이의 모습을 발견하며 부모님의 노력과 인내의 결실을 맛보는 순간이 올 겁니다.

숙제 지도는 어떻게 해야 할까요?

#숙제지도　#아이숙제부모숙제　#부모님격려

 궁금해요

학교 숙제는 어떻게 도와줘야 할지 모르겠어요. 도움만 줘야지 하면서 옆에서 같이 봐주다가 숙제가 끝나고 보면 제가 다 해 준 것 같은 숙제가 돼 버렸어요. 안 도와주고 옆에서 보기만 하려니 답답하기도 하고 도움을 줘야 할 것 같은데, 어떻게 하면 좋을까요?

 알려드려요

저학년일수록 숙제에 대한 부모님의 관심도 높고, 그만큼 숙제에 들어간 부모님의 손길도 많습니다. 하지만 숙제는 우리 아이들이 학교에서 배운 내용을 스스로 복습하고 자신이 직접 수행하며 조사 및 탐구하는 능력을 기르는 활동입니다. 그뿐만 아니라 이런 활동을 하며 자연스레 가정에서 스스로 공부하는 습관도 기를 수 있습니다. 물론 처음에는 부모님의 도움이 필요할 수도 있습니다만 학년이 점점 올라갈수록 부모님의 도움을 줄이며 스스로 할 수 있게 해 주어야 합니다.

숙제를 대하는 자세

　스스로 숙제를 챙길 수 있도록 지도해 주셔야 합니다. 가정에 도착하면 알림장을 꺼내서 확인하고 숙제를 한 뒤에는 다음 날 등교를 위해 가방을 챙기는 시간을 항상 가지는 것이 좋습니다. 예를 들어 저녁 8시로 정했으면, 8시에 알림장을 확인하고, 그때부터 9시까지는 숙제를 하고, 다음 날 등교를 위해 가방을 챙긴 뒤 자는 습관을 만들어 두는 것이 좋습니다.

　이렇게 하면 저녁 8시에 아이가 스스로 알림장을 확인하고 숙제를 하기 위해 책상에 앉을 것입니다. 물론 습관이 들기까지는 시간이 걸리므로 부모님이 옆에서 계속 도와주는 것이 좋습니다. 숙제는 기본적으로 자신의 것이고 자신이 한다는 것을 아이가 알고 있어야 합니다. 부모님은 알림장을 통해 숙제를 파악했다면 어디까지 도와주어야 할 것인지 선을 정하고 그 선을 지키도록 노력해야 합니다. 선을 정하지 않으면 결국 부모님이 한 숙제가 되기도 합니다. 도와주는 선은 아래 과목별 숙제에 따라 예시로 안내해 드리겠습니다.

CHECK! 숙제 종류에 따른 지도법 안내

국어 숙제

　주로 글짓기나 일기를 숙제로 많이 내어 줍니다. 저학년은 숙제하는 시간을 정하고 스스로 쓰게 합니다. 그리고 그 글을 부모님이 읽어 본 뒤 보충했으면 하는 내용을 언급해 줍니다. 예를 들어, 일기에 '오늘 학교에서 공놀이를 해서 재미있었다.'라고 적혀 있으면 누구랑 어떻게 공을 주고받으며 놀았고, 무슨 일이 있었는지, 어떤 감정을 느꼈는지를 더 적어 보라고 안내합니다. 글에 추가할 소재에 대해서만 언급하고 글을 쓰고 표현하는 것은 자녀에게 맡겨 두는 것이 좋습니다. 자녀가 쓴 글이 부모님의 눈에 부족할 수도 있지만, 부모님의 도움과 기다림으로 아이는 성장합니다. 그리고 띄어쓰기, 맞춤법을 점검해 주시면 좋습니다. 이때 틀린 글을 고칠 때 반드시 지우개를 사용하여 지우고 글을 쓰는 연습을 시켜 주시기 바랍니다.

수학 숙제

수학 숙제는 보통 수학익힘책, 수학 학습지가 많이 나갑니다. 문제를 푸는 숙제가 일반적인데, 아이가 스스로 문제를 풀다가 해결하기 어려워할 때는 대신 해 주는 것이 아닌, 문제를 푸는 방법을 안내해 주시기 바랍니다. 가능하다면 해당 문제와 관련 있는 부분을 복습해 주어도 좋습니다. 복습 지도가 어렵다면 EBS 강의를 통해 다시 익히게 하는 것도 좋습니다. 문제 푸는 방법을 복습한 뒤에는 다시 스스로 풀어 볼 수 있도록 안내해 주시면 됩니다. 문제를 틀렸을 때는 화내거나 꾸짖지 마시고 어떤 부분에서 오류가 있었는지 살펴봐 주시는 것이 좋습니다. 이를 위해서 수학은 반드시 계산 과정을 쓸 수 있도록 해 주십시오. 학교에서도 안내하고 있지만 안 쓰는 학생이 많습니다. 계산 과정을 적어야 아이가 어느 부분에서 오류가 있었는지 가르치는 선생님과 학부모, 무엇보다 아이 본인이 알고 고칠 수 있습니다.

사회 숙제(통합교과)

사회 과목에서는 주로 인터넷을 이용하거나 면담을 통한 조사 학습이 숙제로 나갑니다. 저학년들의 숙제는 주로 가족을 인터뷰하거나 가족과 함께하는 활동에 관한 것입니다. 가족과 함께하는 과제는 지식적 측면을 강조하기보다 아이와 가족의 유대 관계 등 정서적 측면을 강조하는 과제가 더 많습니다. 이런 과제는 보여주기식으로 꾸밀 필요 없이 가족과 함께하는 시간을 소중히 하고 그 시간을 충분히 즐기시면 됩니다. 예를 들어 '부모님 어깨 주물러 드린 뒤 느낀 점 쓰기'라는 숙제가 있다면, 서로 어깨를 주물러 주고 고마운 마음을 적극적으로 표현하면 됩니다. '가족과 수박 화채 만들어 먹고 느낀 점 쓰기'도 음식을 예쁘게 만들어 사진을 찍기보다는 아이와 수박 화채를 함께 만들며 웃고 즐거운 추억을 만드는 것을 목표로 하면 됩니다. 이후 느낀 점은 아이가 자유롭게 쓸 수 있도록 도와주면 좋습니다.

중학년 정도 되면, 책이나 인터넷을 활용한 조사 학습이 과제로 나갑니다. 보통은 4학년부터 하지만 3학년 과제로 주기도 합니다. 인터넷을 활용하여 조사할 때는 부모님이 옆에서 함께 봐주는 것이 좋습니다. 아이가 인터넷으로 조사를 잘할 수 있더라도 인터넷을 사용하다 보면 유해한 광고가 뜨기도 하고 호기심에 다른 길로 빠지기 쉽기 때문입니다. 또 대부분의 아이들이 조사한 자료를 그대로 복사해 오는 경우가 많습니다. 이해하지 못하는 단어들도 그대로 두어 내가 찾은 자료의 내용을 내가 모르는 경우가 발생합니다. 조사한 내용을 정리하여 작성할 때 중요한 부분이 요약입니다. 내가 이해하고 알 수 있는 표현으로 요약하는 능력도 학습 능력 중 매우 중요한 요소입니다. 아이가 조사한 것을 그대로 옮겨 쓰는 것이 아니라 어떤 부분이 중요한지 함께 이야기하고 요약하여 쓰는 연습을 도와주시면 됩니다.

미술, 음악 숙제

미술 과제는 도와주는 부모님의 작품이 되는 일이 많아 되도록 집에서 하는 숙제를 내어 주지 않습니다. 특히 수행평가는 반드시 학교에서 합니다. 만들기나 그림 그리기 숙제는 수업 시간에 미처 다 끝내지 못해 집에서 마무리하거나 저학년 학생의 소근육 발달을 위한 색칠 과제를 주기도 합니다. 저학년은 테두리 부분을 자신의 손으로 색칠하면 손의 소근육 발달에 도움이 되므로 스스로 할 수 있도록 지켜봐 주시는 것이 좋습니다. 음악은 가창, 악기 연주 수행평가가 있을 때 집에서 연습하도록 숙제를 내어 줍니다. 집에서 시간을 정하고 스스로 연습할 수 있도록 돕기만 하면 됩니다.

과제는 기본적으로 학생의 성장을 위해 학생이 스스로 한다는 전제로 내어 주는 경우가 대부분입니다. **아이들이 초등학교 때 스스로 하는 습관을 갖지 못하면, 중학교, 고등학교에 가서도 부모님에게 기대게 됩니다.** 아이들은 아직 성장하고 있기 때문에 부모님의 성에 차지 않을 수 있습니다. 그래도 아이가 자립할 수 있도록 따뜻한 눈길과 격려로 지켜보시길 바랍니다.

플러스 20

문제집을 풀게 했더니 답지를 베꼈어요.

요즘은 수학익힘책에 답지가 붙어서 나옵니다. 문제를 풀다가 보면 귀찮기도 하고 빨리 끝내고 놀고 싶은 마음이 당연히 들기 때문에 답지가 문제집 뒤에 있다는 것을 알면 아이들은 유혹에 빠질 수밖에 없습니다. 답지를 보고 스스로 채점을 하는 과정은 메타인지[*]를 기르는 데 도움이 됩니다. 그래서 스스로 답지를 보고 채점을 하고 올바른 풀이 방법을 확인하는 용도로 답지를 활용해야 합니다. 하지만 채점과 스스로 하는 공부의 목적이 아닌 답지를 보고 답을 그대로 베낀다면 문제집의 답지는 부모님이 챙겨 두시고 채점할 때만 볼 수 있도록 해 주시기 바랍니다.

---

[*] metacognition. 자신의 인지 과정에 대해 한 차원 높은 시각에서 관찰·발견·통제·판단하는 정신 작용. 인식에 대한 인식. 생각에 대한 생각.

아이가 시험 잘 쳤다고 뭘 사 달래요.

#보상요구   #물질적보상의함정   #물질적보상대안

 궁금해요

아이가 계속 시험 몇 점 넘으면 뭔가를 사달라고 요구해요. 처음에는 몇 번 사 줬는데 이제는 시험을 볼 때마다 이야기를 하네요. 계속 사 주면 안 좋을 것 같기도 하고 한편으로는 갖고 싶은 물건을 가지기 위해 노력하는 동기 부여가 되지 않을까 하는 생각이 들어요. 어떻게 하는 게 좋을까요?

 알려드려요

시험을 치기 전이나 친 후에 이렇게 외치는 아이들이 있습니다. "아~ 나 이번에 시험 잘 봐야 해. 100점 받으면 엄마가 핸드폰 바꿔 준다 했어." 또는 "앗싸! 90점 넘었다! 엄마보고 5만 원 달라고 해야지!" 등의 대사를 외치거나 친구에게 자랑합니다. 이렇게 종종 아이들의 성적에 대해 물질적으로 보상하는 부모님이 계십니다. 시험을 잘 보면 무언가를 사 주거나 용돈을 주는 것은 손쉬운 동기 부여 방법 중의 하나입니다. 그런데 과연 좋은 방법일까요? 아니라면 어떻게 해야 할까요?

보상의 종류

행동주의에서 사용되는 두 가지 주요 강화 유형으로, 정적 강화(Positive Reinforcement)와 부적 강화(Negative Reinforcement)가 있습니다. 정적 강화는 특정 행동의 가능성을 높이기 위해 긍정적인 보상을 제공하는 것입니다. 시험 점수를 높이기 위해 핸드폰을 바꿔 준다고 하는 것이 정적 강화에 해당합니다. 반면 부적 강화는 특정 행동이 나타날 가능성을 높이기 위해 부정적인 자극을 제거하는 것입니다. 30분 안에 영어 단어 10개를 다 외우면 수학 숙제는 면제해 주겠다고 하는 것이 부적 강화의 예입니다.

물질적 정적 강화의 함정

일반적으로 긍정적인 보상을 제공하는 것은 행동을 강화하는 데 매우 효과적입니다. 그러나 긍정적인 보상을 물질로 하면 부작용이 있을 수 있습니다. 원하는 행동을 유지하기 위해서 점차 더 높은 긍정적인 강화를 해야 할 수도 있습니다. 처음에는 시험을 잘 보면 천 원의 용돈을 주는 것으로도 만족했지만 다음번 시험에는 오천 원, 그다음 시험은 만 원으로 점차 높은 강도의 보상을 요구할 수 있습니다.

또는 시험을 잘 본 대가로 핸드폰을 바꿔 주지 않는다면 공부하지 않겠다는 부작용도 있을 수 있습니다. 그리고 자신이 물질적으로 필요한 것이 없다면 핸드폰을 바꿔 준다거나 용돈을 올려 준다 해도 공부할 의지가 생기지 않을 수도 있습니다.

그렇기 때문에 자녀의 행동 개선, 특히 시험을 잘 치게 하기 위해서 물질적으로 보상을 장기간 하는 것은 옳지 않습니다. 이는 자녀에게 물질만능주의와 같은 잘못된 가치관을 심어 줄 수도 있으며, 성과가 아닌 보상에만 의존하게 할 수 있습니다. 절대 쓰면 안 되는 방법은 아니지만, 부작용이 있기 때문에 사용에 있어 주의가 필요한 방법입니다.

물질적 보상 대신 어떤 보상을 하는 것이 좋을까요?

아이가 성적이 올랐을 때나 좋은 결과를 가져왔을 때 물질적인(외적) 보상 대신 내적 동기 강화를 고려해 볼 수 있습니다. 물질적 보상은 외부의 요인에 의해 동기를 갖게 만드는 것입니다. 아이의 행동을 변화시키는 데 도움이 되긴 하지만 한계가 있습니다. 반면, 내적 동기를 갖고 있다면 외부의 물질적인 보상이 없더라도 행동을 변화시켜 갈 수 있습니다. **내적 동기를 갖도록 하는 것 중에 부모님이 도움을 줄 수 있는 것은 바로 칭찬과 격려입니다.** 단, 이때 칭찬과 격려는 결과가 아닌 과정에 초점을 맞추어야 합니다. 부모님과 아이가 함께 참여하는 행사에서 아이들의 암기력 테스트를 한 적이 있습니다. 이때, 대부분의 부모님이 아이가 몇 개의 단어를 외웠는지 결과에 초점을 맞추는 모습을 보였습니다. 하지만 제 눈에 들어온 것은 암기력 테스트를 하는 동안 단 한 명의 아이도 예외 없이 모두 단어를 한 개라도 더 외우려고 집중하고 노력하는 모습이었습니다. 아이가 노력하는 모습, 즉 과정에 초점을 맞추어 칭찬과 격려를 한다면 아이의 내적 동기는 점점 높아질 것입니다.

또한, 아이가 성취감을 느낄 수 있는 다양한 학습 경험을 제공하고 그 성취감을 통해 자기 효능감을 높인다면 학습에 대한 내적 동기를 더욱 강화할 수 있을 것입니다. 동시에 아이에게 관심과 시간을 쏟는 것도 긍정적인 강화 방법 중 하나입니다. 바쁜 일상 중에도 시간을 내어 아이와 함께 시간을 보내며 아이가 기여한 점을 인정해 주고 아이의 눈을 바라보며 이야기를 들어 주는 것만으로도 충분한 긍정적 효과를 가질 수 있습니다.

71

부모도 모르는 내용을 물으면 어떡해야 할까요?

#부모가모르는질문   #능동적배움의기회   #함께탐구

 궁금해요

아이가 학교에 다니며 이것저것 많은 것을 배우다 보니 많은 것들을 저에게 물어봐요. 물어보는 것은 너무 좋고 바람직한 현상인 것 같은데, 문제는 제가 모르는 질문도 가끔 한다는 거예요. 모른다고 하기에는 부모로서의 체면을 구기는 것 같고, 대충 대답하거나 얼버무리려고 하니 계속 물어보거나 혹시 제가 부정확한 정보나 잘못된 정보를 알려 주면 어떡하나 걱정이 되기도 해요. 이럴 때 어떻게 대처하는 게 현명할까요?

 알려드려요

교사도 부모님과 같은 경험을 할 때가 있습니다. 학생이 질문할 때 기억이 안 나거나 모르는 것에 대해 질문을 할 때가 있습니다. 이럴 때 어떻게 해야 할까요?

능동적 배움의 기회로 삼기

아이가 모르는 것에 대해 질문을 할 때는 모르는 것을 인정해도 되고 인정하지 않아도 됩니다. 인정하고 싶지 않을 때는 '엄마도 알고 있지만, 우리 ○○이가 모르는 것을 스스로 해결하는 방법을 알려 주고 싶은데, 엄마랑 같이 찾아보는 방법을 배우면서 그 질문에 대한 답을 찾아볼래?'라고 이야기하며 아이의 호기심을 칭찬하고 능동적으로 질문에 대해 답을 찾는 방법을 배우는 기회로 삼을 수 있습니다.

반대로 모른다는 것을 인정하는 것도 좋은 방법입니다. '엄마가 모르는 것을 질문했네! 우리 ○○이가 많은 것을 알아 가고 있구나. 엄마가 모르는 것까지 질문을 하다니!'라며 모르는 것을 인정하는 것과 함께 좋은 질문을 한 것에 대해 칭찬할 수 있습니다. 이렇게 모르는 것을 인정하는 경우 아이에게 겸손함과 정직함을 알려 줄 기회가 될 수 있습니다.

위 두 경우 모두 아이의 질문에 대해 긍정적인 답변을 하여 호기심을 지속적으로 장려해 주어야 합니다. 새로운 것에 항상 의문점을 가지고 배우고자 하는 자세는 매우 바람직하며 모든 답을 알지 못해도 괜찮다는 것을 아이에게 알려 주어야 합니다. 이렇게 질문에 대해 긍정적 강화를 많이 받은 아이들은 호기심도 강하고 수업에 더욱 적극적인 편이며 수업 중 질문하는 것을 부끄러워하지 않고 당당하게 물어봅니다. 질문을 자주 할수록 질문을 하는 수준도 높아지고 배움이 깊어지기 때문에 계속 질문하는 것은, 강화해야 할 우리 아이의 습관 중 하나입니다. 고학년이 되어 가며 아이들은 질문의 빈도가 줄어듭니다. 그 이유가 혹시 질문에 대한 어른들의 부정적인 반응 탓은 아닌지 되돌아보면 좋을 것 같습니다.

함께 탐구하고 찾아보기

책이나 인터넷을 활용해 질문에 대한 답을 찾는 방법을 알려 주고, 이를 통해 아이는 재미있는 학습 경험을 체득할 수 있습니다. 이렇게 검색 방법을 익히면 자신의 조사 기술을 발달시킬 수 있고 신뢰할 만한 정보를 찾는 방법을 배우는 데 큰 도움이 됩니다. 또한, 전문 사이트나 전문가에게 온라인을 통해 질문을 남김으로써 질문을 할 때 필요한 온라인 예절도 함께 배울 수 있습니다. 답을 찾았다면 아이와 함께 질문과 답을 다시 한번 정리하고 가능하다면 다른 가족(부모님, 동생 등)과 공유하는 활동을 통해 습득한 지식을 자신의 것으로 소화하는 과정을 함께 거치는 것이 좋습니다.

부모님과 함께 질문에 대해 답을 찾아가는 활동을 통해 아이는 모르는 것과 질문하는 것을 두려워하지 않고, 스스로 답을 구하는 능동적인 학습자로서 거듭날 것입니다. 그러니 **부모님께서도 아이가 모르는 내용에 대해 질문을 할 때 당황하거나 거부하지 마시고 자녀의 긍정적인 학습 기회로 삼길 바랍니다.**

⊕ 플러스 21 ⊕

아이가 샤프나 볼펜만 쓰고 싶어 해요.

현재 아이들의 부모님 세대가 어릴 때처럼 연필을 강요하지는 않지만, 저학년일수록 연필을 쓰는 것이 좋습니다. 연필의 장점은 저학년 학생에게 상대적으로 압력 조절이 쉬우며 안전하다는 것입니다. 연필은 다른 필기구에 비해 저렴하고 내구성이 좋으며 연필심으로 피부가 긁히거나 다칠 위험이 상대적으로 적습니다. 이와 반대로 볼펜은 수정하기 힘들고 샤프는 뾰족하여 아직 소근육이 발달하지 않은 저학년 아이들이 다칠 위험이 큽니다. 그러므로 저학년일수록 수정하기 쉽고 안전한 연필을 사용할 것을 적극 권장합니다.

방학 때 어떤 공부를 어떻게 시켜야 할까요?

#알찬방학　　#방학때해야할공부　　#보충학습

 궁금해요

방학을 어떻게 하면 알차게 보낼 수 있을까요? 교과서 복습을 하는 것이 좋을까요? 아니면 다음 학기에 배울 내용을 예습하는 것이 좋을까요? 교과 공부 외에 다른 공부도 해야 할 것 같은데…. 그 많은 공부들을 다 하면 좋겠지만 전부 시키려니 저도 힘들고 아이도 힘들어하네요.

 알려드려요

방학이 시작되면 아이들은 행복에 환호성을 지르지만, 부모님은 어떻게 하면 알차게 보낼 수 있을지 고민합니다. 우리 아이의 부족한 학습 내용도 보충해야 하고, 미리 다음 학기, 다음 학년 내용도 예습해야 하고…. 해야 할 것들은 끝이 없는데 시간은 한정적이고, 선택을 하자니 하나라도 놓칠까 봐 걱정이 됩니다. 하지만 이렇게 모든 것을 다 하려다 보면 어느 하나도 제대로 해내지 못하고 방학을 흘려보내는 경우도 생깁니다.

가장 중요한 것은 우리 아이에 대한 진단과 그 진단 결과에 따른 방학 계획입니다. 아이에 대한 진단은 반드시 시험일 필요는 없습니다. 아이와의 대화를 통해서, 학기 말에 받은 생활 통지표를 통해서, 평소 아이를 관찰하며 얼마든지 확인할 수 있습니다.

학기 전까지 배운 교과 학습 진단 후 보충

우리 아이의 학습 상태를 점검하고 부족한 부분이 있다면 보충 학습이 가장 선행되어야 합니다. 덧셈, 뺄셈을 모른 채 곱셈, 나눗셈을 할 수 없기 때문에 부족한 부분을 확인하고 먼저 보충하는 것이 좋습니다. 부족한 부분을 메꾸는 것이 방학 동안 해야 하는 공부 중 우선순위가 높은 학습 내용입니다.

보충 학습과 심화 학습의 방법

아이에 대한 진단 후 보충 학습을 할지, 심화 학습을 할지 정해졌다면, 학습 방법을 정해야 할 것입니다. 학습하는 방법은 다양하지만, 가정에서 많이 택하는 방법은 학원을 보내거나 문제집을 풀게 하는 것입니다. 이외에도 배운 내용과 관련 있는 곳을 직접 가족 여행으로 가서 체험해 보거나, 가정에서 직접 실습해 보는 것도 학습의 한 방법입니다. 학기 중에는 학교와 학원을 오가느라 바빴던 아이들에게도 방학에는 시간적 여유가 생깁니다. 이때 풍부한 체험을 학습과 결합한다면, 아이들은 더욱 즐겁게 해당 내용을 익힐 수 있을 것입니다.

교과 학습 외의 필수적인 학습 활동

가장 중요한 것은 역시 독서입니다. 독서는 비판적 사고력을 개발하고 기억력을 향상하며 어휘력을 늘리는 데 도움이 되는 귀중한 활동입니다. 이러한 이점에도 불구하고 많은 학생들이 효과적인 독서에 어려움을 겪고 있습니다. 방학은 독서를 습관화하는 활동에 집중할 기회입니다.

방학 중 일과에서 독서 시간을 계획하여 독서 전용 시간을 확보하면 꾸준한 독서 습관을 들이는 것에 도움이 될 수 있습니다. 또한, 독서를 교과 학습과 연계하여 배운 내용, 배울 내용과 관련이 있는 내용을 읽어 학습적인 효과도 높일 수 있습니다.

책을 읽을 때 깨끗하게 읽는 것보다는 자신이 중요하다고 생각하는 내용에 밑줄도 긋고 옆에 생각이나 느낌을 메모하며 읽으면 더욱 좋습니다.
(*독서에 대한 자세한 내용은 176쪽을 참고해 주세요.)

우리 아이의 이야기도 들어 주기

아이들은 방학 때 분명히 배우고 싶거나 하고 싶은 활동이 있을 것입니다. 하지만 아이들이 기다리고 기다리던 방학이 부모님이 만든 빡빡한 일정으로 가득하다면 아이들은 방학에 대한 기대가 실망으로 바뀌며, 학습 활동에 더욱 소극적으로 변하거나 많은 스트레스를 받을 수도 있습니다. 방학 때는 학원, 문제집 풀기 등 부모님이 하고 싶은 활동을 했다면 아이가 하고 싶어 하는 활동도 할 수 있도록 해 주는 것이 좋습니다. 요리를 좋아하는 아이라면 쿠킹 클래스를 수강해 볼 수 있고, 역사를 좋아하는 아이는 박물관을 탐방할 수 있습니다. 운동을 좋아하는 아이라면 수영장이나 스키장, 스케이트장에서 재미있는 활동을 할 수도 있습니다. 중요한 것은 아이가 하고 싶었던 활동을 부모님이 방학 때 함께하는 것입니다.

과유불급이라는 말이 있습니다. 방학 때 아이를 아끼는 부모님의 마음으로 자녀가 다녔으면 하는 학원이나 활동이 많겠지만, 이 중에 우선순위를 정하는 것이 중요합니다. 하지만 이때 당사자인 아이가 빠져서는 안 되겠지요. 아이가 자신의 의견을 자신 있게 말하는 능력은 이런 기회를 가정에서 주는 것에서부터 시작합니다. 방학 계획을 아이와 의논하여 정하고 그 활동에 집중하는 것이 필요합니다.

한자, 공부시켜야 할까요?

#한자공부   #한자공부필요성   #한자공부방법

 궁금해요

제가 어릴 때는 한자 공부를 열심히 했고, 학교에서도 한자는 배웠던 기억이 있어요. 그런데 요즘은 학교에서 한자를 가르치지 않는 것 같은데, 한자 공부를 꼭 시켜야 할까요?

 알려드려요

네, 한자 공부는 하면 좋습니다.
아이들의 문해력, 교과 공부를 위해 강력하게 추천하는 공부 중 하나입니다.

한자 공부의 필요성

한자 공부의 필요성은 교사로서 수업을 진행할 때 특히 많이 느낍니다. 수업 시간에 나오는 단어들의 이해도가 한자를 아는 아이와 모르는 아이에 따라 차이가 나기 때문입니다. 예를 들어, 사회 교과에 나오는 민주주의(民主主義)를 설명할 때 백성 민(民), 주인 주(主), 옳을 의(義)로 풀어서 설명하면 아이들이 단어의 뜻을 빨리 이해합니다. 국어 시간에는 안중근 의사(義士)에 대해 수업을 하면 의사(義士, martyr)를 직업인 의사(醫師, doctor)로 이해하는 경우도 있습니다. 3학년 과학 시간 1단원에 배우는 측정, 분류, 예상, 추리, 의사소통과 같은 단어도 모두 한자어입니다. 한자를 몰라도 뜻을 사전에서 찾고 이해하면 되지만, 한자를 알고 있다면 이해가 훨씬 쉬워집니다.

국립국어원에 따르면 <표준국어대사전>의 표제어에 한정했을 때 한자어는 약 57% 정도를 차지합니다. 한자어와 고유어가 결합한 복합어를 더하면 그 비율은 81%까지 올라간다고 합니다. 아무리 비중을 적게 잡아도 우리말의 반 이상은 한자어로 이루어져 있습니다. 그래서 한자어 공부를 하면 우리말을 더 잘 이해할 수 있습니다.

한자 공부 언제부터 하면 좋을까요?

한자 공부는 빠르면 2학년 중후반, 3학년부터 시작해도 늦지 않습니다. 3학년부터 사회, 과학 등 과목의 수가 많아지고 교과서의 어휘 수준이 높아지기 때문에 3학년부터 한자 공부를 시작하면 교과 공부뿐만 아니라 우리 아이의 어휘력 확장에도 큰 도움이 됩니다.

한자 공부 어떻게 하면 좋을까요?

한자를 안다는 것이 반드시 그 한자를 외워서 읽고 쓰기까지 해야만 하는 것은 아닙니다. 초등학교 학생들의 한자 공부는 어휘력 확장과 문해력 향상을 위한 것이기에 한자를 보고 뜻을 이해하는 정도로만 공부해도 충분합니다. 자주 사용되는 한자를 모아둔 한자책이나, 재미있는 이야기가 들어 있는 사자성어, 고사성어 책, 간단한 한자 문제집이나 방문 학습지를 이용해서 읽는 정도로만 공부해도 충분합니다.

아이가 한자 공부에 재미를 느끼고 열심히 한다면 한자 급수 시험도 볼 수 있지만, 시험을 강력하게 추천하지는 않습니다. 일단 '시험'이라는 것에 아이들이 스트레스를 받고, 시험을 위해 단기간 외운 것은 시험이 끝나면 휘발되기 쉽기 때문입니다. 꾸준히 학습할 수 있도록 주요 한자들을 읽는 정도로만 공부해도 괜찮습니다.

학기 중 공부하기가 어렵다면 방학 중에 집중적으로 공부하고, 공부한 한자가 쓰이는 단어들을 찾아보는 정도만 해도 큰 도움이 됩니다. 예를 들어, 해 일(日)이라는 한자를 공부했다면, 일요일(日曜日), 일기(日記), 생일(生日)와 같이 해 일(日) 자가 들어가는 단어들을 찾아볼 수 있습니다.

모든 공부에 정해진 시기는 없습니다. 아이의 성향에 맞추어 살짝 맛을 보여 주고 아이가 힘들어하지 않는다면 시작해도 됩니다만, 부모님의 마음으로는 하루라도 빨리 이것저것 알려 주고 싶지 않나요? 그러나 너무 지나치면 오히려 아이들은 스트레스받거나 그 공부를 싫어하게 됩니다. 늘 드리는 이야기지만, **조급함을 내려 두고 우리 아이의 눈높이에서 발맞춰 가는 교육이 필요합니다.**

74

통합교과는
어떻게 지도하면 좋을까요?

#통합교과   #주제중심교과   #체험중심교과

궁금해요

국어와 수학은 교과서를 보면 우리 아이에게 무엇을 가르쳐야 할지 알겠어요. 그런데 통합교과는 교과서를 보니 당황스러워요. 그림밖에 없고 무엇을 가르쳐야 할지도 모르겠어요. 학교에서 무엇을 배웠냐고 물어보면 놀이를 하거나 만들거나 이런 활동들만 했다고 하는데, 원래 통합교과는 이렇게 공부하는 건가요?

알려드려요

학부모님의 당황스러움을 충분히 이해합니다. 교과서를 보니 그림 하나 있는데, 달랑 그림 하나 있는 페이지를 배우는 데에 40분이나 쓴다는 것이 이해가 안 가고 신기하기도 할 겁니다. 그림 하나 있는 교과서를 어떻게 지도해야 할까요?

통합교과는 주제중심교과서입니다.

통합교과는 초등학교 저학년 학생의 발달 단계 특성과 배움 방식에 맞추어 구성한 교과서입니다. 학생들의 삶에 익숙한 교과 통합적으로 학습하도록 구성되어 있습니다. 우리가 알고 있는 사회, 과학, 음악, 미술, 도덕, 체육의 내용을 통합하여 주제 중심으로 묶어 둔 교과서입니다.

활동과 놀이 중심

2024년부터 적용되는 2022 개정 교육과정에서는 초등학교 저학년의 신체 활동을 더욱 강화하였습니다. 초등학교 1~2학년 학생들에게 대근육을 활용한 신체 활동과 실질적인 움직임의 기회를 제공하기 위해 '즐거운 생활' 교과에 실외 놀이 및 신체 활동을 보강한 것입니다. 기존 2015 개정 교육과정에서 80시간이던 즐거운 생활 시수도 대폭 늘어나서 144시간으로 배정되었습니다. 그만큼 저학년에서는 신체 활동과 움직임이 중요합니다.

그래서 통합교과를 가정에서 복습하거나 활용할 때도 주제와 관련된 활동과 놀이를 중심으로 지도하면 됩니다. 교과서 차례를 보며 이와 관련된 활동을 가정에서 한 번 더 복습을 해도 되고 관련된 다른 활동을 해도 됩니다.

통합교과는 실제 학교 수업도 대부분 활동과 체험 중심으로 이루어져 있으므로 가정에서도 이와 관련된 활동과 체험 중심으로 진행해 주시면 됩니다. 특히 학교에서는 진행하기에 제약이 많은 다양한 체험활동을 해 주시면 좋습니다. 봄에 대해 배울 때 공원으로 봄나들이를 가고, 여름에 대해 배우면 실제 계곡으로, 바다로 가족과 놀러 가서 모래놀이를 해 보고, 추석에 대해 배우면 추석에 먹을 수 있는 음식들을 아이와 함께 만들어서 나누어 먹는 활동을 할 수도 있습니다.

		1학년 1학기
봄	학교	- 가족과 함께 등·하굣길 걸어 보기, 등·하굣길 위험한 상황에서 도움 요청하거나 대피할 곳 알아보기 - 교실에서 지켜야 할 일을 가족과 알아보고 내가 잘 지키고 있는지 점검하기 (간접적으로 아이의 학교생활 파악 가능), 추가로 집에서 지켜야 할 일 가족과 알아보기
	봄	- 봄에 볼 수 있는 동식물 직접 보기(동물원, 식물원 방문하기) - 집에서 씨앗 심고 직접 가꾸기 - 봄나들이 가기(식물원, 동물원, 생태공원, 수목원, 공원 등)
여름	가족과 친척	- 가족사진 찍기 - 친척에게 편지 쓰고 전달하기 - 가족끼리 영상편지 찍고 함께 보기, 가족에게 편지 쓰고 전달하기
	여름 맞이	- 우리집 에너지 절약규칙 약속하고 적어서 집 안에 붙여 두고 실천하기 - 에코센터 방문하기 - 여름 나들이 가기(바다, 산, 계곡 등)

		1학년 2학기
가을	우리 이웃	- 이웃을 만났을 때 직접 인사해 보기 - 대중교통 이용 규칙 직접 실천해 보기 - 공공장소에서의 예절 직접 실천해 보기
	가을 맞이	- 추석 음식 가족과 함께 만들어 보기 - 전통놀이 체험해 보기 - 국악원, 박물관, 전통건물 방문해 보기
겨울	우리 나라	- 우리나라 전통문화 체험해 보기(국악원, 박물관 등) - 태극기 직접 게양해 보기
	겨울 맞이	- 겨울철 놀이 해 보기(스케이트장, 썰매장 등)

		2학년 1학기
봄	나	- 성교육(자신의 몸에 대해 알아보며 자신의 몸이 소중하다는 것을 알고 다른 사람의 몸도 소중하다는 것을 알려 주어야 합니다. 성교육은 학교에서도 실시하고 있지만 가정에서도 반드시 함께 지도해 주셔야 합니다.) - 오감놀이(학교에서도 하지만 범위가 제한적입니다. 가정에서 더 넓은 범위로 다양한 물건을 이용해 오감놀이를 해 보길 추천합니다.)
	봄 동산	- 봄맞이 대청소 함께 하기 - 봄장식품으로 집 꾸미기(아이가 학교에서 봄맞이 작품 활동을 할 것입니다. 집에 가져가면 아이의 작품으로 꾸며 보는 활동을 추천합니다.) - 봄나들이 가기(식물원, 동물원, 생태공원, 수목원, 공원 등)

여름	다양한 가족	- 우리 집에서 역할 맡아 수행하기(가족의 구성원으로 아이에게 작은 역할을 정해 주면 책임감을 기를 수 있습니다.)
	여름 생활	- 여름 간식 만들어 먹기(수박 화채, 팥빙수 등) - 물놀이 하기(가족과 집에서 물총 놀이, 수영장, 계곡, 바다 등. 물놀이 전 안전수칙 공부 필수)

2학년 1학기

2학년 2학기

가을	우리 동네	- 가족과 함께 우리 동네 돌아보기 - 직업체험센터, 키자니아 등 체험해 보기
	가을 모습	- 가을 나들이
겨울	다른 나라	- 다문화 체험하기(다문화 음식 먹어 보기, 다문화 센터 체험 프로그램 참여 등)
	겨울 나기	- 겨울철 놀이 해 보기(스케이트장, 썰매장 등) - 방학계획표 짜고 실천하기

부모님께 당부드리고 싶은 이야기

　통합교과는 체험, 활동 위주이다 보니 학교에서 다양한 작품 활동을 합니다. 그림 그리기를 비롯해 클레이 만들기, 종이접기 등 다양한 활동으로 작품을 만듭니다. 부모님 눈에는 아직 부족할 수 있지만, 고사리손으로 열심히 만든 아이의 애정이 녹아 있는 작품입니다. 그런데 만든 작품이 많다 보니 집에 다 보관하거나 전시할 수 없어 어쩔 수 없이 버리는 경우가 생길 수밖에 없습니다. 아이의 작품을 버려야 할 때 절대 아이가 보는 데서 버리지 말아 주시기 바랍니다. 열심히 만든 작품이 버려지는 것을 보면, 학교에서 작품 활동을 할 때 '어차피 이거 집에 들고 가면 엄마가 버려요.', '엄마가 이런 것 좀 가져오지 말래요.'라는 이야기를 하며 작품 활동에 대한 의욕이 떨어진 채로, 소극적으로 참여합니다. **아이가 작품을 집에 가져가면 반드시 아이가 볼 수 있도록 짧게나마 꼭 전시를 하고 아이의 성과를 칭찬해 주시기 바랍니다.**

2024년부터 적용될 2022 개정 교육과정 통합교과 내용체계표

학부모님이 참고할 수 있도록 2022 개정 교육과정의 통합교과 내용체계표도 함께 첨부합니다.

영역	핵심 아이디어	범주	내용요소		
			바른 생활	슬기로운 생활	즐거운 생활
우리는 누구로 살아 갈까	· 우리는 내가 누구인지 생각하며 생활한다. · 우리는 서로 관계를 맺으며 생활한다.	지식 ·이해	· 학교생활 습관과 학습 습관 · 자기이해 · 생태환경	· 학교 안팎의 모습과 생활 · 자아인식 · 가족과 주변 사람 · 사람·자연·동식물	· 건강과 안전 · 신체 인식과 감각 · 자연의 아름다운 장면
		과정 ·기능	· 습관 형성하기 · 관계맺기	· 탐색하기 · 설명하기 · 탐구하기	· 놀이하기 · 소통하기 · 감상하기
		가치 ·태도	· 안전하고 건강한 생활 · 자기존중 · 배려 · 더불어 사는 삶	· 안전한 학교생활	· 어울림 · 건강한 생활 · 안전한 생활
우리는 어디서 살아 갈까	· 우리는 여러 공동체 속에서 생활한다. · 우리는 삶의 공간을 넓히며 생활한다.	지식 ·이해	· 공동체 생활 모습 · 우리나라의 소중함	· 마을의 모습과 생활 · 우리나라의 모습과 문화 · 다른 나라의 모습과 문화 · 궁금한 세계	· 우리나라의 문화 예술 · 다른 나라의 문화 예술
		과정 ·기능	· 실천하기 · 호기심 갖기	· 살펴보기 · 조사하기 · 탐구하기 · 매체 활용하기 · 탐색하기	· 문화 예술 활동하기 · 표현하기 · 상상하기
		가치 ·태도	· 나라 사랑 · 다양성 존중 · 적극성과 도전의식	· 관심 · 호기심	· 문화 예술 향유

영역	핵심 아이디어	범주	내용요소		
			바른 생활	슬기로운 생활	즐거운 생활
우리는 지금 어떻게 살아 갈까	· 우리는 여러 유형의 주기로 생활한다. · 우리는 과거, 현재, 미래를 생각하며 생활한다.	지식 ·이해	· 인물의 삶 · 지속가능한 삶의 방식	· 하루의 변화와 생활 · 계절과 생활 · 과거-현재-미래	· 자연의 변화 · 전통문화 · 아동권리
		과정 ·기능	· 하루 생활 관리하기 · 변화에 대응하기 · 실천하기	· 탐색하기 · 탐구하기 · 살펴보기	· 자연에서 놀이하기 · 창의적 표현하기 · 권리 누리기
		가치 ·태도	· 시간의 가치 · 적절성 · 공동체성 · 지속가능성	· 상상력	· 활기찬 생활 · 전통의 소중함 · 안전과 안녕
우리는 무엇을 하며 살아 갈까	· 우리는 경험하고 상상하고 만들며 생활한다. · 우리는 느끼고 생각하고 표현하며 생활한다.	지식 ·이해	· 모두를 위한 생활 환경 · 학습 습관 · 생활 습관	· 생활 도구의 모양과 기능 · 다양한 매체와 재료 · 관심 주제 · 배운 것과 배울 것	· 생각과 느낌
		과정 ·기능	· 참여하기 · 생각이나 의견 나누기 · 협력하기 · 되돌아보기	· 바꾸기 · 매체 활용하기 · 상상하여 구현하기 · 조사하기 · 연결하기 · 탐색하기	· 고치기와 만들기 · 놀이하기 · 전시하기 · 공연하기 · 경험 떠올리기
		가치 ·태도	· 모두를 위한 마음 · 개방성 · 자발성	· 창의성	· 자유로운 상상 · 의미 부여

(출처. 교육부 고시 제2022-33호 별책2 초등학교 교육과정.)

예체능 교육을 시키는 것이 좋을까요?

#음악교육　　#미술교육　　#체육교육

 궁금해요

아이들에게 예체능 교육을 시키는 것이 좋을까요? 제가 딱히 예체능에 소질이 없어서 집에서 교육하기는 어려울 것 같은데 학원을 보내자니 학원비가 너무 부담돼요. 예체능보다는 국어, 영어, 수학, 사회, 과학 같은 과목들이 더 중요해 보이기도 해서 예체능 학원 보낼 학원비가 있다면 수학 학원을 더 다니게 하고 싶기도 해요.

 알려드려요

예체능 교육은 아이들의 창의성, 비판적 사고, 문제해결력, 협동심 등 다양한 능력을 기를 수 있는 활동 중 하나입니다. 그렇기 때문에 예체능 교육을 하는 것은 아이들에게 매우 유익합니다. 하지만 예체능 교육이 유익하다고 하니 바로 학원비 생각에 마음이 무거워지는 부모님이 많습니다. 예체능 교육이 좋다 하여 반드시 사교육의 힘을 빌려야만 하는 것은 아닙니다.

가정에서 하는 미술 교육

컬러링 책을 사서 색연필이나 크레파스 등 다양한 종류의 채색 도구로 색칠하는 것도 가정에서 쉽게 할 수 있는 미술 학습 방법입니다. 영상을 보며 색종이 접기를 할 수도 있고, DIY 페이퍼크래프트 키트를 사서 설명서를 보며 접을 수도 있습니다. 물로 쓰는 서예 도구 세트를 사서 따라 쓰며 서예를 해 볼 수도 있고, 하얀 종이 위에 풀칠한 뒤 집에 있는 쌀이나 콩을 붙여서 가족 얼굴을 만들 수도 있습니다. 가정에서 미술 교육은 다양한 재료를 활용하여 아이와 놀이처럼 진행하면 됩니다. 냉장고를 작은 전시 공간으로 활용해 아이가 완성한 작품을 붙여 두고 아이의 작품을 칭찬하는 것도 가정에서 할 수 있는 미술 전시회 및 미술 감상 교육이 됩니다. 또한, 어린이 미술관이나 복합문화 공간의 작품 전시회에 주말에 가족이 함께 참여하는 것도 미술 교육이 될 수 있습니다.

가정에서 하는 음악 교육

학교에서 배운 동요를 가정에서 가족과 함께 부른다거나 학교에서 배운 악기(리코더, 칼림바, 오카리나 등)를 집에 와서 연습하거나 가족 앞에서 연주하는 등 작은 가족 음악회를 여는 것도 재미있는 음악 교육이 될 수 있습니다. 음악회나 뮤지컬을 관람하는 것도 가정에서 할 수 있는 음악 감상 교육입니다. 클래식을 해설해 주는 라디오나 영상을 보는 것, 다양한 나라의 음악을 듣는 것도 음악 교육입니다.

가정에서 하는 체육 교육

가족과 함께 하는 공놀이, 워터파크 방문, 산책, 등산 이 모든 것이 가족과 함께 하는 살아 있는 체육이 될 수 있습니다. 밖에서 놀 때 주의할 점을 알려 주는 것도 체육 안전 교육이 될 수 있고, 다양한 대회나 스포츠 관람도 체육 교육이 됩니다. 가족이 팀을 나눠 배드민턴을 치거나 집에서 영상을 보며 따라 춤추는 것도 충분한 체육 교육이 될 수 있습니다.

가정에서 하는 예체능 융합 교육

예체능은 무 자르듯 하나하나 교육하기보다는 함께 통합하여 교육하기도 합니다. 예를 들어 음악을 감상한 뒤 자신의 느낌을 그림으로 표현하거나 음악의 분위기를 춤 또는 신체로 표현하는 것도 예체능 융합 교육의 방법입니다. 이렇게 예체능 간 융합 교육을 할 수도 있고 국어, 수학 같은 과목과 융합하여 할 수도 있습니다. 책을 읽은 뒤 가장 인상 깊었던 장면을 상상하여 그림으로 나타낼 수도 있고, 주인공이 악당에게 쫓기는 장면에서 어떤 음악이 나오면 좋을지 상상하는 것, 등장인물이 도망치는 것처럼 밖에 나가서 실제 달려 보는 것도 교과목을 융합한 교육입니다. 수학을 공부한 뒤 산수 공부를 그림으로 나타낼 수도 있고 과학 실험 내용을 그림으로 설명하기, 영어 단어에 리듬을 붙여 노래 부르며 외우기 등 많은 방법으로 융합하며 공부할 수 있습니다.

이렇게 **예체능 교육은 아이의 다양한 능력을 발달시켜 줄 뿐만 아니라 학업 성취도, 사회성 향상 등 전반적으로 긍정적인 영향을 미칩니다.** 예체능을 통해 자신이 배운 내용을 다양하게 표현할 수 있는 방법을 배우기도 하고 자아를 표현하는 방법을 배울 수도 있습니다. 이외에도 순수하게 예체능을 즐기고 향유하는 취미가 되기도 하며 스트레스를 해소하는 하나의 방법이 될 수 있습니다. 다양한 형태의 예술 탐구를 하도록 격려하는 것은 우리 아이의 발달을 돕는 좋은 방법이 될 것입니다. 예체능 교육을 너무 걱정하지 마시고 가정에서 할 수 있는 것들을 조금씩 놀이처럼 해 보시는 것을 추천합니다.

ICT

ICT* 공부는 언제 시작하는 게 좋을까요?

#ICT교육 #AI교육 #알파세대교육

궁금해요

요즘은 태풍이 오면 바로 원격 수업을 진행하고 중·고학년을 대상으로 1인 1기기를 보급한다며, 교실에서 태블릿PC나 노트북으로 수업을 하더라고요. 우리 아이는 아직 태블릿PC를 잘 다루지 못해요. 언제부터 이런 ICT 교육을 시작해야 할까요?

알려드려요

요즘 아이들을 알파 세대라고 부릅니다. 알파 세대란 어려서부터 기술적 진보를 경험하며 자란 세대들을 말합니다. 아이들을 대상으로 ICT 교육을 할 때와 성인을 대상으로 ICT 교육을 할 때 우리 아이들이 알파 세대라는 것을 확실히 느낍니다. 비슷한 내용으로 ICT 교육을 했을 때 아이들이 성인(비전문가)보다 습득이 절대 뒤처지는 편이 아닙니다. **학생들을 대상으로 다양한 ICT 수업을 해 본 결과 대부분 학생들이 배우면 금방 따라오고 응용도 잘하기 때문에 ICT 교육을 서두르실 필요는 없습니다.**

---

* Information & Communications Technology. 정보 통신 기술. 줄여서 정보 기술 또는 IT(Information Technology)라고 쓰기도 함.

늦게 시작할수록 좋습니다.

사실 ICT 교육은 스마트 기기를 접해야 하는데, 스마트 기기를 접하는 것은 득보다 실이 많기 때문에 늦으면 늦을수록 좋다고 봅니다.

2010년 <뉴욕 타임스> 닉 빌턴이 스티브 잡스와의 인터뷰에서 '아이들도 당신의 아이패드에 열광하죠?'라고 묻자 '제 아이들은 아이패드를 사용하지 않습니다.'라고 답했습니다. 이처럼 아이폰, 아이패드를 개발한 스티브 잡스도 자녀의 스마트 기기 사용을 엄격하게 제한했습니다.

최근 교사들은 수업 중에 태블릿PC를 사용합니다. 태블릿PC를 사용하면 아이들이 직접 만드는 발표 자료들의 퀄리티가 높아져 아이들도 자신의 작품에 대해 매우 만족합니다. 태블릿PC로 조작하는 것에 익숙해지다 보면 손으로 하는 활동은 시간이 오래 걸리고 상대적으로 결과물이 만족스럽지 않을 때도 있으니 더 하고 싶지 않아 합니다. 하지만 아이들의 발달 단계상 화면 터치보다는 손을 움직이며 쓰고 그리고 오리고 자르고 색칠하는 등 소근육을 움직여 직접 만드는 활동이 유익합니다.

학교에서 태블릿PC로 수업할 때 우리 아이만 못하면 어떡해요?

처음 태블릿PC를 활용하거나 새로운 앱을 사용하는 수업을 할 때 선생님이 사용법을 처음부터 알려 줍니다. 저학년 학생들과 태블릿PC를 활용하여 수업을 할 때 교사들은 전원을 켜는 법부터 알려 줍니다. 차근차근 단계별로 알려 주고, 친구들끼리 서로 도움을 주며 참여할 수 있도록 수업을 진행합니다. 사용하기 힘들어할 때 선생님이 옆에서 도움을 주기 때문에 학교에서 태블릿PC로 수업할 때 우리 아이만 못하고 있진 않을까 걱정하지 않으셔도 됩니다.

아예 안 할 수는 없으니 언제가 좋을까요?

　스마트 기기를 활용한 ICT 교육은 4~5학년부터 시작해도 충분합니다. 물론 이 또한 철저한 부모님의 통제하에 교육적 목적을 위해서만 사용되어야 합니다. 사실 아이들은 스마트 기기에 쉽게 중독되기 때문에 통제가 쉽지 않습니다. 하지만 스마트 기기를 통제하지 않는다면 유해한 환경에 노출되기 쉬우므로 스마트 기기에 관리 앱을 설치해 두는 것이 좋습니다.

어떡해야 ICT 공부에 관심 가질까요?

#소프트웨어교육   #언플러그드교육   #SW교육

 궁금해요

요즘 하도 소프트웨어 교육, 코딩 교육, ICT 교육 이야기가 많아서 아이에게 가르쳐 주고 싶은데 어떻게 하면 아이가 재미있게 할 수 있을까요? 재미가 있어야 즐겁게 오래 배울 텐데 제가 보기에는 재미도 없고 어려워 보여서 더 걱정이에요. 아이가 흥미를 가질 만한 방법이 없을까요?

 알려드려요

사실 ICT 교육에 흥미를 느끼지 못 하는 아이들은 잘 없습니다. 어려서부터 스마트 기기와 함께 성장한 아이들이기 때문에 성인들이 생각하는 것보다 훨씬 스마트 기기 사용법을 쉽게 배우고 앱이나 프로그램 다루는 것을 무서워하지 않습니다. 흥미가 없는 경우에는 너무 어려운 수준을 다루고 있는 때가 많습니다. ICT수업은 아이들 모두 환호성을 지르며 반기는 교과 과정이지만, 점차 난이도가 올라가며 어려운 내용을 다룰수록 흥미 없어 하거나 하기 싫어하는 학생이 생깁니다. 아이가 어려워하면 전 단계 활동을 다시 반복하여 익히고 다음 단계로 나아가는 것을 추천합니다. 전 단계 활동이 잘 되어 있다면 다른 대체 프로그램을 제공하여 흥미를 유발하는 것도 좋습니다.

발표 자료 만들기

　제가 수업 중 사용하는 사이트를 소개합니다. 아이들이 사회나 과학에서 조사 학습을 진행한 뒤 조사한 내용을 가지고 같은 학생들에게 발표할 수 있도록 발표 자료를 만드는 프로그램입니다. 단순히 보고서를 쓰고 끝내기보다는 내용을 다듬어 발표 자료까지 만들고 발표하는 연습도 합니다. 가정에서도 쉽게 진행 가능한 활동이며 가족들을 대상으로 발표하는 연습을 통해 발표력을 키울 수 있습니다. 발표 자료를 만들 수 있는 사이트는 미리캔버스, 캔바, 구글 슬라이드 등이 있습니다. 사용법 역시 직관적이어서 간단합니다. 아이와 함께 사용법을 찾아 익힌 뒤 아이가 만든 보고서를 발표 자료로 만들어 볼 수 있습니다. 인터넷 조사를 통해 정보를 찾고 그 정보를 가공하여 자신의 것으로 만들어 발표하는 이 과정은 가정에서 쉽게 할 수 있으면서 매우 유익한 ICT 교육 중 하나입니다.

언플러그드 교육

　컴퓨터 없이 컴퓨터 과학과 컴퓨팅 사고력을 학습할 수 있는 교육입니다. 보통 코딩 교육 전 많이 도입하는 활동입니다. 모눈종이나 색종이, 카드만 있으면 손쉽게 활동할 수 있으며 아이도 부담 없이 할 수 있습니다. 그뿐만 아니라 교육하는 부모님도 어려운 컴퓨터 용어나 기술을 익혀야 하는 부담 없이 아이들의 활동을 지도할 수 있습니다. 컴퓨터 사고력 기초를 체득하고 순차적 사고력을 신장시킬 수 있으며 무엇보다 아이들이 매우 재미있어합니다.

코딩 교육

가정에서 코딩 교육이 쉽게 가능한 프로그램은 엔트리, 스크래치가 있습니다. 둘 다 무료이며, 학생 교육을 위해 만들어졌기 때문에 초등학생들도 금방 쉽게 익힐 수 있습니다. 유튜브에서 검색하면 기본 기능을 익힐 수 있으며, 기본 기능만 익히면 무한하게 응용 가능합니다. 아이들도 매우 좋아하는 프로그램입니다.

위의 예시 외에도 다양한 ICT 교육 자료가 있지만, 가정에서 하기 힘든 것도 있고, 오히려 부모님께 부담을 주는 경우도 있기 때문에 생략하였습니다. 위의 활동만으로도 아이의 호기심과 흥미를 충분히 불러일으킬 수 있습니다. ICT 교육은 크게 부담 가지지 마시고 아이가 즐거워하는 수준에서만 가정에서 도입해도 충분합니다.

비대면 수업이
어려운 환경이에요.

#비대면수업　　#비대면수업고민　　#비대면수업문제해결

 궁금해요

　코로나와 같은 질병이나 태풍과 같은 재연재해 등으로 인해 비대면 수업을 하는 경우가 있는데, 집이 비대면 수업이 어려운 환경이에요. 수업에 참여 안 할 수도 없고, 어떻게 하면 좋을까요?

 알려드려요

　비대면 수업을 진행하는 데에 있어 교사도 고민이 많지만, 학부모님도 고민이 많습니다. 비대면 수업을 할 때 어떤 문제가 있을까요? 기기가 없거나, 부모님이 재택근무를 하게 되어 학생에게만 독립된 공간을 줄 수 없는 등 많은 문제들이 있습니다. 문제의 원인에 따라 해결책을 안내해 드리겠습니다.

기기가 없는 경우

보통 컴퓨터나 태블릿PC를 집집마다 보유하고 있지만, 때에 따라서 부모님도 재택근무를 하거나 형제, 자매도 함께 비대면 수업을 하게 되어 집에서 가지고 있는 기기만으로는 가족 구성원 모두가 재택근무나 비대면 수업에 참여하기 힘든 경우가 있습니다. 이럴 때는 학교에서 스마트 기기를 대여하여 사용할 수 있습니다. 학교마다 학생에게 대여 가능한 여분의 기기가 준비되어 있으며, 담임 선생님에게 비대면 수업 전에 말씀드리면 신청서 및 서약서를 작성하고 대여할 수 있습니다. 이때 쓰는 서약서는 기기의 분실, 파손에 대한 책임과 교육적인 목적으로 사용하는 것을 약속하는 내용이 주를 이루고 있습니다. 아이가 하교한 후 다음 날부터 비대면 수업이 정해지고 안내가 되었다면, 학교가 정한 소통 창구를 통해 연락 혹은 신청을 한 뒤 지정된 시간 및 장소에서 스마트 기기를 받아 갈 수 있습니다. 비상 상황으로 인한 비대면 수업의 경우에도 대부분의 학교는 몇 사람이 출근하므로 비대면 수업 날 아침 학교에 연락하여 기기를 빌려 수업에 참여할 수도 있습니다.

상황이 여의치 않아 기기를 못 구하거나 빌리지 못했을 수 있습니다. 이럴 때 담임 선생님에게 핸드폰으로 비대면 수업에 참여하여 수업 참여가 원활하지 못할 수도 있다는 점을 설명한다면 담임 선생님도 이해해 주실 겁니다.

학생이 혼자 개인적으로 학습할 수 있는 공간이 없는 경우

가족이 다 함께 재택근무, 비대면 수업을 하게 되면 공간이 부족할 수 있습니다. 아이가 비대면 수업에 집중할 수 있도록 개인적인 공간을 마련해 주었으면 하는 것이 부모님의 마음이라는 것을 알고 있습니다. 하지만 그렇지 못하더라도 교사는 다양한 상황이 있다는 것을 알고 있기 때문에 괜찮습니다. 형제자매와 같은 공간을 공유하여 비대면 수업에 참여해야 할 때, 서로 방해되지 않도록 방에서 각자 거리를 두고 공간을 확보한 뒤 벽 쪽을 향해 보고 앉는 것이 수업 집중에 큰 도움이 됩니다.

이때 이어폰을 착용하여 각자의 소리가 서로에게 들리지 않도록 준비해 주신다면, 개인 공간이 없더라도 큰 문제가 없습니다.

간혹 비대면 수업 시 아이의 뒤편에 집 안이 비치는 것이 부담스러우신 분들은 가상배경을 설정하시면 집이 카메라에 비치는 부담을 덜 수 있습니다. 각종 포털사이트나 유튜브에 '줌 가상배경 설정', '웨일온 가상배경 설정' 등 학교에서 사용하는 비대면 플랫폼의 이름을 넣어 가상배경 설정을 검색하면 쉽게 설정하실 수 있습니다.

기타 이유로 가정에서 비대면 수업이 아예 불가능한 경우

위와 같은 이유 외에도 다양한 가정 상황으로 인해 가정에서 비대면 수업에 참여가 아예 불가능한 경우도 있습니다. 이럴 때는 학교에 긴급돌봄을 신청하면 됩니다. 태풍과 같은 자연재해 등으로 인한 비대면 수업이 이루어지면, 긴급돌봄도 함께 실시됩니다. 학교에 따라 다르겠지만 대부분의 학교가 자연재해로 인한 비대면 수업과 긴급돌봄을 실시하면 안정상의 이유로 반드시 보호자가 동행하여 학생을 등하교시킬 것을 안내하고 있습니다. 자세한 사항은 학교에 문의하여 등하교 조건 및 도시락 준비 여부를 확인하여 긴급돌봄을 신청하면 됩니다.

교사는 다양한 가정의 학생들을 계속해서 많이 만났기 때문에, 가정의 상황에 대해서만 설명해 준다면 충분히 이해할 테니 걱정하지 않으셔도 됩니다. 교사는 또한 개인정보 보호의 의무가 있기 때문에 각 가정의 상황에 대해 다른 사람에게 함부로 누설한다던가, 그 가정 상황으로 학생을 판단하지 않습니다. 그러므로 큰 걱정 없이 상황 설명을 하고 우리 아이가 비대면 수업에 적극적으로 참여할 수 있도록 지원해 주시면 됩니다.

원격 수업을 어떻게 도와줄 수 있을까요?

#원격수업 #원격수업고민 #원격수업과제점검

 궁금해요

아이가 원격 수업에 참여할 수 있도록 돕고 싶은데 저도 원격 수업은 처음이어서 무엇을 도와줘야 할지 모르겠어요. 계속 자기 방에서 혼자 알아서 하겠다고 하는데 그냥 둬도 될까요? 무엇을 도와주면 좋을까요?

 알려드려요

원격 수업을 하게 되면 가정에서 아이를 돌보아야 하는 부담이 커지는 것은 사실입니다. 하지만 원격 수업을 전적으로 부모님이 도와주어서는 안 됩니다. 항상 육아와 교육의 목표는 자녀의 독립임을 잊어서는 안 됩니다. 그렇기 때문에 원격 수업도 처음에는 도와주실 수 있지만, 차츰 자기 스스로 할 수 있도록 부모님의 손길을 줄여야 합니다. 아래에 원격 수업을 처음 맞이하는 아이들을 기준으로 부모님이 도울 수 있는 방법을 소개하고자 합니다. 아이가 적응하면 도움을 조금씩 줄여 나가 보시길 바랍니다.

> **CHECK!** 원격 수업 전

프로그램 사용방법

　우선 원격 수업에 사용되는 프로그램의 기본 조작법을 부모님이 알고 계시면 좋습니다. 많은 학교들이 줌(Zoom)을 사용하고 있습니다. 그 외에도 네이버 웨일온, 구글 클래스룸, 마이크로소프트 팀즈 등 학교마다 사용하는 프로그램이 다를 수 있기 때문에 학교에서 사용하는 프로그램을 확인하시고 미리 조작법을 부모님께서 익혀 두시면 좋습니다. 조작법을 익히는 방법은 유튜브에 '줌 사용방법' 또는 '구글 클래스룸 사용방법'처럼 '사용방법'을 붙여 검색하면 금방 찾을 수 있고, 성인이라면 충분히 기본 사용법을 익힐 수 있습니다. 초등학생인 자녀가 사용할 것이고 사용 목적이 수업이기 때문에 매우 자세하게 고급 기능을 다 익힐 필요는 없습니다. 이외에도 사용하는 프로그램이 있다면 간단하게 기본 기능만 숙지해 두시면 좋습니다. 그리고 저학년의 경우 영상 위주의 수업이 진행되기도 하기 때문에 영상을 볼 수 있는 사이트(밴드, e학습터) 등에서 로그인하는 과정을 챙기시면 좋습니다.

　학교에서 원격 수업 전 프로그램 사용방법을 안내하고 있지만, 막상 원격 수업에 참여하려 할 때는 사용방법을 잊어버리는 학생들이 많습니다. 부모님이 미리 프로그램을 설치하고 사용방법을 익혀 두면, 학생이 프로그램을 설치하거나 사용할 때 어려움이 생겨도 바로 도와주실 수 있습니다. 이때, 대신 해 주기보다는 방법을 설명하며 학생이 직접 해 볼 수 있도록 해 주는 것도 좋습니다. 시간이 많이 걸리고 답답하니 부모님이 하는 것이 빠르고 쉬울 수 있습니다만, 그러면 매번 그 부분에서 도움을 요청하게 되고 스스로 해결하기 힘들어지기 때문에 프로그램에 대해 물어보면 설명하거나 하나씩 짚어 주며 학생이 직접 조작할 수 있도록 해 주시기 바랍니다.

수업 준비

원격 수업의 경우 수업에 대한 안내가 미리 학급 알림 앱(밴드, e알리미, 아이엠스쿨 등)을 통해 공지가 됩니다. 이 공지를 통해 수업 준비가 잘 이루어졌는지 확인해 주시면 좋습니다. 필기구는 잘 갖추었는지, 교과서와 공책은 준비가 되어 있는지, 그 외 선생님이 사전에 공지한 준비물을 잘 챙겼는지 확인만 해 주시면 됩니다. 만약 덜 준비됐다면, 학생이 스스로 챙길 수 있도록 안내하고 잘 해내도록 지켜봐 주시기 바랍니다. 정말 서툴거나 도움이 필요할 경우에만 도움을 주고 기본적인 준비는 스스로 알아서 할 수 있도록 해 주시면 좋습니다. 이러한 가정 교육은 학교 등교수업 때도 학생이 스스로 챙길 수 있는 연습이 되며 학교에서 스스로 자신의 주변을 정리하고 수업을 챙기는 데에도 큰 도움이 됩니다. 부모님이 안내하는 것을 잘 챙기는 수준이 되면 이제 선생님이 안내하는 원격 수업 준비를 스스로 확인하고 준비할 수 있도록 유도해 주시면 좋습니다.

`CHECK!` 원격 수업 중

수업 시간 지키기

초등학교의 수업은 40분, 쉬는 시간은 10분입니다. 그러나 원격 수업을 하다 보면 온라인 수업과 영상 등으로 20~30분 진행하고 남은 10~20분의 시간에 대해 과제를 제시할 때도 있습니다. 이때 스스로 챙겨서 충실히 하는 학생은 남은 시간 동안 교사가 제시한 과제를 성실히 수행합니다. 그러나 이렇게 하지 않고 수업 시간 중 스스로 쉬는 시간을 가지는 학생들이 있습니다. 종종 가정에서도 부모님이 수업 중 과제를 해결해야 할 시간인데 쉬었다가 과제를 하라고 하는 경우가 있습니다. 이렇게 수업과 과제로 40분의 수업을 구성했는데 따르지 않는다면 학교에서 보내는 수업 시간 40분 동안에도 집중도가 낮아질 수 있습니다. 요즘은 등교 수업을 기본으로 하며 긴급한 자연재해(태풍, 폭우 등)이 있을 때 1~2일 정도 원격 수업을 진행하기 때문에 하루이틀 원격수업을 하더라도 등교했을 때 집중도가 크게 낮아지지는 않습니다. 하지만 초등학교뿐만 아니라 중학교, 고등학교에 가서도 원격 수업을 하게 되고 인터넷 강의도 수강하게 될 기회가 많아지는데, 정해진 수업 시간을 지키지 않으면 '내가 원할 때 언제든지 쉰다.'라는 루틴이 형성될 수도 있습니다. 처음부터 올바른 원격 수업 습관을 들여 주시면 중·고등학교 원격 수업뿐만 아니라 인터넷 강의 수강 시에도 강의를 듣고 바로 과제를 해결하는 습관을 들일 수 있습니다. 중간에 잠깐의 휴식이 필요하다면 5분 정도 짧게 쉬고 바로 과제를 해결하여 자신에게 주어진 과제를 스스로 바로 해결하는 습관을 길러 주시기 바랍니다.

또한, 40분 동안 원격 수업을 진행하면 유난히 산만하게 이것저것 만지거나, 계속 화장실을 가거나, 무언가를 먹는 학생이 있습니다. 가정에서 이루어지는 원격 수업이지만 엄연히 수업 시간이므로 이때 공부 외에 다른 행동을 하는 것은 집중력을 떨어뜨립니다. 그러니 아이에게 주의를 주어 40분 수업 동안에는 온전히 온라인 수업에만 집중할 수 있도록 교육해 주시면 좋습니다.

CHECK! 원격 수업 후

과제물 점검하기

원격 수업을 하고 나면 과제물을 제시하는 경우가 종종 있습니다. 이때 과제물은 시간 내에 사진 찍어서 학급에서 사용하는 프로그램(e학습터, 밴드, 패들렛 등)에 업로드하도록 합니다. 시간 내에 사진 찍어서 올리도록 시간을 제한하는 이유 역시 시간에 맞춰 집중해서 과제를 하도록 유도하는 방법입니다. 그런데 학생들이 제출한 과제를 살펴보다 보면 유독 어른의 손길이 느껴지는 과제물들이 있습니다. 평소 학교에서 제출하는 과제와 수준이 상당히 차이가 나기도 합니다. 물론 과제물을 사진 찍어서 업로드하다 보면 부모님이 보실 때는 아이가 제대로 하지 않은 것 같아 속상하기도 하고, 너무 엉망이면 집에서 부모님이 챙기지 않는 아이로 보이지 않을까 하는 걱정도 들어서 과제를 도와주시려다가 오히려 부모님이 적극적으로 대신 해 주시는 경우가 생깁니다. 하지만 교사는 평소 아이들의 수업 결과물, 과제물 등을 통해 아이의 수준을 파악하고 있습니다. 위와 같은 걱정은 하지 말고 아이가 스스로 할 수 있도록 격려해 주시기 바랍니다. 과제물을 부모님의 도움을 받아 멋지게 완성하는 것보다 조금 엉성해도 아이가 스스로 하는 것이 아이의 성장과 교육에 더 큰 도움이 됩니다. 과제가 너무 엉성해서 수정이 필요하다고 생각이 들면, 가이드라인을 제시하고 학생이 스스로 보충할 수 있도록 안내 정도만 주시기 바랍니다.

학교에서 준비물이나 과제물, 가정통신문을 가져오지 않은 학생들에게 이유를 물어보면 대부분의 학생들이 '엄마가 안 챙겨 줬어요.'라고 대답합니다. 엄마의 손길에 너무나 익숙해진 나머지 과제물이나 준비물을 안 챙겨 오면 엄마가 안 챙겨 줘서 못 챙긴 것이 되어 버립니다. 가정에서 챙겨 주시는 부모님의 마음은 충분히 이해합니다만 **아이들은 언제까지 부모님의 슬하에 있을 수는 없기 때문에 계속해서 차근차근 스스로 하는 방법을 가르쳐야 합니다.** 원격 수업도 마찬가지입니다. 고학년이 될수록 인터넷 강의를 많이 활용하며 원격 수업 시간이 확대될 것입니다. 이때 초등학교 때부터 올바르게 스스로 하는 습관을 가진 아이와 부모님의 도움이 있어야만 할 수 있는 아이 중 어느 아이가 학업 성취감, 자립심이 더 커질까요? 그 답은 부모님께서 알고 있을 것입니다.

AI 학습 프로그램을 활용한 공부가 도움이 될까요?

#AI학습프로그램   #AI학습프로그램장점   #AI학습프로그램단점

 궁금해요

　요즘 AI를 활용한 학습 프로그램이 많이 나오더라고요. 보통 컴퓨터나 태블릿PC를 활용해서 문제를 풀던데, 풀고 나면 결과에 맞춰서 오답 문제도 제공해 주고, 수준에 맞는 콘텐츠도 추천해 준다고 하더라고요. 좋아 보이긴 하는데 문제점이 없을까요? AI 학습 프로그램을 학습에 적극적으로 활용해도 괜찮을까요?

 알려드려요

　요즘 AI 학습 프로그램이 많이 나오고 있습니다. 교육부에서 직접 프로그램을 개발하기도 하고 사기업에서도 다양한 상품을 개발하여 시중에 많이 판매하고 있습니다. 수업 중에도 간혹 활용하는데 반 아이들이 많이 틀리는 문제 유형을 선별하여 주기도 하고 학생 개별로 단원별, 문항별 성취도 분석 등 학생에 대한 분석이 자세하게 나와 학습 지도에 참고하고는 합니다. 이렇게 유용한 AI 학습 프로그램, 어떻게 활용하면 좋을까요?

AI 학습 프로그램의 장점

AI 학습 프로그램을 활용하는 데에는 여러 가지 장점이 있습니다. 그중 가장 큰 장점은 개별화일 것입니다. AI 학습 프로그램이 개개인의 특정 학습 요구와 결과에 따른 개별 피드백을 제공함으로써 학생들은 자신의 학습 수준과 속도에 알맞은 학습을 제공받을 수 있습니다. 이외에도 인터넷이 연결되는 환경에서는 어디서든 간편하게 학습할 수 있다는 점, 학습에 대한 즉각적인 피드백이 가능다는 점 등이 장점이 될 수 있습니다. 가정에서 부모님과 학습을 할 때 전통적인 방법의 문제집 풀기는 채점과 오답 피드백 과정에서 부모님의 시간이 많이 할애되는 반면, AI 학습은 피드백을 즉각적으로 받을 수 있고, 채점에 대한 시간이 줄기 때문에 선호하는 학부모님의 수요가 많습니다.

AI 학습 프로그램의 단점

AI 학습 프로그램에 대한 제일 큰 문제는 의존성입니다. AI 학습 프로그램을 활용하면 게임 형식으로 공부를 하고, 재미있게 전개되는 이야기 형태로 문제를 풀기도 합니다. 하지만 이런 프로그램에 너무 의존하다 보면, 게임이 아니거나 이야기가 재미없을 때는 아이들이 학습하기 싫어합니다.

덧붙여, 과도한 사용으로 인해 대인 관계의 상호 작용이 부족해질 수 있습니다. 스마트폰 보급이 활성화되고 비대면 수업, AI 학습 프로그램들이 늘어날수록 아이들은 사람을 대하는 시간이 줄어들며, 입맛에 맞는 즉각적이고 개별화된 피드백을 받게 됩니다. 하지만 사람 간의 상호 작용은 늘 이렇지는 않습니다. 즉각적인 피드백에 익숙해진 학생들은 그렇지 않은 사람 간의 관계에서 지루함을 느낄 수 있습니다. 또한 사회적 상호 작용의 양의 제한은 사회화 결여로 이어질 수 있습니다. 학습에 관해 교사, 부모님, 친구들에게 질문할 때는 학습적인 내용뿐만 아니라 사회화도 함께 이루어지는데, 이러한 과정이 상당 부분 생략될 수도 있습니다.

다양한 공부 방법 중 하나로 활용하기

　AI 학습 프로그램은 많은 장점이 있지만, 완벽하고 유일한 학습 방법은 아닙니다. 그리고 AI 학습 프로그램이 읽기, 쓰기, 협동 학습 등의 배움을 완전히 대체할 수는 없습니다. 전통적인 학습 방법의 보완책으로써 사용하는 것이 좋습니다. 그리고 자녀 연령에 적합하면서 품질이 좋은 AI 학습 프로그램을 신중하게 선택하여 부모님의 적절한 감독하에 사용하는 것이 좋습니다.

참고문헌

교육부, 「초등학교 교육과정(교육부 고시 제2015-74호)」, 2015.

교육부, 「초등학교 교육과정(교육부 고시 제2022-33호)」, 2022.

교육부, 『초등학교 국어과 1학년 교사용 지도서』.

교육부, 『초등학교 국어과 2학년 교사용 지도서』.

교육부, 『초등학교 수학과 1학년 교사용 지도서』.

교육부, 『초등학교 수학과 2학년 교사용 지도서』.

교육부, 『초등학교 통합교과 1학년 교사용 지도서』.

교육부, 『초등학교 통합교과 2학년 교사용 지도서』.

교육부, 『초등학교 사회과 3학년 교사용 지도서』.

교육부, 『초등학교 사회과 4학년 교사용 지도서』.

교육부, 『초등학교 사회과 5학년 교사용 지도서』.

교육부, 『초등학교 사회과 6학년 교사용 지도서』.

교육부, 『초등학교 과학과 3학년 교사용 지도서』.

교육부, 『초등학교 과학과 4학년 교사용 지도서』.

교육부, 『초등학교 과학과 5학년 교사용 지도서』.

교육부, 『초등학교 과학과 6학년 교사용 지도서』.

이정림, 「유아 사교육 실태와 개선 방안, 서울: 육아정책연구소」, 2015.

한글 교육과정 평가원, 「현장과 소통하는 KICE 연구·정책 브리프 13호-초등학교 1학년. 한 글 해득 교육 개선 방안 탐색 연구」, 2019.

세상 모든 것에 감탄하는
지혜로운 사람들의 공간
도서출판 호밀밭

옥효진 선생님의 슬기로운 초등생활
ⓒ 2024, 옥효진, 김가은

초판 1쇄	2024년 2월 28일
지은이	옥효진, 김가은
기획	북케어
펴낸이	장현정
편집장	박정은
편집	이영빈
디자인	김희연
펴낸곳	호밀밭
등록	2008년 11월 12일(제338-2008-6호)
주소	부산광역시 수영구 연수로357번길 17-8
전화	051-751-8001
팩스	0505-510-4675
홈페이지	homilbooks.com
전자우편	homilbooks@naver.com

ISBN 979-11-6826-120-4   13370

※ 이 책 내용의 전부 또는 일부를 재사용하려면 반드시 저작권자와 출판사의 동의를
받아야 합니다.
※ 가격은 뒤표지에 표시되어 있습니다.